北京服装产业发展研究报告

品牌篇

RESEARCH ON
APPAREL INDUSTRY
DEVELOPMENT OF
BEIJING

宁俊 / 主编
朱秀好 唐 明 陈亚琴 / 副主编

中国纺织出版社

图书在版编目（CIP）数据

北京服装产业发展研究报告.品牌篇/宁俊主编.—北京：中国纺织出版社，2018.5

ISBN 978-7-5180-4771-0

Ⅰ.①北… Ⅱ.①宁… Ⅲ.①服装工业—产业发展—研究报告—北京 Ⅳ.①F426.86

中国版本图书馆CIP数据核字（2018）第042435号

策划编辑：魏　萌　　责任校对：楼旭红　　责任印制：王艳丽

中国纺织出版社出版发行
地址：北京市朝阳区百子湾东里A407号楼　邮政编码：100124
销售电话：010—67004422　传真：010—87155801
http://www.c-textilep.com
E-mail:faxing@c-textilep.com
中国纺织出版社天猫旗舰店
官方微博http://weibo.com/2119887771
北京玺诚印务有限公司印刷　各地新华书店经销
2018年5月第1版第1次印刷
开本：787×1092　1/16　印张：21.5
字数：386千字　定价：128.00元

凡购本书，如有缺页、倒页、脱页，由本社图书营销中心调换

编委会

主　　编 宁　俊

副 主 编 朱光好　席　阳　陆亚新

编委会成员（以姓氏笔画为序）

　　　　　马迁利　王素艳　王　莹　王思雨　祁　原　阮唯实

　　　　　李　莉　李　宁　李　喆　李晓妍　张芳芳　周易军

　　　　　姜　川　莫　凡　秦国朋　董庆华　穆雅萍

序

2014年提出的《京津冀协同发展战略规划》，使京津冀区域一体化上升为经济增长的国家战略，北京地区纺织服装业在这一背景下的巨大变革中，也将面临新的机会和格局。

2016年5月30日《关于开展消费品工业"三品"专项行动营造良好市场环境的若干意见》的发布，对于推动纺织工业在"十三五"转型升级具有很大的推动作用。"三品"战略指的是开展消费品工业增品种、提品质、创品牌专项行动，更好满足和创造消费需求，促进消费品工业迈向中高端。"十三五"期间，供给侧改革、智能数字制造、纺织新材料以及"三品"战略等方面内容将写入纺织行业"十三五"规划。

2016年是我国纺织行业深入推进转型升级、积极落实结构调整的一年，众多企业努力适应了复杂的外部环境，通过科技创新、智能制造、绿色循环等方面提高供给质量，行业运行基本保持了平稳态势，呈现出"总体趋缓""缓中有进""进中有难""深度调整"的特点。2017年，纺织行业面临的外部形势仍然复杂严峻，行业会继续坚持"稳中求进"的总基调，坚持创新驱动，深化供给侧改革，挖掘行业增长新动能，进一步提高供给质量。作为消费品行业，纺织行业要抓住国内消费升级新机遇，应用互联网、大数据满足当下的消费需求，与体验经济、场景经济等新零售模式深度融合，重塑供应链，提高供给效率和供给质量。

2017年5月，北京"一带一路"国际合作高峰论坛将全球目光集中在了中国，在全球经济文化发展各领域掀起了"一带一路"发展的"最强音"。纺织服装产业作为"古丝绸之路"往来的重要"参与者"之一，理应成为新时代"一带一路"建设中的一份子。在此背景下，北京服装产业将努力发挥首都区位优势，充分利用产业的基础雄厚的资源条件，以京津冀区域协同发展为契机，推动北京服装产业再创辉煌。

本书在撰写过程中得到了北京市哲学社会科学规划办公室、北京市教育委员会、北京服装纺织行业协会、北京时尚控股有限责任公司、多家北京纺织服装企业及其相关人员、京津冀协同发展下北京服装产业结构优化路径研究项目（TSJH201510012002）及北京服装学院多位研究生的大力支持，在此致以诚挚的谢意。衷心感谢中国纺织出版社的精心策划与热心支持，使本书不断完善。编者水平有限，有不当之处，敬请读者指正。

编委会

2018年3月

目录

环境篇

1 服装品牌发展环境 / 002
  1.1 国际环境 / 002
    1.1.1 贸易保护与产业政策 / 002
    1.1.2 经济增长与国际需求 / 005
    1.1.3 环保文化与低碳时尚 / 006
    1.1.4 产业转移与价值链重塑 / 008
    1.1.5 "一带一路"倡议与中国服装品牌跨国布局 / 009
  1.2 国内环境 / 011
    1.2.1 政策与规划 / 011
    1.2.2 经济增长与服装消费 / 012
    1.2.3 "互联网+"与电子商务 / 015
    1.2.4 时尚产业与文化创意 / 017
    1.2.5 产业融资与企业发展 / 018
    1.2.6 京津冀一体化与产业机遇 / 019
    1.2.7 十九大精神与产业趋势 / 019

2 北京服装品牌发展的影响因素 / 022
  2.1 政治因素 / 022
    2.1.1 政府政策 / 023
    2.1.2 财政政策 / 023
    2.1.3 城市发展政策 / 024
    2.1.4 城市交通策略 / 025

	2.1.5	开发区发展状况	/ 027
	2.1.6	北京 CBD 的发展	/ 030
2.2	经济因素		/ 032
	2.2.1	地区生产总值及产业结构	/ 032
	2.2.2	人民生活水平	/ 035
	2.2.3	对外经济贸易	/ 035
2.3	文化因素		/ 037
	2.3.1	文化创意产业	/ 037
	2.3.2	科技与研发	/ 038
2.4	社会因素		/ 039
	2.4.1	人口	/ 039
	2.4.2	就业	/ 040

3 北京服装品牌发展综述 / 041

3.1	北京服装品牌发展历程		/ 041
	3.1.1	起步期（20 世纪 70~80 年代）	/ 041
	3.1.2	发展期（20 世纪 90 年代 ~21 世纪初）	/ 041
	3.1.3	多元期（21 世纪 10 年代）	/ 042
	3.1.4	创新期（2010 年至今）	/ 043
3.2	北京服装品牌发展特色		/ 044
	3.2.1	自主品牌蓬勃发展	/ 044
	3.2.2	品牌战略全面升级	/ 045
	3.2.3	注重传统文化的设计融合	/ 046
	3.2.4	坚持科技是第一生产力	/ 046
	3.2.5	创新品牌营销模式	/ 047
	3.2.6	行业活动助力品牌发展	/ 048
3.3	北京服装品牌的主要成就		/ 049
	3.3.1	北京"军团"成为全国服装品牌第一梯队的中坚力量	/ 049
	3.3.2	科技领先是北京服装品牌的突出优势	/ 057
	3.3.3	设计创新实力发展成果显著	/ 059
	3.3.4	走进生活、走向国际的北京名片	/ 061

品牌篇

4 爱慕：科技与时尚融合，文化与美学共生 / 066
    4.1 品牌概述 / 066
    4.2 品牌发展历程 / 067
        4.2.1 为梦想塑造内衣品牌之旅 / 067
        4.2.2 转换经营策略突出重围发展 / 067
        4.2.3 科技与文化并进，打造国际化品牌 / 069
    4.3 营销策略 / 069
        4.3.1 独具特色的品牌发展之路 / 069
        4.3.2 实施科技创新，带动产品迭代升级 / 069
        4.3.3 新型的电子商务模式，以消费需求为导向完善品牌产业链 / 070
        4.3.4 与消费者进行文创互动，增加其对品牌的黏性 / 070
        4.3.5 关注绿色生产 / 071
        4.3.6 依托品牌，支持文化事业，发展文化创意产业 / 071
    4.4 综述 / 072

5 白领：倡导高品质生活方式，研制一流时尚产品 / 073
    5.1 品牌概述 / 073
    5.2 品牌发展历程 / 073
        5.2.1 初始：塑造高端品品牌形象 / 073
        5.2.2 发展：品牌互补多元化运作 / 074
        5.2.3 稳步成长：高级成衣的领军品牌 / 074
    5.3 营销策略 / 075
        5.3.1 服务转型、产品转型、营销转型使品牌跨入新的发展阶段 / 075
        5.3.2 国际化的团队，确保一流品质 / 076
        5.3.3 避开大众化营销方式，坚持独特品牌风格及生活情境推广模式 / 077
        5.3.4 拓展销售渠道 / 077
    5.4 综述 / 078

6 方仕：建立设计创新机制，打造"特色方仕"服饰 / 079
    6.1 品牌概述 / 079
    6.2 品牌发展历程 / 080

6.3 营销策略　　/ 080
　　　　6.3.1 协同优势，应对时尚产业的需求　　/ 080
　　　　6.3.2 注重产品技术研发，培养设计人才　　/ 081
　　　　6.3.3 提升产品和服务质量，打造品牌核心优势　　/ 082
　　　　6.3.4 建立设计创新机制，打造完美服务体系　　/ 083
　　6.4 综述　　/ 083

7 杰奥：用品牌力量践行北京精神　　/ 084
　　7.1 品牌概述　　/ 084
　　7.2 品牌发展历程　　/ 085
　　7.3 营销策略　　/ 086
　　　　7.3.1 产品：创新不竭，时尚转型　　/ 086
　　　　7.3.2 渠道：立体布局，特色鲜明　　/ 090
　　　　7.3.3 运营：知雄守雌进退裕如　　/ 091
　　7.4 综述　　/ 092

8 蓝地：见证中国品牌的创造实力　　/ 093
　　8.1 品牌概述　　/ 093
　　8.2 品牌发展历程　　/ 099
　　　　8.2.1 在梦想与挑战中诞生"中国自己的品牌"　　/ 099
　　　　8.2.2 在竞争与转型中实现质的飞跃　　/ 099
　　　　8.2.3 在变革与开拓中走向国际化　　/ 100
　　8.3 营销策略　　/ 103
　　　　8.3.1 甄选强势平台进行品牌推广　　/ 103
　　　　8.3.2 以供应链改革带动企业实现质的飞跃　　/ 104
　　　　8.3.3 循序渐进推进渠道整合创新　　/ 104
　　8.4 综述　　/ 105

9 朗姿：高端跨界，开启中国时尚新境　　/ 106
　　9.1 品牌概述　　/ 106
　　9.2 品牌发展历程　　/ 108
　　　　9.2.1 从国内高端女装品牌到国际时尚品牌运营平台　　/ 108
　　　　9.2.2 实施"泛时尚产业互联生态圈"长期发展战略　　/ 109

		9.3	营销策略	/ 110
		9.3.1	创新的产品设计巩固高端女装品牌影响力	/ 110
		9.3.2	多元化的推广手段保持品牌活力	/ 113
		9.3.3	坚持不懈的公益活动提升品牌的亲和力	/ 114
	9.4	综述		/ 115

10	雷蒙：打造满足不同群体需求的运营新模式			/ 116
	10.1	品牌概述		/ 116
	10.2	品牌发展历程		/ 116
		10.2.1	初放光芒	/ 116
		10.2.2	砥砺前行	/ 117
		10.2.3	匠心传承	/ 118
	10.3	营销策略		/ 118
		10.3.1	借助技术创新力量，深耕北京市场	/ 119
		10.3.2	推动高级定制品牌发展	/ 119
		10.3.3	面对市场需求，布局社区服务	/ 120
	10.4	综述		/ 121

11	李宁：互联网+运动生活体验			/ 122
	11.1	品牌概述		/ 122
	11.2	品牌发展历程		/ 123
		11.2.1	品牌创立期	/ 123
		11.2.2	品牌发展期	/ 124
		11.2.3	品牌转型期	/ 124
	11.3	营销策略		/ 125
		11.3.1	互联网+运动生活体验	/ 125
		11.3.2	线上线下全渠道运营	/ 128
		11.3.3	积极承担社会责任	/ 130
	11.4	综述		/ 131

12	靓诺：用智慧打造中国式的优雅			/ 132
	12.1	品牌概述		/ 132
	12.2	品牌发展历程		/ 133

	12.2.1	艰辛与感恩的成长期	/ 133
	12.2.2	创新与蜕变的成熟期	/ 134
12.3	营销策略		/ 137
	12.3.1	卓越实力铸就量身定制神话	/ 137
	12.3.2	深度服务赢得优雅女性市场	/ 138
12.4	综述		/ 138

13 罗马世家：打造品位"装园" / 141
- 13.1 品牌概述 / 141
- 13.2 品牌发展历程 / 142
  - 13.2.1 起步阶段 / 143
  - 13.2.2 快速发展阶段 / 143
  - 13.2.3 迈向高级定制阶段 / 143
  - 13.2.4 品牌提升阶段 / 144
- 13.3 营销策略 / 146
  - 13.3.1 坚持产品的高质量 / 146
  - 13.3.2 坚持以顾客为中心 / 146
  - 13.3.3 坚持多渠道宣传品牌 / 146
  - 13.3.4 坚持产品和商业模式的创新 / 147
- 13.4 综述 / 148

14 绿典：把自然带进生活 / 149
- 14.1 品牌概述 / 149
- 14.2 品牌发展历程 / 149
- 14.3 营销策略 / 151
  - 14.3.1 绿典彩棉，诠释自然之美 / 151
  - 14.3.2 环保产品，简约而不简单 / 151
  - 14.3.3 细分市场，专注优质服饰 / 152
  - 14.3.4 渠道升级，提升品牌形象 / 154
- 14.4 综述 / 156

15 玫瑰坊：以完美品质的高级定制，传承中华民族的经典文化 / 157
- 15.1 品牌概述 / 157

15.2　品牌发展历程　　　　　　　　　　　　　　　　　　　/ 158
15.3　营销策略　　　　　　　　　　　　　　　　　　　　　/ 160
　　15.3.1　结合设计与商业优势，不断优化产品结构，
　　　　　　推动传统工艺发展　　　　　　　　　　　　　　/ 160
　　15.3.2　深度挖掘传统文化，做民族文化的传播者　　　　/ 160
　　15.3.3　将设计与经营范围控制在高级定制领域，
　　　　　　紧紧锁定财富圈层　　　　　　　　　　　　　　/ 164
15.4　综述　　　　　　　　　　　　　　　　　　　　　　　/ 165

16　木真了：以文化为根，忠于品牌之魂　　　　　　　　　　　/ 166
16.1　品牌概述　　　　　　　　　　　　　　　　　　　　　/ 166
16.2　品牌发展历程　　　　　　　　　　　　　　　　　　　/ 167
　　16.2.1　首开中国民族时装品牌化先河　　　　　　　　　/ 167
　　16.2.2　坚守文化之根，终成"国服之旗"　　　　　　　/ 168
　　16.2.3　以民族魂征服世界　　　　　　　　　　　　　　/ 168
16.3　营销策略　　　　　　　　　　　　　　　　　　　　　/ 169
　　16.3.1　一个有灵魂的品牌——木真了的品牌文化　　　　/ 169
　　16.3.2　传承经典、演绎中式时尚——木真了的产品设计　/ 169
　　16.3.3　心手相传的卓越手艺——木真了的产品特色　　　/ 170
　　16.3.4　中式文化生活代言者：木真了的未来规划　　　　/ 171
16.4　综述　　　　　　　　　　　　　　　　　　　　　　　/ 174

17　南丁格尔：为中国护理事业的进步发展而服务奉献　　　　　/ 175
17.1　品牌简介　　　　　　　　　　　　　　　　　　　　　/ 175
17.2　品牌发展历史　　　　　　　　　　　　　　　　　　　/ 175
　　17.2.1　品牌创立初始：聚焦医护职业服装，
　　　　　　确立行业中心地位　　　　　　　　　　　　　　/ 175
　　17.2.2　品牌发展成熟：科技与设计并行发展，
　　　　　　奉献精神伴随左右　　　　　　　　　　　　　　/ 176
　　17.2.3　品牌精神践行：大浪淘沙始于真金璀璨，
　　　　　　沧海横流方显英雄本色　　　　　　　　　　　　/ 177
17.3　营销策略　　　　　　　　　　　　　　　　　　　　　/ 178
　　17.3.1　品牌精神与文化贯穿始终　　　　　　　　　　　/ 178

    17.3.2 提高科技含量打造拳头产品 / 180
    17.3.3 积极拓宽营销思路 / 182
  17.4 综述 / 182

18 派克兰帝：自信的小鱼，缤纷的世界 / 183
  18.1 品牌简介 / 183
  18.2 品牌发展历程 / 184
    18.2.1 从服装店到产业圈，派克兰帝铸就童装品牌 / 184
    18.2.2 从经典款到流行风，派克兰帝引领时尚生活 / 185
  18.3 营销策略 / 186
    18.3.1 多管齐下，提升消费体验 / 186
    18.3.2 产品创新，打造核心 IP / 187
    18.3.3 运营创新，实现合作共赢 / 188
  18.4 综述 / 188

19 赛斯特：服务姐妹，奉献社会 / 189
  19.1 品牌概述 / 189
  19.2 品牌发展历程 / 192
    19.2.1 起步 / 192
    19.2.2 初创 / 192
    19.2.3 发展 / 193
  19.3 营销策略 / 194
    19.3.1 尊崇品质第一 / 194
    19.3.2 融合两个渠道 / 194
    19.3.3 承担社会责任 / 195
    19.3.4 加强宣传推广 / 195
    19.3.5 注重企业文化 / 195
  19.4 综述 / 195

20 水孩儿：水文化 / 196
  20.1 品牌概述 / 196
  20.2 品牌发展历程 / 197
    20.2.1 品牌认知期 / 197

	20.2.2	品牌定位期	/ 197
	20.2.3	品牌成熟期	/ 198
20.3	营销策略		/ 198
	20.3.1	经营理念	/ 198
	20.3.2	品牌策略	/ 200
20.4	综述		/ 200

21　顺美：成就服装之美　　　　　　　　　　　　　　/ 201

21.1	品牌概述		/ 201
21.2	品牌发展历程		/ 205
	21.2.1	品牌初创阶段	/ 205
	21.2.2	品牌成长阶段	/ 205
	21.2.3	品牌塑造阶段	/ 206
	21.2.4	品牌国际化阶段	/ 206
	21.2.5	升级转型阶段	/ 206
21.3	营销策略		/ 207
	21.3.1	重视品牌化经营	/ 207
	21.3.2	重视社会形象的塑造	/ 207
	21.3.3	重视国际市场的开拓	/ 210
	21.3.4	重视技术创新和人才培养	/ 210
21.4	综述		/ 212

22　Snowimage：在飘雪的冬季，遇见最美的你　　　　/ 213

22.1	品牌概述		/ 213
22.2	品牌发展历程		/ 215
	22.2.1	真材实料，Snowimage试水俄罗斯市场	/ 215
	22.2.2	滴水穿石，Snowimage征服中东欧地区	/ 215
22.3	营销策略		/ 216
	22.3.1	挖掘用户需求，强化创意设计	/ 217
	22.3.2	提升品牌价值，拉动时尚消费	/ 217
	22.3.3	改革营销模式，开启电商时代	/ 218
22.4	综述		/ 219

23 探路者：勇敢的心 /220
23.1 品牌简介 /220
23.2 品牌发展历史 /221
23.2.1 品牌创立：香山岁月承载的品牌梦想 /221
23.2.2 品牌高速发展：创业激情谱写品牌传奇 /222
23.2.3 品牌升级：谱写户外生态圈的新篇章 /222
23.3 品牌经营策略 /223
23.3.1 科技为先 /223
23.3.2 责任为重 /224
23.3.3 超越为强 /225
23.4 综述 /230

24 天坛：品牌价值回归之路 /231
24.1 品牌概述 /231
24.2 品牌发展历程 /231
24.2.1 载誉前行 /231
24.2.2 创新而立 /232
24.3 营销策略 /233
24.3.1 产品内在价值的创新 /233
24.3.2 实体＋虚拟的混合式渠道创新 /234
24.3.3 基于大规模定制的业务流程创新 /235
24.4 综述 /236

25 铜牛：真实为源，品行高远 /237
25.1 品牌简介 /237
25.2 品牌发展历程 /238
25.2.1 1952~1997年：组团前发展 /238
25.2.2 1997~2012年：集团化重整组合 /238
25.2.3 2012~2017年：转型升级发展 /239
25.3 营销策略 /240
25.3.1 以科技创新为核心，打造铜牛的品牌特色 /240
25.3.2 创新品牌运营模式，整合营销渠道 /241
25.3.3 国企担当，志存高远回报社会 /244
25.4 综述 /245

26　VICUTU：崛起的男装帝国　　/ 246
26.1　品牌概述　　/ 246
26.2　品牌发展历程　　/ 248
　　26.2.1　品牌初创：起步发展阶段　　/ 248
　　26.2.2　品牌成长：极速扩张阶段　　/ 249
　　26.2.3　品牌民族化：生产流程协同化阶段　　/ 249
　　26.2.4　品牌国际化：转移升级阶段　　/ 249
26.3　营销策略　　/ 250
　　26.3.1　品牌发展的基础：人才为先　　/ 250
　　26.3.2　品牌发展的动力：研发创新　　/ 250
　　26.3.3　品牌发展的保障：差异化定位　　/ 251
　　26.3.4　品牌发展的方向：国际化战略目标　　/ 251
26.4　综述　　/ 252

27　小护士：探寻功能与时尚的和谐美　　/ 253
27.1　品牌简介　　/ 253
27.2　品牌发展历程　　/ 254
27.3　营销策略　　/ 254
　　27.3.1　精准定位目标市场　　/ 254
　　27.3.2　加强产品差异化优势　　/ 254
　　27.3.3　开辟品牌发展新渠道　　/ 254
　　27.3.4　增强供应链管理　　/ 255
27.4　综述　　/ 256

28　新思路：永远不做伤害客户的事　　/ 257
28.1　品牌概述　　/ 257
28.2　品牌发展历程　　/ 258
　　28.2.1　从OEM到自创品牌　　/ 258
　　28.2.2　"新思路（Xinsilu）"品牌横空出世　　/ 258
　　28.2.3　从默默无闻到北京优质产品　　/ 259
28.3　营销策略　　/ 259
　　28.3.1　产品为王：传承经典转型时尚　　/ 259
　　28.3.2　渠道哲学：拒绝诱惑稳扎稳打　　/ 260

28.3.3　价格策略：永远不做伤害客户的事　　　　　　　　　　　　　　/ 264
　　28.4　综述　　　　　　　　　　　　　　　　　　　　　　　　　　　　/ 265

29　雪莲：焕新绽放　　　　　　　　　　　　　　　　　　　　　　　　　/ 266
　　29.1　品牌概述　　　　　　　　　　　　　　　　　　　　　　　　　　/ 266
　　29.2　品牌发展历程　　　　　　　　　　　　　　　　　　　　　　　　/ 266
　　　　29.2.1　第一阶段（2004年之前）　　　　　　　　　　　　　　　　/ 267
　　　　29.2.2　第二阶段（2004~2007年）　　　　　　　　　　　　　　　 / 267
　　　　29.2.3　第三阶段（2007~2013年）　　　　　　　　　　　　　　　 / 267
　　　　29.2.4　第四阶段（2013年至今）　　　　　　　　　　　　　　　　/ 267
　　29.3　营销策略　　　　　　　　　　　　　　　　　　　　　　　　　　/ 267
　　　　29.3.1　挖掘品牌历史，雕琢产品品质　　　　　　　　　　　　　　/ 267
　　　　29.3.2　重塑品牌形象，更新品牌认知　　　　　　　　　　　　　　/ 269
　　　　29.3.3　拓展品牌价值，共创多元型发展平台　　　　　　　　　　　/ 271
　　29.4　综述　　　　　　　　　　　　　　　　　　　　　　　　　　　　/ 271

30　庄子：庄周梦蝶翩翩飞，一抹青山一缕水　　　　　　　　　　　　　　/ 273
　　30.1　品牌概述　　　　　　　　　　　　　　　　　　　　　　　　　　/ 273
　　30.2　品牌发展历程　　　　　　　　　　　　　　　　　　　　　　　　/ 274
　　　　30.2.1　从皮衣到男女时装，庄子经历多元化的品牌发展历程　　　　/ 274
　　　　30.2.2　从作坊到ISO体系，庄子走上现代化的企业成长道路　　　　/ 274
　　30.3　营销策略　　　　　　　　　　　　　　　　　　　　　　　　　　/ 274
　　　　30.3.1　扶持员工发展，培养设计人才　　　　　　　　　　　　　　/ 274
　　　　30.3.2　运用ERP系统，实现数字管理　　　　　　　　　　　　　　/ 275
　　　　30.3.3　发展高级定制，闪烁明星效应　　　　　　　　　　　　　　/ 275
　　30.4　综述　　　　　　　　　　　　　　　　　　　　　　　　　　　　/ 275

荣誉篇

31　北京服装品牌企业获得的主要成绩和荣誉　　　　　　　　　　　　　　/ 278
　　31.1　工业和信息化部、中国纺织工业联合会确定的重点跟踪培育的
　　　　　服装家纺自主品牌企业名单（2016版北京服装行业）　　　　　　 / 278
　　31.2　工业和信息化部核定的全国工业品牌培育示范企业名单　　　　　 / 278

31.3	北京服装纺织行业两化融合管理体系贯标试点企业名单	/ 278
31.4	北京市互联网与工业融合创新试点企业名单	/ 279
31.5	获北京市级企业技术中心认定的服装纺织行业企业名单	/ 279
31.6	获北京市高新技术企业认定的服装纺织行业企业名单	/ 279
31.7	获认定北京市设计创新中心的服装行业企业名单	/ 280
31.8	北京市百家专利试点单位中的服装纺织企业名单	/ 281
31.9	获市科委认定的北京市级企业科技研究开发机构名单	/ 281
31.10	北京市小企业创业基地（运营机构）名单（市经信委第4批发布）	/ 281
31.11	历届中国服装品牌年度大奖的北京获奖品牌（含外埠会员单位品牌）	/ 281
31.12	北京服装企业在全国服装行业"产品销售收入""利润总额""销售利润率"百强企业中的排名情况	/ 283
31.13	中国纺织服装行业品牌价值评价50强北京企业名单	/ 286
31.14	企业品牌文化建设	/ 287
	31.14.1 中国纺织十大品牌文化获奖企业名单	/ 287
	31.14.2 企业品牌文化相关奖项	/ 287
31.15	全国服装行业年度创新人物（北京）获奖名单	/ 288
31.16	部分服装企业家获得的荣誉奖项	/ 288
31.17	中国服装协会全国服装行业年度人物评选（2012年开始评选）	/ 288
31.18	荣获"中国十佳时装设计师"称号的北京设计师名单（1997~2016年）	/ 289
31.19	全国服装工艺师、制版师大赛获奖名单	/ 289
31.20	品牌企业科技开发事迹与奖项	/ 290
31.21	品牌企业市场开拓相关奖项	/ 292
31.22	企业荣获质量管理奖项情况	/ 293
31.23	其他荣誉称号	/ 293
31.24	北京服装行业持有的中国驰名商标（25件）	/ 294
31.25	北京服装纺织行业持有的北京市著名商标（有效期内48件）	/ 294
31.26	商务部第一批认定的"中华老字号"品牌（2006年11月）	/ 294
31.27	商务部、中国商业联合会认定的第二批保护与促进的"中华老字号"品牌（2011年11月）	/ 295

31.28　北京十大时装品牌名单（2006~2010 年度）　　　　　　／ 295
31.29　北京最具文化创意时装品牌名单（2012~2014 年度）　／ 295
31.30　北京时装之都建设贡献奖名单　　　　　　　　　　　／ 296
31.31　北京知名品牌名单　　　　　　　　　　　　　　　　／ 297

附录：推进时装之都建设北京服装行业大事记　　　　　　　／ 298

环境

环境篇

1 服装品牌发展环境

纵观世界经济与社会发展的历史，我们可以观察到品牌引领着时代时尚的潮流，开拓着市场和改变着人民的生活，显示着政治的变革、科技的创新、文化的革新和生活方式的变化，推动着全球或地区经济的发展与社会的进步。品牌的成长离不开良性的发展环境，品牌也不仅仅是一个孤立的企业战略，当它与宏观经济环境、产业环境、政策环境、市场环境、企业发展等因素联系起来，就构成了一个品牌环境的全新视角。

担负着强国责任和梦想的中国纺织服装行业，已经将品牌建设作为行业发展的重要内容，"品牌"不仅出现在行业"十一五"和"十二五"的整体规划中，更体现在纺织服装行业人兢兢业业的奋斗中。纺织服装行业正试图实现"百、千、万"的奋斗目标——培育超过百个覆盖整个纺织工业产业链的区域品牌，培育千家全国知名品牌企业，品牌价值超万亿元。是否具有良好的"品牌环境"，直接决定了梦想的成败，也决定了中国纺织服装制造业和出口业的兴衰成败。

1.1 国际环境

1.1.1 贸易保护与产业政策

全球服装贸易的复杂性在于它不仅是一个经济问题，也是一个带有政治性和社会性的发展问题。2005年1月1日，《纺织品与服装协议》正式解除，全球服装产业进入一体化时代，这不仅是全球服装贸易游戏规则的改变，更是一场贸易格局的洗牌。然而，"配额"的取消并不意味着"无规则"的贸易，各类纷繁复杂的贸易政策仍然长期影响着服装企业在全球的生产、采购、贸易和投资行为，成为决定服装后配额时代新版图的关键性因素。

在后配额时代，世界各国特别是发达国家以维护进出口经营秩序、保护国内消费者利益、保护生态环境等为由，借助反倾销、反补贴、社会责任条款、技术标准、环保标准、竞争法规、特别保障措施、蓝色贸易壁垒等贸易保护手段进一步对发展中国家的服装出口进行限制，增强对本国服装产业的保护。这些新的贸易壁垒呈现多样化趋势，隐蔽性强，涉及面广，且缺乏多边贸易规则的有效制约，使公平、规范的国家贸易环境变化过大。2007年开始，"新贸易保护主义"逐步抬头，主要表现为反倾销措施的频繁使用。2008年，全球经济环境恶化，失业率上升，为尽快走出危机，各国在扩大出口、增加就业的同时，不断出台各种贸易保护措施。据统计，从 2008 年 11 月至 2013 年 5 月，全球共实施了 3334 项贸易保护措施，各种贸易保护措施占比情况如图 1-1 所示。

2009 年 11 月，美国正式提出扩大跨太平洋伙伴关系计划，截止到 2016 年 2 月 4 日《跨太平洋伙伴关系协定》（TPP）正式签署，共有 12 个成员国，如图 1-2 所示。纺织品服装是 TPP 谈判的重要内容之一，而中国是当前纺织品服装出口的第一大国。由于纺织品服

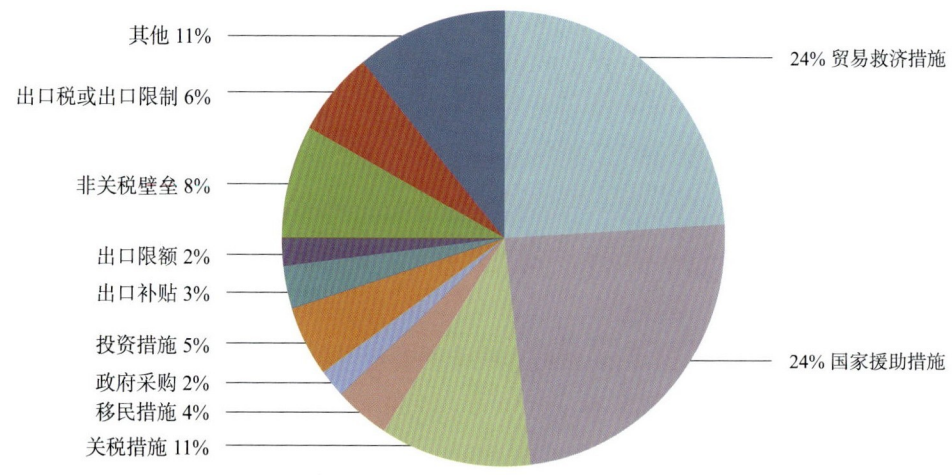

图 1-1　金融危机后各种贸易保护措施占比情况

图 1-2　2016 年签署 TPP 的 12 个成员国

装在TPP成员国内基本属于高关税产品，如成员国间关税下降，并严格执行TPP原产地规则，必然对未加入TPP的中国纺织品服装出口形成重大制约，并形成全球纺织品服装新的竞争格局。虽然美国新任总统唐纳德·特朗普就职当天宣布从12国的TPP中退出，但包含了许多非经济元素的TPP贸易协定仍值得高度警惕。

在实施贸易保护措施的同时，发达国家并未放弃增强本国服装产业的竞争力和提高企业利润的努力。发达国家的专业买手，主要是服装零售商和品牌营销商在全球不断整合采购渠道，提高供应链管理效率。一些发达国家的服装企业开始逐步向品牌营销商方向发展，并通过前向一体化（forward integration）战略，拓展零售业务。在该转型战略下，其原本使用的来料加工模式自然向"全包采购"模式转型。虽然"直接从成衣生产商采购，但品牌商设计产品，并指定面料提供商"的采购模式仍然占据主导，但是倾向于采用这种模式的品牌商的比例由2015年的93%下降至78%，而"直接从成衣生产商采购，成衣生产商设计产品并自主采购面料"的"全包采购"模式占比由37%提升至59%，体现垂直一体化的采购模式逐渐被品牌商接受，如图1-3所示。对于品牌商而言，垂直一体化提高了品牌商采购的效率，降低了采购成本，提高了供应链快速反应的能力。同时，欧美零售商也越来越重视开发自有服装品牌（private label），并绕过代理商独立采购，如表1-1所示。

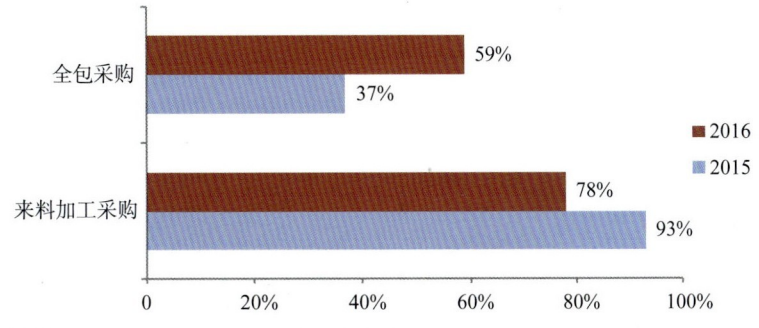

图1-3　国际服装品牌商的采购模式选择

表1-1　美欧主要零售商服装采购策略

零售商	服装采购策略
Wal-mart	80%通过第三方采购；90%产品来自中国，其余来自墨西哥、孟加拉国等
Sears	60%~70%产品从6个主要国家和地区直接采购
JC penney	产品仅从15个国家和地区直接采购，在海外拥有16个采购办公室
Macy	通过代理采购，产品来自约10个国家和地区
GAP	27%产品从中国采购，3%从美国本土采购
H&M	60%从亚洲采购，40%欧洲采购
Aeropostale	67%的产品从5个供应商处采购
Inditex（ZARA）	50%从西班牙采购，其余40%从亚洲采购，10%从欧洲其他国家采购

不仅如此，发达国家还热衷于对本土服装品牌的培育和总体设计。韩国、德国、法国等国设立有专门的"国家品牌委员会"作为国内品牌发展的统一协调机构。意大利政府于2009年12月专门制定了一项对"意大利制造"标签的使用条件加以严格规定的法案（Reguzzoni Versace，范思哲法规），韩国国家品牌委员会设计了统一的国家认证标识，获评"大韩民国名品"的产品在其外包装上可以贴上"AT&DK"标签，这相当于告诉消费者，韩国以国家名义来保证这些产品的质量。法国、美国、德国、日本等国同样积极扶持本国自主服装品牌参与国际竞争，从将"国家形象"与"品牌形象"打包行销，到为企业提供合适的环境与保护，其手段和路径亮点颇多。

1.1.2 经济增长与国际需求

2005年《纺织品与服装协议》解除后，全球纺织服装业进入了高速增长期。2007年全球服装出口总额达到3453亿美元，增速达到57.96%，远远高于2005年的增速。受美国次贷危机影响，2008年全球整体经济陷入2002年以来的最低谷，世界服装产业面临巨大挑战，纺织品服装消费需求持续萎缩。2009年的全球服装出口总额的增速呈现负增长。2009年1~11月，美国服装零售额累计同比下降4.49%，而日本服装零售额全年整体呈负增长走势，欧盟服装类商品零售额全年基本围绕零增长波动，虽然个别月份恢复增长，但仍以需求萎缩走势为主。2010年，在经历两年的大幅动荡后，随着金融危机后世界经济与金融市场的逐步复苏，全球服装市场呈现回暖态势，服装产业分工格局也产生了新的变化，经济危机的阴霾逐渐散去，全球经济均呈现一定程度的正增长，如图1-4所示。全球服装市场需求较2009年呈现恢复性增长，但发达经济体和新兴经济体市场增长态势不易。2010年1~9月，据美国经济分析局数据显示，美国市场服装零售额上升3%；欧盟统计局数据显示，欧盟服装进口增长2.7%；日本国内服装零售额仍呈负增长走势，但降幅不断收窄。

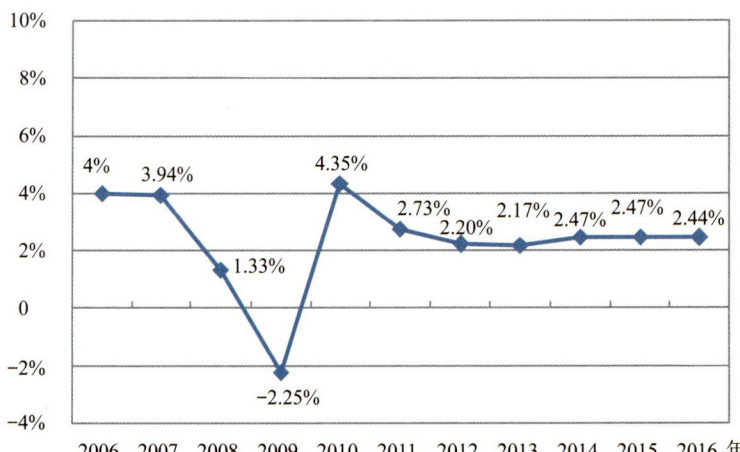

图1-4 2006~2016年世界GDP增长率

尽管 2010 年发达经济体的消费需求有所增长，但高赤字、高失业率、消费和投资信心未有明显改善。2011~2012 年，全球经济在衰退边缘疲弱运行，国际传统服装市场需求持续下降。尤其是进入 2012 年下半年后，服装需求增幅快速回落，总体呈现下降趋势。虽然全球服装出口总额达到 4226 亿美元，但增速降至 1.165%。2013 年，在经历了 2012 年纺织品服装贸易的低迷期后，国际经济缓慢温和复苏。美日经济复苏势头总体较好，欧元区相对较疲弱；新兴经济体增速仍远高于发达国家，但增速集体放缓。服装、纺织品和其他纤维产品的国家贸易量都有所恢复，全球服装产品总额达到了一个新高峰（4603 亿美元），其增速也增至 8.92%。近两年来，发达经济体经济运行分化加剧，发展中经济体增长放缓，世界经济复苏依旧艰难曲折。受此影响，全球纺织品服装出口总额持续下降。据中国棉花网数据，2014 年全球纺织品服装出口额同比下降了 6.4%。2015 年，受欧洲经济和货币持续疲软影响，欧盟纺织品服装出口额不断下降，而随着越南和孟加拉国纺织服装业的快速发展，中国纺织品服装的出口市场份额也在不断缩小，因此，2015 年全球纺织品服装出口呈现持续下降态势，其中，服装出口额同比下降 3%（4590 亿美元），如图 1-5 所示。

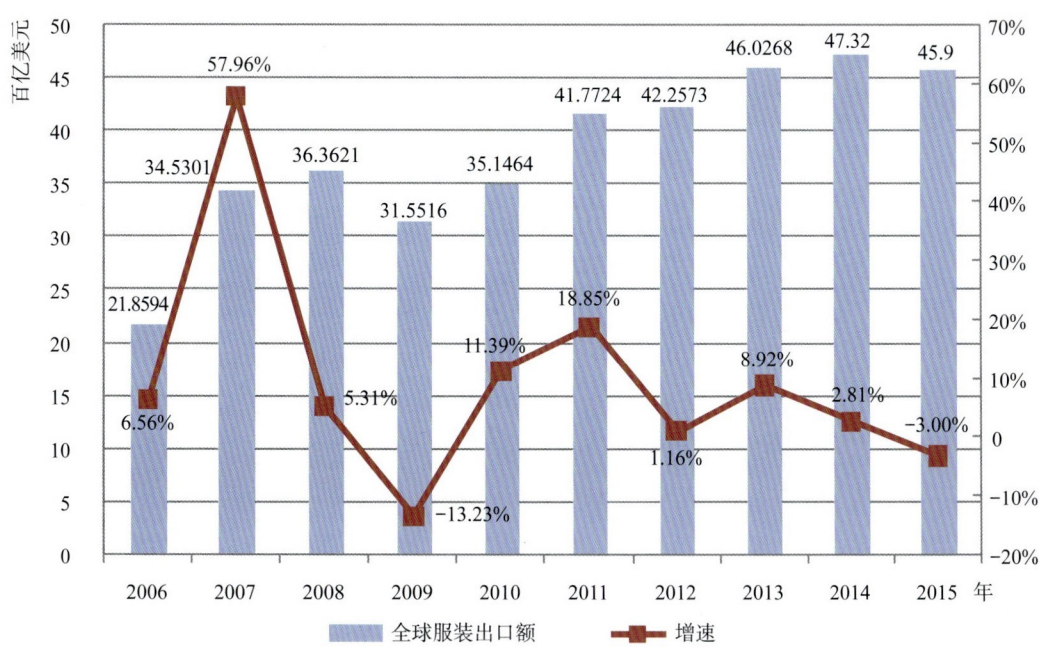

图 1-5　2006~2015 年全球服装出口总额及其增速

1.1.3　环保文化与低碳时尚

近十年来，由于温室效应和能源危机日趋严峻，保护环境和低碳发展成为世界流行文化和全球关注的焦点，而服装的低碳设计和消费也渐成潮流。2009~2010 年，国际环保纺织协会在全球颁发的 Oeko-Tex Standard 100 证书数量同比增加了 12%，意味着越来越多的服装纺织企业把获得第三方的国际环保认证作为产品质量的证明，从而促进市场扩大的营销手段。面对全球能源和资源短缺以及各国兴起的"绿色壁垒"等问题，服装业走低碳环保、节能降耗之路是大势所趋。经营者从生产环节的把控，到新品的研发、再到最终培养消费者的认知程度等各环节渗透"环保与低碳"的发展理念。许多设计师和企业纷纷盯上了环保纤维和再生纤维，而运用动植物天然环保纤维和化学再生纤维生产的产品也深受消费者的欢迎。2009年哥本哈根世界气候大会之后，发展"低碳"经济取得全球共识，"低碳"服装也开始受到政府、社会和消费者更多的关注。在发达国家，带有"再生"标签的服装得到越来越多消费者的青睐。面对市场形势热点的变化，许多国际服装知名品牌悄然行动起来，快速向"低碳"经济转型。2011年西班牙著名品牌ZARA与马德里欧洲设计学院合作开发有关回收服装与面料的时装制作，该行动旨在响应联合国贸易及发展机构实施的一项环保新计划，鼓励设计师使用环保或天然材料，鼓励可持续的服装设计与制作。2013年瑞典著名服装品牌H&M发起全球衣物回收计划，顾客可以将自己长期闲置的或是不再穿的旧衣服放在H&M门店的旧衣回收箱里，无论是T恤、牛仔，还是夹克，也不论何服装品牌，并可换得一张八五折的折价券，在店中购买任何商品使用，如图1-6所示。H&M的可持续发展计划的梦想是最终真正实现闭环生产，旧衣回收行动将衣服回收起来做成新的，而非送到垃圾场，意味着零周期浪费，如图1-7所示。2015年春夏伦敦时装周期间，法国高级时尚名牌Chloé的首席设计师Stella在大英皇家研究院发布了"绿色红毯"系列时装作品，系列中的13件晚装完全采用可回收或可持续生产材料制作，将时装业产生的环境危害降到最小。"绿色红毯挑战项目"

图1-6　H&M全球衣物回收计划

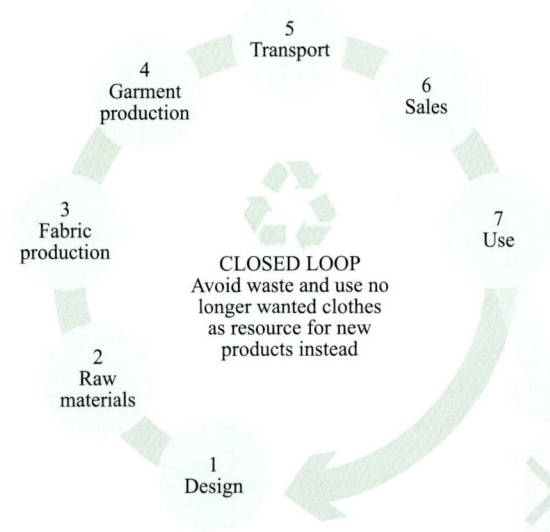

图1-7　H&M时尚闭循环示意图

是由奥斯卡影帝科林·费尔斯的夫人莉维亚·费斯发起的环保项目，旨在鼓励设计师们用可持续的材料，创造一个环保的时尚界。

1.1.4 产业转移与价值链重塑

在配额时期，由于主要的纺织品服装出口国和地区（起先为韩国、中国香港、中国台湾等地区，后为中国大陆、印度等地）的出口数量受到限制，北美洲、南美洲和欧洲在该时期蓬勃发展了外包加工贸易，美国、西欧等发达国家向南美洲和东欧发展中国家提供纱线、面料等纺织品，利用当地低廉的劳动力组织服装缝制等劳动密集型环节的生产，并最终将产品返销本国市场。此外，配额的限制一定程度上还催生了相当规模的对外投资，如中国的台湾、香港以及韩国等国家或地区的纺织品服装企业在出口严重受到配额压制的情况下，纷纷选择在柬埔寨等中小或不发达国家建厂，以期绕过贸易壁垒。当配额制度消除之后，这些模式继续存在的"意义"也就被大大削弱，服装生产加工能力又向原主要出口国和地区回流。据WTO数据，2009年美国从前五大纺织品服装进口来源采购的产品占进口总额的66.2%，远高于2005年的53.8%；欧盟从前五大进口的份额也从2005年的72.1%上升至2009年的77.7%；而截至2008年年底，日本约82.8%的纺织品服装产品来自中国，这充分表明产业加工能力的回流在后配额时代得到明显加强。

2008年以后，国际金融危机引发了全球经济发展模式、供需模式的调整变化，引起世界各国在全球经济分工中的重新定位，而全球服装产业格局也正在悄然发生变化。发展中国家的纺织服装制造业快速发展，以中国为代表的亚洲在全球产业布局中占据重要的地位。印度、巴基斯坦、印度尼西亚、越南、孟加拉国等国以及地中海沿岸一些国家和地区，凭借更加低廉的资源成本和欧美区域性贸易保护等有利条件，在中低端产品市场上发挥后发优势，已成为中国在国际市场上的有力竞争者，这是全球第四次纺织服装产业的转移，如图1-8所示。此外，由于区域经济同盟和经济多边协议在全球范围内广泛兴起，北美自由贸易区的墨西哥、加勒比国家联盟、欧洲联盟

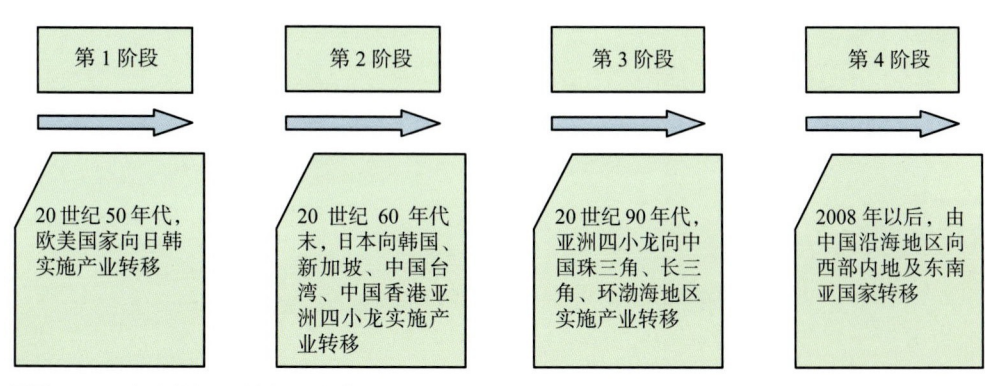

图1-8 全球纺织服装产业转移阶段

内部具有纺织工业基础的部分新入盟成员国也成为美、欧纺织服装产业转移的重点，欧盟专门制定了扶持其新成员国发展纺织服装工业的产业政策，开始转移高端技术、高附加值产品、营销战略等用于开拓市场，攫取最大附加值。

总体来看，发展中国家的纺织服装业作为一个整体，在世界上占有绝对的份额，具有较强的竞争优势。单就中国来说，据WTO统计，2011~2013年，中国服装出口分别为1537亿美元、1596亿美元、1774亿美元，占全球服装出口比重分别为36.8%、37.8%、38.5%；据世界银行2016年发布的《缝纫致富》报告指出，2015年中国服装出口占世界服装出口的比例为41%，是全球最大的服装出口国。然而，如果从价值链参与角度来看，就会发现发展中国家的纺织服装业与发达国家之间存在差距，竞争优势与美、英、法、意、日和韩相比减弱许多。在全球经济一体化过程中，生产分工日益细化，纺织服装业的生产布局、结构调整和升级不能脱离全球价值链单独进行。在纺织服装业的全球价值链中，除了行业本身生产制造环节外，还涉及研发、知识产权、品牌，以及批发零售和流通等环节，而发达国家依靠强大的研发投入和渠道控制能力，牢牢把握着全球纺织服装价值链的战略控制权和高端环节，如图1-9所示。而未来发展中国家纺织服装业的一个重要调整和升级方向，就是把生产转向技术含量和附加值更高的关键性环节和产品，其中创建和培育品牌尤为重中之重。

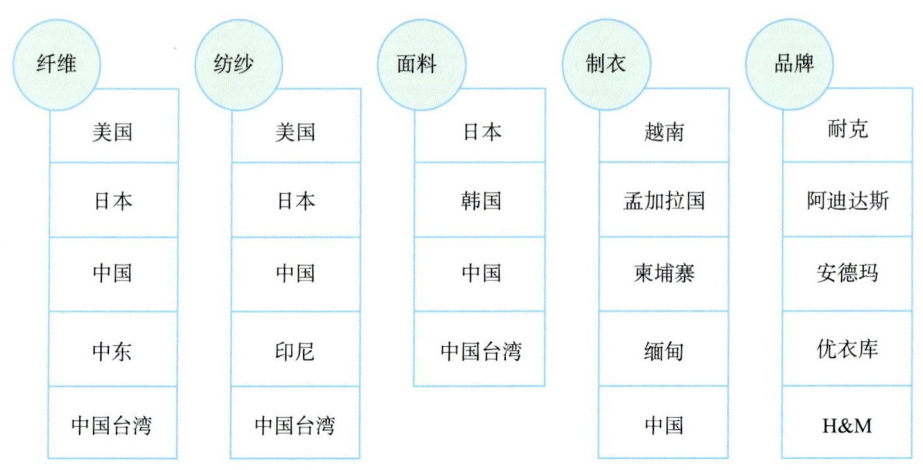

图 1-9　全球服装产业链各环节优势国家与地区

1.1.5 "一带一路"倡议与中国服装品牌跨国布局

在当今时代，世界多极化、经济全球化、文化多样化、社会信息化深入发展，曾经弱肉强食的丛林法则已不再符合时代逻辑，只有合作共赢才能赢得长久的未来。回顾历史，2013年9月，习近平总书记在哈萨克斯坦纳扎尔巴耶夫大学发表演讲，提出了共同建设"丝绸之路经济带"的畅想；同年10月，习近平总书记出访东盟，提出共同建设"21世纪海上丝绸之路"，正是这二者，共同构成了"一带一路"的重大倡议，如图1-10所示。从顶层设计到项目落实，"一带一路"倡议引起了沿线国家的广泛共鸣，并与各国的发展战略进行积极对接，"一带一路"的黄金发展期已然到来。在全球共赢的大背景下，为中国服装品牌开拓国际市场，实现跨国布局，已与产业转型升级一样成为了中国服装产业的行业共识，而"一带一路"倡议为中国服装产业谋求国际合作带来了难得机遇。当前中国服装企业正处于推行自主品牌战略的关键时期，借助"一带一路"倡议顺势走出去是恰逢其时。一方面，中国服装企业以降低人工成本为主线建立海外加工基地，成为产业链的某一环节或延伸；另一方面，一些服装企业谋求资源全球配置，在不同国家安排产业链的不同环节，建设和打造具有全球竞争力的跨国时尚集团。

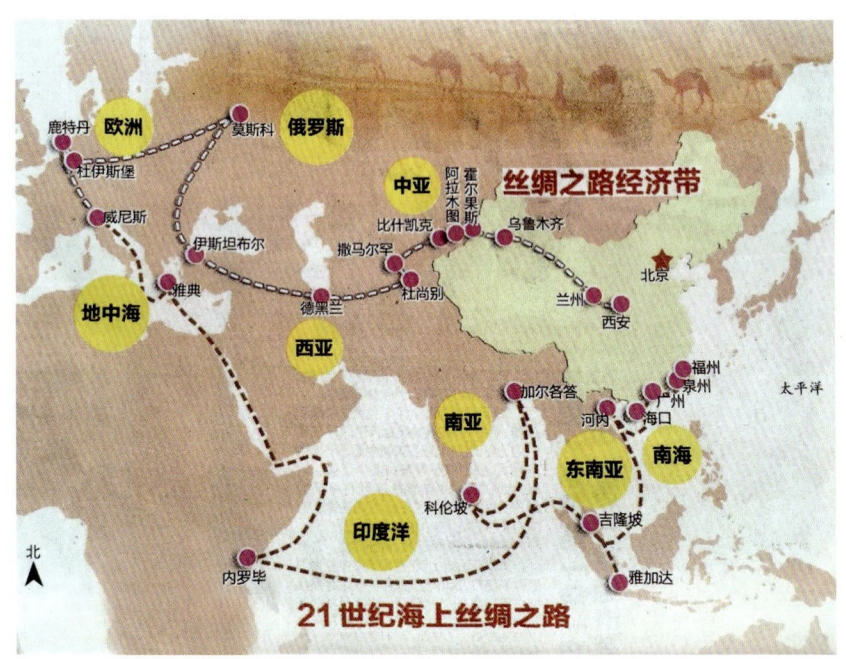

图1-10 "一带一路"倡议示意图

根据中国纺织工业联合会的不完全统计，截至2014年年底，中国企业在海外设立的纺织服装生产、贸易和产品设计企业已超过2600家，分布在超过100个国家和地区。中纺联认为，2015年以来纺织服装业"走出去"的步伐仍在加快。中国纺织服装业的对外投资不仅实现了对发达国家和发展中国家投资的同步进行，还几乎涵盖了整个纺织服装产业链，从上游的棉花、木浆、麻等原材料，到棉纺、毛纺、化纤等中间产品制造，再到终端的针织、服装、家纺产品和纺织机械的销售、品牌和技术研发等，均有涉及。同时，中国纺织服装企业"出海"的形式还包括了创建投资、股权并购、资产收购和合资等外商直接投资（FDI）等主要形式。2016年10月，江苏阳光股份有限公司与埃塞俄比亚投资委员会正式签署《阳光埃塞俄比亚毛纺织染项目投资协议》。江苏阳光将在埃塞俄比亚阿达玛工业园建设一个总投资 9.8 亿美元的大型纺织服装生产基地。如意集团在"一带一路"沿线国家和地区共布局了 10 个工业园，总投资超过 300 亿元人民币，还收购澳大利亚卡比棉田农场。在品牌并购方面，雅戈尔、中银绒业、如意、万事利、玛丝菲尔、江苏金昇、歌力思、维格娜丝等都通过行业并购在全球获取品牌和技术优质资源。

1.2 国内环境

1.2.1 政策与规划

纺织工业"十一五"发展纲要提出，要着力创建自主品牌，并指出我国纺织服装业的自主品牌建设要循序渐进，实行稳定低端市场，开拓中端市场，突破高端市场的发展思路；要建立并完善知识产权和品牌保护机制，加强纺织品服装自主品牌建设的力度，强化企业品牌意识；加大行业产品设计、市场开拓等方面的力度，鼓励支持企业积极开展境内外商标注册，进行国际通行的质量管理体系、环境管理体系认证；鼓励纺织各行业、重点区域通过建立并发挥产业创新公共服务平台的作用，创建行业性、区域性公共品牌；重点扶持一批在品牌设计、技术研发、市场营销网络建设方面的优势企业；建立和扩大国际营销渠道，优化出口产品结构，增强我国自主品牌的国际竞争力，提高纺织服装自主品牌产品出口的比重。"十一五"期间纺织服装品牌建设初见成效，加快品牌建设在全社会形成共识，品牌建设的内生动力明显加强，品牌发展环境不断改善。我国纺织工业已经从加工制造向产品设计和创意转型，初步形成了一批设计创意园区。纺织品服装出口由加工生产（OEM）向设计生产（ODM）和品牌生产（OBM）转变，纱线、面料、辅料等中间产品的品牌价值也得到市场认可，我国纺织服装自主品牌逐步走向国际市场。获得服装服饰类中国名牌 143 个，国内消费者对服装自主品牌认知度有所提高。

纺织工业"十二五"发展纲要提出，要强化品牌管理，制定品牌发展战略，提高品牌在研发、设计、生产、销售、物流、服务以及宣传推广各环节的整合能力。充分开发品牌无形资产，通过引进和受让品牌资产来实现品牌的扩张和延伸。支持有实力的企业积极推进品牌国际化，通过收购或入股海外品牌，形成国际化品牌，并随着创新能力的提升逐步形成国际化的中国原创品牌。鼓励企业积极开展品牌推广宣传活动，扩大市场知名度和美誉度。加强知识产权保护，引导企业积极进行国内外商标注册、专利申请，为企业品牌寻求法律保护，并实施品牌建设重点工程。制定我国服装家纺品牌发展战略，建立品牌企业统计、跟踪、评价体系，建立我国纺织服装品牌数据库。按照"公开、公平、公正"原则，开展品牌企业评价工作，重点跟踪和培育创新能力强、市场覆盖面广、市场占有率高、企业赢利能力强的 100 家左右服装家纺品牌企业。加快推进我国服装家纺品牌国际化进程，争取尽快形成一批国际化服装家纺品牌。"十二五"时期，全行业品牌意识进一步提高，行业品牌培育管理体系与品牌价值评价体系初步形成。中国国际服装服饰博览会、中国服装大奖、中国国际时装周、各地服装节等活动连续举办，纤维、面料、家用纺织品流行趋势研究和发布，《纺织服装行业年度品牌发展报告》发布等，推动了行业品牌发展。目前活跃在国内市场的服装家纺品牌约3500个，全行业拥有"中国驰名商标"300多个。一批服装家纺品牌在海外建立设计机构和销售网络，中国设计师作品逐渐在国际舞台展示交流。

2011年，中国纺织服装品牌战略推进委员会和品牌工作办公室正式成立，委员会着力推进行业品牌建设，在品牌发展和政策研究、品牌培育管理体系研究、品牌价值评价、工商对接、专业培训等方面开展了大量工作。当前，品牌建设越来越受到政府部门、行业协会、品牌企业的高度重视，而纺织服装作为生活必需品和重要消费品，其品牌发展也起到了引领和示范作用，自主品牌消费逐渐成为大众消费的主流。近年来，在国家宏观政策导向及市场机制的作用下，纺织全行业品牌意识逐步提升，品牌发展取得长足进步，一批优势自主品牌逐渐在国际市场崭露头角。通过一系列品牌建设工作的有力推进，必将推动"中国纺织强国梦"的早日实现。

1.2.2 经济增长与服装消费

2003~2007年，我国GDP连续五年实现两位数的高速增长，然而随着美国次贷危机演变成国际金融危机，我国GDP增速也随之下滑。2008~2015年，虽然每年GDP都呈增长态势，但增速呈下降趋势，如图1-11所示。我国经济正在发生两大变化，一是我国经济已经进入了增长阶段的转换期，从高速增长阶段转入一个中速的

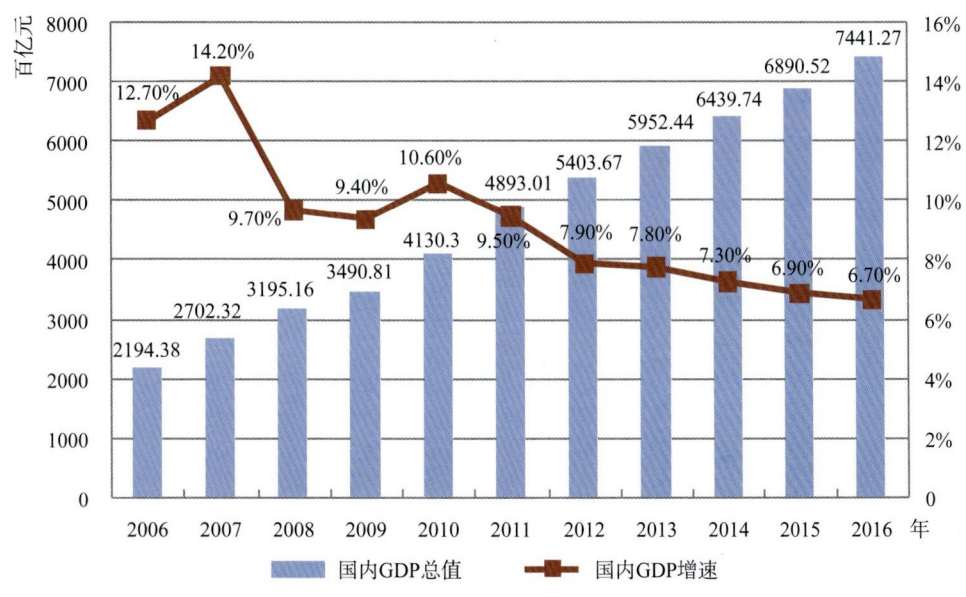

图1-11　2006~2016年中国GDP增长率

增长阶段；二是我国经济结构正在发生着具有中长期意义的转折性变化，从以投资、工业为主，较多依靠外需转向消费、服务业为主，更多依靠内需。国内经济的持续增长是支撑我国纺织服装产业发展的内生力量之一。随着我国人均可支配收入的增加，消费者对纺织服装产品的个性追求不断提高，为我国纺织服装产品提供了坚实的市场。进入 21 世纪全面建设小康社会时期以来，我国坚持扩大消费需求战略和缩小城乡差别、区域差别、个人收入分配差别的重大决策，使我国城乡居民衣着消费持续保持较快增长态势。

据国家统计局数据，2006~2015 年，我国城镇居民消费水平由 10739 元增长至 27210 元，年均增长率为 10.9%；其中人均衣着消费支出由 901 元增长至 1701 元，年均增长率为 7.3%。从服装零售商品销售额来看，2006~2015 年，我国服装零售商品销售额从 293.41 增至 3070.17 元，年均增长率为 29.8%，比同期 GDP 增长率高约 16.2 个百分点，如图 1-12 所示。

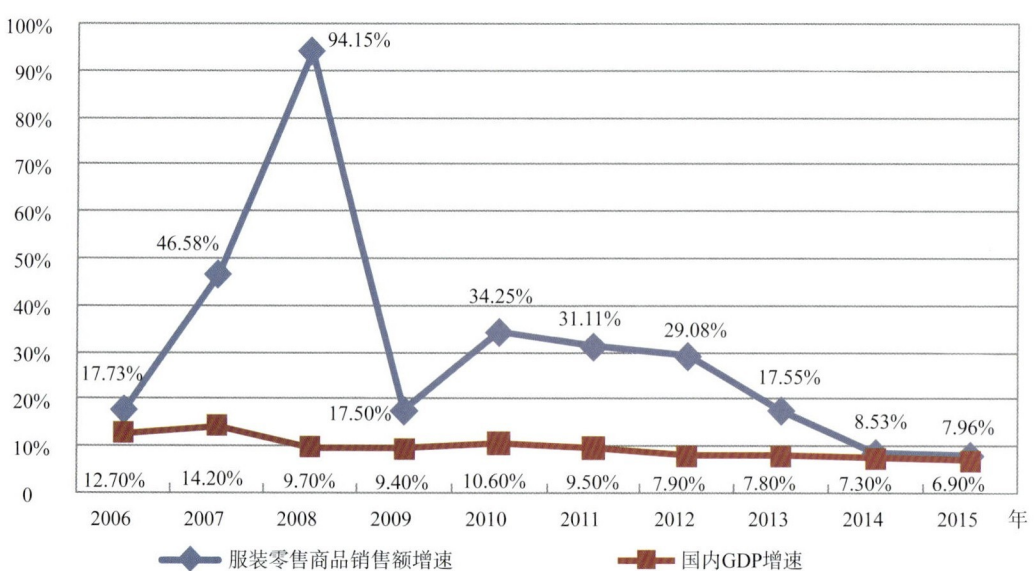

图 1-12 服装零售商品销售额增速及国内 GDP 增速

2008 年是国内服装零售商品销售额增速最快的一年，高达 94.15%。2009 年，受经济危机的后续影响，我国服装产业受国际市场萎缩，要素成本上涨，人民币升值，不可预见的自然灾害等一系列外部因素影响，产业运行面临巨大压力，内需拉动成为行业发展的有力支撑。根据国家统计局数据显示，2009 年服装零售商品销售额为 981.11 亿元，同比增长 17.5%，增速明显快于全国消费品零售总额增速，但对比 2008 年的增速有较大的下滑。2010 年，服装商品零售额 1317.1 亿元，同比增长 34.25%，增幅较 2009 年同期提高 16.75 个百分点。

根据中华商业信息中心统计，2010年全国重点大型零售商业服装销售金额、数量和平均价格分别同比增长了21.58%、10.15%和10.38%。从代表大城市主流消费的大商场消费数据来看，大城市消费增长平稳，消费数量增幅不高。社会服装零售增长更具活力，而活力的源泉就是二三线中小城市服装消费的崛起。我国的品牌服装还处于发展初期，未来前景广阔。相比一线城市消费日趋平稳，二三线中小城市和城乡接合部以及农村等市场未来发展增速会更快，而且这些市场的行业集中度较低，这就为服装自主品牌和处于渠道扩张时期的品牌企业提供了较大市场空间。

2011年全年我国服装商品零售总额达到1726.86亿元。商务部重点监测的3000家零售企业销售额数据显示全年服装服饰消费稳定增长。1~12月份大型零售企业服装销售金额平均增幅约为20.9%，说明服装国内需求比较稳定。2012年服装类商品零售额累计2229.03亿元，同比增长29.08%，增幅明显高于社会消费品零售总额的增长，但比2011年同期下降2个百分点，如图1-13所示。值得一提的是，注重品牌提升、文化价值和商业模式创新的品牌服装销售，特别是量大面广的三四线市场的大众消费，会对2012年内销市场的增长，形成支撑作用。

2013~2015年，我国服装内销市场规模继续扩大，但受经济减速影响，消费者消费意愿减弱、需求降低，内销增速放缓。据国家统计局数据显示，2013年全年服装鞋帽、针纺织品类商品零售额累计11414亿元，同比增长11.6%，比2012年同期增速回落6.4个百分点。2014年，服装零售商品销售额累计2843.85亿元，同比增长8.5%。2015年服装零售商品销售额累计3070.17亿元，同比增长7.96%。

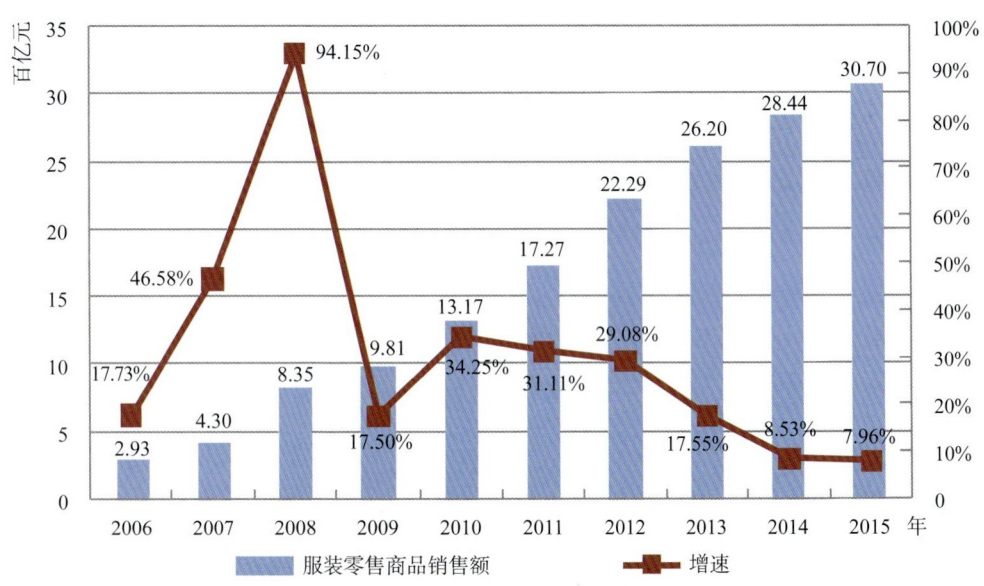

图1-13 服装零售商品销售额及其增速

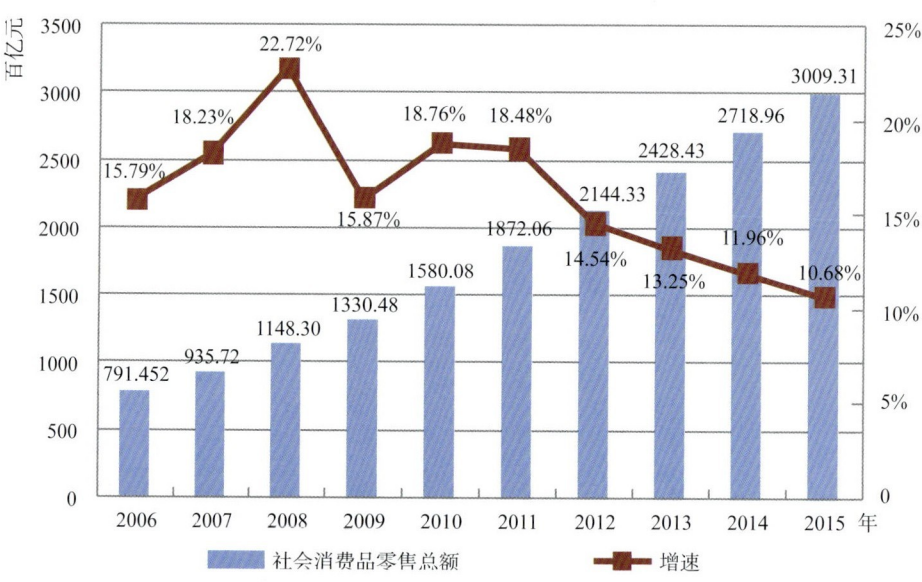

图 1-14 社会消费品零售总额及其增速

1.2.3 "互联网+"与电子商务

"互联网+"是互联网与传统行业的融合，利用互联网技术和平台，创造一种全新的行业生态和商业生态。通过互联网技术应用和商业模式的创新，促进社会资源配置和利用效率进一步提升。"互联网+"的成果不仅能推动传统行业的转型升级，还能提升全社会各个领域的创造力和生产效率，形成以互联网为基础设施的信息和数据经济新形态。互联网革命正深刻地影响着传统服装行业，传统服装行业嫁接互联网，不只是优化了产业链的中间环节，更改变了人们对服装行业的消费习惯，促发了传统服装行业进行"互联网+"的转型升级。其中服装电子商务带来的服装买卖方式的嬗变尤为显著。当品牌型服装企业对接的不再是代理和渠道，而是对接真正的消费者，服装企业才能真正地去思考自己的产品是不是消费真正喜欢的，才能够快速地知道消费者喜欢哪一款商品。

2003年之前，国内服装电子商务模式主要以B2B为主，诞生了诸如中国服装网（efu.com.cn）这样的行业领先平台。2003~2005年，在非典爆发、淘宝网广告效应的影响下，奠定了坚实的网购用户基础，服装服饰类产品成了网络热购的产品之一，C2C电子商务得到了发展。2005~2007年，传统服装零售与电子商务相结合，开创了B2C直销的电子商务模式，引起了资本市场的关注和认同，服装电子商务由此进入发展期。2007~2011年，凡客诚品、若缇诗、欧莎、裂帛、七格格、斯波帝卡、玛萨玛索、零男号、梦芭莎、螃蟹秘密和兰缪等网络服装品牌大规模增加。我国服装电子商务由此步入了成熟期，形成了"百花齐放"的市场竞争格局。2011~2012年，李宁、红豆、美特斯·邦威、以纯、GXG等为代表的一大批传统服装企业纷纷拓展

"线上渠道",服装电商进入爆发期。根据阿里巴巴推测,2012年中国服装电子商务市场交易规模约为3000亿元,同比增长约44%,大大高于实体店服装零售的增长。2012年以来,服装网购市场规模保持较大比例的平稳增长,并呈现持续放缓的趋势,服装电商销售渠道拓展为C2C、B2C、O2O、虚拟试衣间等新模式、新技术相结合,移动端销售增长迅猛,内部结构优化并保持了相对稳定的发展态势。

据中纺联数据,2013年中国服装网络购物市场交易规模达到了4340亿元,同比增长47.15%;仍是网络购物的重要品类。2014年以前,我国服装电子商务处于快速发展期,其市场规模在整个服装行业销售收入中的比例快速提升;2014年,该比例达到了31.2%。2016年,服装网络零售总额为8540亿元,同比增长18.09%,如图1-15所示;从市场的整体形势来看,服装网络市场正向品牌化发展,知名服装品牌已成为网络服装销售的绝对主力。2016年天猫"双十一"大促销售排行榜中,男装前10名全部是国内知名传统品牌,女装前10名有9家是知名传统品牌,1家网络品牌。同时,跨境海淘电商发展空间巨大,2016年中国手机海淘用户4000多万人,36.1%的用户购买服饰鞋靴品类,38.2%的用户表示会增加该品类的购买。国际大牌、奢侈品、轻奢等高端服装服饰品牌进入中国市场,不仅推高了服装服饰品类的整体客单价,也进一步推动了整个市场的增长。

随着我国服装电子商务进入成熟期,服装网购市场规模所占比例将上升放缓。虽然服装业电子商务发展迅速,不过整体购物体验仍存不足,在仅凭图片、数据来判断的情况下,容易造成退换货比例较高、体验较差的后果。但相信随着售后监管、物流配套设施等各个方面不断完善,服装行业电子商务仍将保持较快的发展速度。

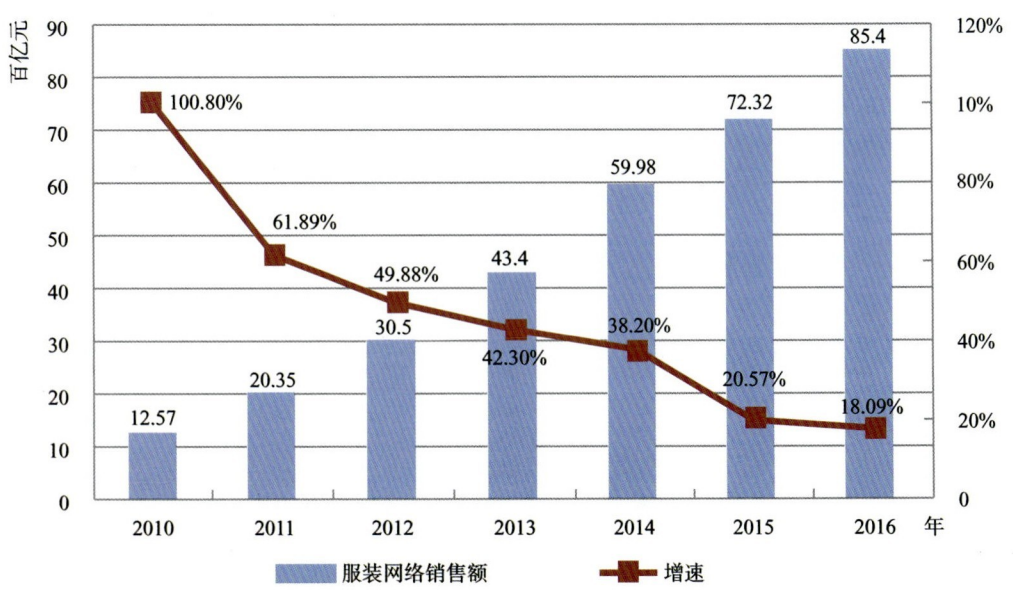

图1-15 2011~2016年服装网络零售额及增速

1.2.4 时尚产业与文化创意

进入 21 世纪以来，中国综合国力与日俱增，文化软实力随之提升，建立在此基础上的文化创意产业也获得飞速发展。中共十七届六中全会指出，要把我国建设成为社会主义文化强国，"十一五"规划已经把文化产业作为调整经济结构的重要举措，从中央到地方出台了一系列鼓励文化产业发展的政策措施，作为时尚产业重要组成部分的服装产业也与文化创意产业有机融合，文化创意在服装品牌创建和培育方面发挥了难以替代的作用。如果要找出中国服装产业和国际先进品牌的差距，那么会发现文化底蕴是非常重要的一方面。国际品牌在文化艺术与服装产品之间融合的是那么毫无痕迹，这正是缘于他们本身对文化艺术的重视。路易·威登、香奈儿（CHAHEL）等著名品牌都在发展的过程中不断寻找与艺术家的合作，因为他们清楚地认识到，假如这些品牌没有文化、没有艺术，就不可能存在长久，正是因为他们的艺术含量，才得以流传并被消费者追捧。与文化和艺术保持亲密关系，这也是这些品牌内涵丰富的重要原因。

近些年来，中国服装界逐渐意识到，品牌实力和核心竞争力的高低，来源于创意能力的强弱，时尚产业和文化艺术，应该是无界的，艺术家创意的才华跟商业结合起来，将会给品牌带来巨大的能量和财富。这是因为人们穿着服装不仅仅是为了满足物质生存的需要，更重要的是体验一种生活的方式，表现人们的价值观念与审美情趣。可以说，服装的设计、生产、销售等一系列过程都是文化创意活动。当消费者对时装的基本诉求得到满足之后，随之而来的追求便是文化气质的沉淀和艺术内涵的表达。

2009 年 10 月由中国纺织工业协会牵头，中国服装协会举办，在上海名仕街时尚创意园拉开帷幕的 2009 Reach&Touch 时尚创意空间活动，有力地推动了中国纺织服装产业的创意化发展。"2010 中国当代时尚创意设计展"更是得到了时装设计师、建筑师、艺术家等近百位有创意的实力派艺术先锋响应和积极参与。2013 年 9 月，由中国丝绸博物馆、时尚传媒集团和中国服装设计师协会联合主办的"时代映像—中国时装艺术 1993~2012"展览在北京今日美术馆开幕，展示中国时装设计的艺术成就，宣扬中国从"中国制造"到"中国设计"的转型和实力。展览通过回顾、总结和展望呈现中国时装的独特魅力，使中国时装文化以自身的艺术语言成为世界时装文化的一个组成部分，扩大中国设计的影响力。

在时尚与文化艺术的跨界融合中，国内服装企业也在积极践行。2013 年，作为跨界艺术融合的全球首创，深圳粉蓝衣橱时尚集团推出时装音乐剧《黑暗中的舞者》，建立起时装艺术与音乐艺术的沟通桥梁。2014 年，再次推出时装音乐剧《唤醒》，并创办 Lifisee 艺术空间——1200 平方米的深圳世纪汇 BBLLUUEE 系列品牌时尚与艺术跨界体验空间。Lifisee 艺术空间将时装销售和艺术展览、艺术体验、艺术教育、时尚派对及艺术沙龙融为一体，传播一种生活艺术态度，创造一种生活艺术方式，让时装与音乐、舞蹈、美术等多门类艺术相互融合。

1.2.5 产业融资与企业发展

资本的触角早已伸到了服饰行业，经过十多年的发展，服装企业和资本的不断融合，出现了波段式发展趋势，而在每一波段中，皆有其代表性的服装企业。比如2007年以前的第一波段，有杉杉、雅戈尔等企业上市；2007~2008年服饰行业迎来第二波段，代表企业有百丽、安踏、报喜鸟、波士登、美特斯·邦威等；金融危机之后服装行业曾短暂沉寂了一段时间，从2009年开始，以福建板块为主的服装行业集中上市，并细分为家纺、童装等子板块，"小而美"的企业产生了高估值；到2010年进入第四波段，凯撒股份上市，希努尔登陆A股市场，搜于特在中小板上市，服饰行业对于资本的追逐再次出现"井喷"之势。2011年森马服饰的上市，2012年乔治白和美盛文化上市，2014年贵人鸟上市，2016年又有六家服装企业在主要证券市场上市，分别是天创时尚、南旋控股、哈森股份、中潜股份、江南布衣和比音勒芬。资本快速进入传统行业，将以前所未有的力度改变传统企业的思维和运作方式，引爆商业势能，进而改变和影响优势服装企业的发展路径。

上市融资是优势企业自身发展的有效途径之一，但是上市之路并非平坦大道。现在没有特别突出业绩和赢利模式的纺织类企业很难获得资本市场的关注，是否拥有独特性是服装企业跟资本握手的砝码。据悉，服装企业申请上市的主要障碍来自营销网络管理方面，证监会对连锁企业渠道管理的审核越来越严格。正在申报上市的纺织服装企业募集资金的投向多集中在扩大产能和营销网络建设，很多纺织服装企业上市之后，终端渠道扩张过快，营销网络扩大，但由于单店效益低而平均收入下降，已经让人质疑募投资金是否真正发挥了作用。另外，企业上市后的弊端也正在不断显现。国内服装企业中90%以上都是民营企业，其中绝大多数又以家族式经营管理为核心，这与资本市场习惯的股份制游戏规则并不兼容，想上市就必须进行股份制改革。上市以后企业不再是私人公司，而是有定期向公众（包括竞争对手）进行充分信息披露的义务，包括主营业务、市场策略等方面的信息。上市后为保护中小股东利益，企业重大经营决策需要履行一定的程序，如此可能失去部分作为民营企业所享受的经营灵活性。上市后股权被稀释，管理层将不可避免地失去对企业的一部分控制权。上市后的弊病还包括：企业都需要支付较高的费用；类似公关费用、给投行的费用、财务报表的审计费用等。上市公司比民营企业需要履行更多义务、承担更多责任，管理层也将受到更大的压力等。

1.2.6　京津冀一体化与产业机遇

　　2014年京津冀一体化协同战略正式上升为国家战略，京津冀地区所具备的创新资源、土地空间等多项优势是全国绝无仅有的，足以支撑世界级城市群的建设。过去三年多来，区域产业拥抱京津冀协同发展战略的历史机遇，从探索走向深入，而产业一体化是京津冀协同发展战略的实体内容和关键支撑。京津冀协同发展战略同样给三地的服装产业带来重大发展机遇。对北京服装产业来说，主要是服装制造环节的转移和疏解，而北京将作为服装企业的品牌、设计和营销中心，这是因为北京的文化氛围比较浓厚，为企业发展品牌文化和设计水平提供了很好的环境。同时，作为全国的政治中心，北京还拥有一批非常优势的高端消费人群。目前北京本地的知名服装品牌，例如依文、白领、爱慕及凡客诚品等，都已经将生产加工外包出去，北京总部主要负责设计、运营、品牌、市场等。对天津服装产业来说，主要是涉及产业升级和产能转移，将传统的纺织服装业保留精华部分，注入科技、绿色、智能的元素，提升产品的高附加值，而把一般的加工制造业产能向河北转移。对河北服装产业来说，北京、天津产业的转移首先带动了河北的就业机会，特别是农村劳动力的就业有了大幅度的增长；其次，对河北服装行业产业集聚和整合重组具有重大的促进力量，对整个行业的规模化、产业化，淘汰落后产能起到了积极的作用；最后，对服装企业做自身提升、设备更新、技术创新，加速淘汰落后产能，由量到质的变化也起到了巨大的促进作用。

　　2014年9月，由中国纺织工业联合会牵头，北京纺织服装协会、天津纺织服装协会和河北协会三家协会为主体，成立了京津冀纺织服装产业发展推进联盟，目的在于充分地把三地的资源实现优势互补、产业融合、上下游综合配套，输入科技、品牌、时尚、绿色等现代元素，来打造京津冀服装产业链的生态圈和京津冀自有服装品牌，形成在国际上具有很强竞争力，在国内有巨大影响力的京津冀服装产业极和增长极。联盟成立后，经过三年的运作，产生了很多成果。组织"京津冀青年设计师百强推选活动"去发掘京津冀地区的优秀青年设计师的人才；组织"京津冀科技时尚周"来交流、促进、展示、孵化和推广、共享科技成果对时尚产业的带动；以及由三地行业协会协同考虑京津冀服装产业的整体布局等。

1.2.7　十九大精神与产业趋势

　　习近平总书记在十九大报告中指出，我国经济已由高速增长阶段转向高质量发展阶段，正处在转变发展方式、优化经济结构、转换增长动力的攻关期，建设现代化经济体系是跨越关口的迫切要求和我国发展的战略目标。必须坚持质量第一、效益优先，以供给侧结构性改革为主线，推动经济发展质量变革、效率变革、动力变革，提高全要素生产率，着力加快建设实体经济、科技创新、现代金融、人力资源协同发展的产业体系，着力构建市场机制有效、微观主体有活力、宏观调控有度的经济体制，不断增强我国经济创新力和竞争力。十九大报告关于"现代化经济体系建设"和以"供给侧结构性改革为主线"的要求，必将掀起新一轮经济结构调整的主旋律，新常态下的服装行业发展环境正在发生深刻变化，供给侧结构性改革全面推进，调整产业结构、实现有效供给将成为服装行业工作的重点。随着国家经济增长方式的转变，未来服装产业将进入需求导向、结构调整、创新驱动和绿色发展的全新阶段。

需求导向，提升产品品质实现有效供给。在改革开放初期，由于短缺经济和国内劳动力便宜，服装市场需求重价不重质，形成了众多的低端服装生产企业。服装产业发展到今天，随着广大消费者的收入增加和社会经济文化发展，消费者的市场需求已经从之前的重价不重质，发展到现在的高度重视品质和设计。未来服装企业行业应在保证合理价位的基础上实现品牌提升，通过面料、工艺、版型、设计的研发与创新，逐步提升产品品质。让中国品牌实现从生产大国向制造强国转型，提升中国服装品牌的国际影响力。

结构调整，促进纺织服装行业转型升级。如何降低成本、解决产能结构性过剩问题以及优化产业结构调整是实现服装产业长远发展的重要任务，这涉及服装产业供应链的全面升级，这是中国服装品牌转型的机会。企业必须放弃传统的批量生产，依靠互联网和快速反应机制，通过样品做出市场预判，有选择性地进行生产。同时，打通工厂、企业、销售端的数据供应链，实现企业从单向到双向互动、被动到主动角色的转换。将线上销售和线下体验相结合，及时把握市场动态，生产出消费者需要的产品，实现服装产业供给侧改革去库存、去产能、补短板和降成本的长效机制。

创新驱动，抢占制造"智"高点。目前，"互联网+"正在快速渗透着服装行业，大力推进互联网信息技术与服装行业融合发展，加快服装行业向智能化、绿色化、服务化转型的步伐已成为大势所趋。而如何借助互联网的力量来推动行业发展，不同的企业也在进行着不同的探索。2015年11月，红豆集团和深圳清华大学研究院合作，聚焦投资、项目技术合作、项目孵化、功能服装项目、智慧产品项目合作等领域，建立长期全面战略合作伙伴关系，通过以金融促科技，以科技促产业的合作共识，开展深度多元化战略合作。青岛红领集团经历了十多年定制模式的探索，已经完成从服装企业到数据型制造企业的转型，红领集团自主研发在线定制直销平台——C2M平台，通过互联网将消费者和生产者、设计者等直接连通，个性化定制的服装1件起定制，传统服装定制生产周期为20~50个工作日，红领已缩短至7个工作日内，红领的单个生产单元可年产150万套件定制服装。

绿色发展，实现环境与经济的共赢。新形势下，服装行业正在结构调整、产业升级和创新驱动上寻找新的机遇和出路，而生态文明建设将为纺织服装行业的转型升级注入新的动力。对于服装行业来说，一方面需要提高绿色发展意识，另一方面还要加快实施生产过程绿色化改造；推进能效、水效对标达标活动；对高浓度难降解有机废水等特征污染物实行源头减排，对重点产品实施清洁生产改造；加强资源循环利用，建设废旧纺织品回收和再利用体系，研发适应市场需求的再生纤维产品；加大绿色设计开发投入力度，打造具有绿色内涵的服装品牌，为社会提供更多的绿色服装产品，引导绿色消费；服装企业应按照厂房集约化、原料无害化、生产清洁化、废物资源化、能源低碳化的原则积极创建绿色工厂；打造绿色供应链，减少有害化学物质的使用和排放，真正肩负起绿色发展的社会责任。

2 北京服装品牌发展的影响因素

北京建城于公元前1046年，距今已有三千年历史，从1949年开始作为中国首都，也有69年的历史。发展至今，北京的市区面积为1.64万平方千米，中心城面积1088平方千米。

2015年首都核心区和城市功能拓展区合并，与城市发展新区、生态涵养发展区成为北京的三类功能区。北京作为首都，是全国的政治中心，在经济实力、政治人文环境、科研人才等方面都占据着有利地位，政府的办事效率、公信力都具有明显的优势。在信息资源、科研技术等有竞争力的资源聚集方面，具有很大的优势。凭借着这些优势获得了众多国内外大企业总部、研发中心的青睐，连续几年成为最具总部经济发展能力城市之首。除此之外，北京市有着丰富的人才、教育和科研资源。北京市定位清晰，功能明确的划分总部区域。朝阳CBD主要聚集国际性金融机构和一些大型跨国企业；金融街是金融总部聚集区；海淀中关村主要聚集的是以信息技术产业为主的高科技企业总部。接下来在五个方面来详细说明北京发展经济得天独厚的条件和优势。

2.1 政治因素

从资源方面来看：北京作为中国的首都，其建设一直受到国家的高度重视和各地的大力支持，无论在资源调配方面还是在资金投入方面都远比其他城市要强。中央政府及各个部委均坐落于此，并且聚集了各种金融市场监管决策机构，包括中国人民银行、保监会、银监会、证监会等，是相关政策信息的汇集地与发布地，与其他城市相比，信息的收集与运用更加及时、迅速，信息化优势为北京发展总部经济提供了良好的发展平台。这些优势为北京经济的发展奠定了夯实的基础。许多前期投入的社会资源都是其他城市短期内无法超越的。例如：中国科学院、中国社会科学院等一流的国家科研机构，新华社、中央电视台等优秀的新闻媒体，以及沟通国内外的首都国际机场和通往国内各大城市的高铁枢纽站。从政策方面来看：北京是政治首府，在整个经济体系中承担着决策中心、信息中心和监管中心的角色，是全国经济的导航员。从长远看，这些首都特色为北京发展总部经济带来的各种便利条件将是其他城市无可比拟的。

2.1.1 政府政策

随着产业集聚现象被日益关注和随之而起的集群理论的升温，地方和区域在经济发展中的重要性越来越明显，地方政府对于提升竞争优势的作用也得到了更多的关注和重视。

2014年，习近平总书记在考察北京市工作时指出：建设和管理好首都，是国家治理体系和治理能力现代化的重要内容。他所提的五点要求之首是：要明确城市战略定位，坚持和强化首都全国政治中心、文化中心、国际交往中心、科技创新中心的核心功能，深入实施人文北京、科技北京、绿色北京战略，努力把北京建设成为国际一流的和谐宜居之都（因"四中心"、三战略、一目标高度理念化，故取文化广义说，以下用"首都文化核心功能"概称之）；随后再列其他：调整疏解非首都核心功能，优化三次产业结构；提升城市建设特别是基础设施建设质量，打造首都建设的精品力作；健全城市管理体制，提高城市管理水平；加大大气污染治理力度，应对雾霾污染、改善空气质量……❶ 习近平在考察北京工作时的讲话，将首都工作置于国家战略的特殊价值与要素环节，突出首都对全国现代化的神经中枢意义，强调首都应当发挥的政治引领、文化凝聚、国际感召、科技带动诸功能。两年来，为达国际一流的和谐宜居之都目标，北京发起了治理"大城市病"、疏解非首都核心功能攻坚战。因方向明确、目标明细、思路明晰，于城市减臃消肿上进展显著，为新发展腾空间添动能。强化核心功能与疏解非核心功能，相互关联却互不替代，没有因疏解非核心功能则令核心功能自然优强的逻辑。而且若少了首都文化核心功能的时代表现，北京发展会偏离"为了谁，依靠谁，我是谁"的根本，无法满足国与民对"应然"的内心期盼，难以履行首都城市对国家战略肩负的责任义务。

2.1.2　财政政策

改革开放以来，北京市的经济摆脱了计划经济的禁锢，社会经济经过三十多年的快速发展，北京市经济已具相当规模。随着经济的增长，北京市的政府财政收入大幅度增长，如图2-1所示，从1980年的51.29亿元上升到2015年的6813.14亿元，

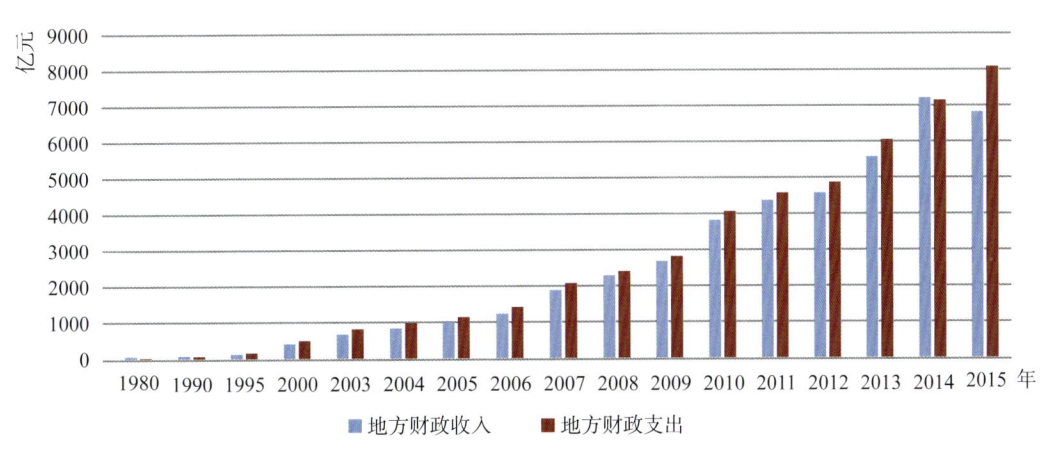

图2-1　1980~2015年北京市财政收入与支出（数据来源：北京统计年鉴）

---

❶ 习近平讲话。

从而政府财政支出规模也得到有力的经济保障。另外，根据统计年鉴数据显示，从1980年到2015年，北京地区政府财政收入以及与市场经济相适应的财政支出项目增长迅猛。农业支出、科教文卫事业费、行政管理费和社会保障支出具有十分相似的增长趋势。

财政支出一般是指国家为实现各种职能，按照预算计划，由财政部门将国家集中的财政资金向有关部门和方面进行支付的活动，因此也称预算支出。它反映了政府介入经济、社会生活的广度与深度，同样也影响到人口城市化进程的发展。财政支出很大程度上取决于财政收入的规模，进而财政收入的大小依赖于地方的经济发展。因此，财政支出规模的大小取决于该地区的经济发展水平，同样财政支出占GDP比重的多少以及财政支出的构成又是政府财政政策，进行宏观调控的体现，财政支出既是一个经济因素，也是一个政府政策因素。

2.1.3 城市发展政策

城市发展政策是城市政府优化城市空间结构的一种常用工具。城市空间结构优化方面的政策众多，就政策对城市空间结构的作用看，可以分为直接性影响政策和间接性影响政策。直接性影响政策是指对城市空间利用管理的政策，而间接性影响政策是指通过对城市产业、人口等社会经济活动方面影响造成对城市空间的间接影响。在直接性政策层面，1987年，城市土地有偿使用制度实施，确立了市场机制在土地资源配置上的主导地位，土地出让和转让市场开始活跃，城市土地的资源配置趋于合理。由于中心区土地成本的增加，中心区的一些工业企业纷纷转让自己的土地选择"外逃"，向土地相对便宜的近郊或远郊建厂。城郊地租与城市中心区地租的差价，使得企业有动力搬迁，并且可以享受优惠的发展政策。同时，由于1998年北京住房制度的改革，房地产业大发展，居住区迅速占领了这些工厂搬迁留下的土地，整个城市的用地规模迅速扩张。在间接性政策上，长期以来，由于北京市产业和人口在城市核心区过于集中，北京市开始实行对核心区的部分产业和人口的疏散。2004年的规划中提出了"两轴—两带—多中心"的城市空间结构。对人口控制和产业引导的政策，为北京的人口密度分布格局的变化、城市人口郊区化，有直接和重大的影响。

城市规划引导着城市空间的发展方向，一个时期内的城市规划也反映了城市在规划期内的城市空间发展所面临的问题和发展趋势。因此，城市规划与城市空间之间，是一种互动的良性关系。北京市历次城市总体规划都是结合城市空间格局的发展新趋势制定的，每次规划都体现了一定时期内城市空间发展的特征，并且引导城市空间的发展方向，所以，研究北京城市的空间格局规划十分必要。

新中国成立以来，北京市共经历了四次城市总体规划，这四次城市总体规划都给北京城市空间格局带来了很大影响。2005年新的总体规划批准实施，北京确立了

"两轴—两带—多中心"的城市格局，提出建设多中心城市。北京是以古都的旧格局逐步发展而来，城市发展的先天条件就是"单中心"的发展格局。"单中心"的城市空间结构在发展过程中，极易进入滚雪球式的蔓延阶段，造成一系列城市问题，所以在规划中先后提出了北京城市空间结构方案包括："分散集团式""卫星城发展战略""两个战略转移""两轴—两带—多中心"，在某种程度上都是为了抑制城市"摊大饼"式蔓延扩张和提升首都功能而设计的。

现阶段，为了地区的可持续发展，北京市政府规划出四个功能区，分别是首都功能区，功能拓展区、城市发展新区以及生态涵养发展区。

首都功能区包含东西城两个区，其战略定义是集中体现政治文化中心，主要发展文化和现代服务业。城市功能拓展区，包括朝阳、海淀、丰台、石景山，主要以发展科技、国际交往及高新技术产业和高端产业为主要增长点。主要的特色产业科技创新产业及生产性服务业集中于中关村科技园区、北京商务中心区等重要功能区。城市发展新区，包括通州、顺义、大兴、昌平、房山和亦庄开发区。此区是北京发展高新技术产业、现代制造业和现代农业的主要载体，是北京疏散城市中心区产业与人口的重要区域，也是未来北京城市发展的重心所在。生态涵养发展区，主要涵盖北京远郊区，是生态旅游的发展地。可以发展旅游和现代农业。

2.1.4 城市交通策略

北京公共交通的出现始于20世纪初，至今已有八十多年的历史。从1921年至1949年，北京的公共交通经历了由初创到发展，再到衰败破产三个阶段。这一时期北京城市公共交通从无到有，但由于西方资本主义和官僚资本的压榨，北洋军阀和国民党政府的腐败以及连年战乱，城市公共交通事业的发展历尽磨难，到1948年公共交通企业最终衰败破产。从1956年第一辆无轨电车试制成功到1966年5月6日最后一条有轨电车线路停驶，北京公共交通进入了全面发展阶段。此后，公共汽车数量逐年递增，同时线网进一步扩大，从1966年开始长途汽车不断发展壮大，实现了村村通车。随着中国城市和区域一体化进程的不断推进，轨道交通建设作为公共交通导向开发模式的重要组成部分，对城市与区域在加快经济社会相互作用，促进城市与区域环境改善，提高居民出行便捷程度等方面具有重要影响。

北京是中国第一个建设并运营城市轨道交通的城市，至今已有五十多年历史，随着时代的进步，北京轨道交通开启了快捷交通的新模式。北京地铁规划始于1953年，其中包括一条环线与7条其他线路，共172千米，有114个车站，工程始建于1965年，最早的线路竣工于1969年，1971年开始运营，是中国的第一个地铁系统。根据《北京市城市轨道交通近期建设规划（2007~2015年）》，北京将建成"三环、四横、五纵、七放射"的轨道交通网络，运营规模将接近纽约2007年的水平。其中，主要服务于城市中心区的线路里程为404千米，三环路以内平均步行1千米即可到达地铁站。北京市轨道交通运营线路日客运量提高到1000万人次，轨道交通出行在公共交通出行中的比例提高到49%。根据2015年9月国家发改委批复的《北京市城市轨道交通第二期建设规划（2015~2021年）》，北京将再建设12条地铁线路。到2021年，北京将建成24条线路、998千米的轨道交通网络，届时北京市公共交通占机动化出行量比例将达到60%，轨道交通占公共交通出行量比例将达到62%。截至2016年12月31日，如图2-2所示，北京地铁共有19条运营线路（包括18条地铁线路和1条机场轨道），组成覆盖北京市11个市辖区，拥有345座运营车站（换乘车站重复计算，不重复计算换乘车站则为288座车站），总长574千米运营线路的轨道交通系统。

　　北京的道路网络自改革开放以后，随着北京市城市化快速发展，其建设就呈现快速扩张趋势。1978年，北京市公路里程为6562千米，发展到2008年，公路里程突破2万多千米，增长3倍多。目前，北京市道路网系统已经形成5条环线、8条主要快速放射线和若干条辅助放射干线体系，已经形成了"棋盘式+环路+放射路"相结合的布局形式。在轨道交通方面，北京从1965年开始建设一号地铁线与环线，但长期以来没有受到重视，发展十分缓慢，1956~2002年的37年时间中一共建成通车运营仅54千米。2000年后，北京开始转变交通发展思路，加快地铁的建设，到2014年底，北京地铁运营里程达到527千米。但北京轨道交通种类单一，基本都是

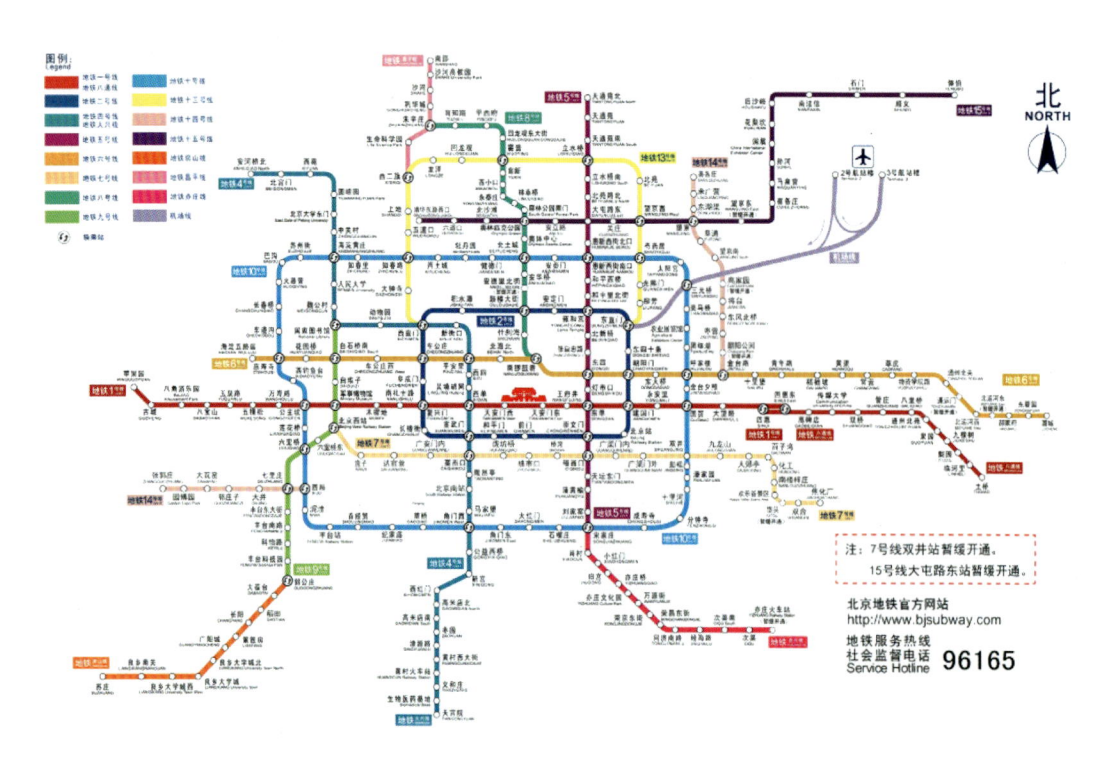

图 2-2　2016年北京市轨道交通线路及站点分布（数据来源：百度百科）

地铁，并且基本局限在城六环内，城市周边的昌平、怀柔等周边地区没有通勤铁路。北京也有比较发达的铁路网，但这些主要是连接全国各地的高铁和长途火车，对本地的交通没有很大的贡献。

北京的公交站点主要集中分布于城市的中心区，城市外围较稀疏，五环外公交站点就有减少的趋势，六环外则明显减少，周边所辖县只有中心区有较高密度，其余地区密度很低。

2.1.5 开发区发展状况

（1）中关村科技园区发展历程

北京相关高新技术产业政策的出台和我国科学技术体制改革的深层推进，促使一大批高新技术企业相继在北京诞生，并很快成为首都知识经济成长的主力军。为了保持高新技术企业发展的良好势头，北京市政府很快出台了一系列激励性的配套政策法规，如《关于鼓励民营科技企业发展若干规定的实施办法》《关于促进高新技术企业发展的意见》等。北京市科委为此颁布了《北京市高新技术企业认定办法》《北京市高新技术及其产品认定的原则和目录（第二期）》。这些政策的出台，不仅极大地调动了科技人员和科研院所创办科技企业的积极性和主动性，加快了中关村高新技术园区的建设，而且细化了政策目标和对象，优化和完善了北京高新技术产业政策体系，使北京高新技术产业政策的焦点从中关村园区建设拓展到高新技术企业。

1999年4月，依据《国务院关于建设中关村科技园区有关问题的批复》和《北京市国民经济和社会发展第十个五年计划纲要》，北京市政府颁布了《北京市关于进一步促进高新技术产业发展的若干政策》。该政策强调，高新技术产业是首都经济发展的关键和核心，是北京市新经济增长点。

2000年12月8日，北京市第11届人民代表大会常务委员会通过《中关村科技园区条例》，这是北京市高技术产业政策体系建设中的又一个里程碑，标志着其高新技术产业政策体系建设开始进入法制化轨道。该条例具体包括总则、市场主体和竞争秩序、促进和保障、风险投资、资金支持、人才引进、知识产权保护、规划和环境建设、其他规定、国际经济技术合作、政府行为规范、管理体制、法律责任、附则等内容，是中关村高科技产业发展的重要法规性政策文件。

中关村科技园区是1988年5月经国务院批准建立的中国第一个国家级高新技术产业开发区，包括三大开发区：中心区、发展区、辐射区。中心区总面积75平方千米，包括中国科学院、北京大学、清华大学和中关村西区。发展区以上地信息产业基地为起点，沿八达岭高速公路向北呈组团式伸展。辐射区主要是"一环两线"。"一环"指环绕市区的高新技术工业园区，包括电子城、北京经济技术开发区、丰台科技园区、昌平科技园区等；"两线"即沿八达岭高速公路向沙河、昌平、南口方向辐射和沿京密路向顺义、怀柔、密云方向辐射，形成环京高新技术产业带。现在，中关村科技园区已经由一区五园扩展到一区七园，包括海淀园、丰台园、昌平园、电子城科技园、亦庄科技园、德胜科技园和健翔科技园。

中关村经济萌发于 20 世纪 80 年代初，迄今，中关村的发展经历了三个阶段：

第一阶段，从中关村电子一条街到北京新技术产业开发试验区（1980~1988年）。1980 年 10 月，以陈先春为首的 15 名中科院科技人员创办第一个民营高新技术企业——"北京等离子体学会先进技术发展服务部"，到 1988 年 5 月全国第一个国家级高新技术产业开发区——北京市新技术产业开发试验区（简称试验区）成立之前，逐步发展成为集中于"电子一条街"的初具规模的经济。这一阶段的特点是电子产品的贸易比重较大，从事研发和生产活动所占比重较小，区内企业的增殖手段主要是"贸易链"。

第二阶段，从北京市高新技术产业开发试验区到中关村科技园区（1988~2000年）。从 1988~1998 年间，依托试验区高速发展的 10 年，经过这 10 年的发展，中关村经济已经在我国乃至世界范围产生了较大的影响。这一阶段的特点是：政府给予了较大的支持，经济活动中的技工贸比重逐步增大，区内企业的主要增殖手段转变为"产业链"。

第三阶段，以世界一流科技园区位发展目标，建设中国的知识经济增长极（2000 年至今）。2000 年以来，经过 20 年发展的积累，中关村的高科技实力已经具有比较强的实力，中关村逐步成为我国知识经济的发动机，该阶段的增殖手段主要是"创新链"。

（2）中关村科技园区成就

我国区域经济发展并不平衡，可以在特定的区域内，形成发展知识经济的局部条件，北京的中关村科技园区应当成为这样的增长极和示范区。中关村科技园区应定位于科技创新基地、科技成果转化和高技术企业孵化基地、高新技术产业聚集地和高技术辐射源。现在的中关村经济处于从工业经济向知识经济过渡的阶段，处于从集成型高新技术产业为主向创新型高新技术产业为主过渡的关键时期，要大力提高区内产业及骨干企业的 R&D 能力，吸引各类 R&D 中心入驻中关村园区内，目前世界 500 强企业中有 80 多家在此设立了研发中心，各类创新活动（主要表现为技术创新、制度创新、文化创新、金融创新的形成），对中关村科技园区的发展质量和发展水平起到决定性作用。

中关村地区不仅是北京市，而且是全国智力、科技、教育、信息等资源最密集的地区。据不完全统计，在中关村地区集中了 230 多所各级各类的科研机构和近 70 所高等院校，聚集了我国 1/3 以上的两院院士和高比例的高级专业技术人才，并有在国内具有领先地位的电子信息、生物工程、新型材料和光机电一体化等高新技术产业，以及联想、方正、清华紫光等一大批国内著名的高新技术企业。依托这样的资源和产业形成的中关村经济，不仅是我国高新技术产业发展的缩影，而且将成为我国迎接知识经济挑战，率先进入知识经济的先导。如图2-3、图2-4所示，中关村在各种有利的外部条件的发展下，其收入和利润是极其可观的，在北京的GDP中也占有一席之地，当然它的迅速发展离不开政府政策的支持。

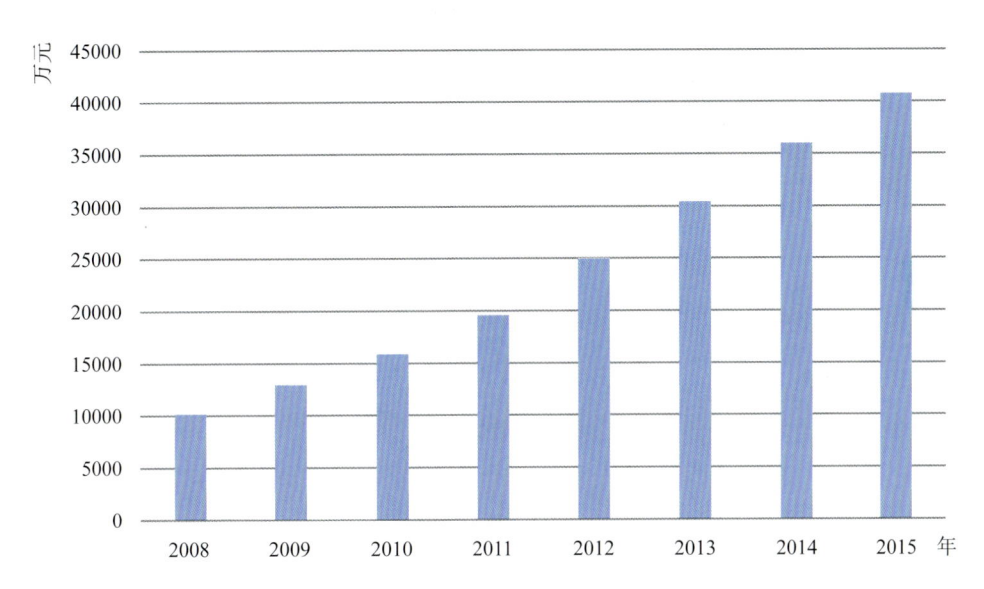

图2-3 中关村科技园总收入（数据来源：北京统计年鉴）

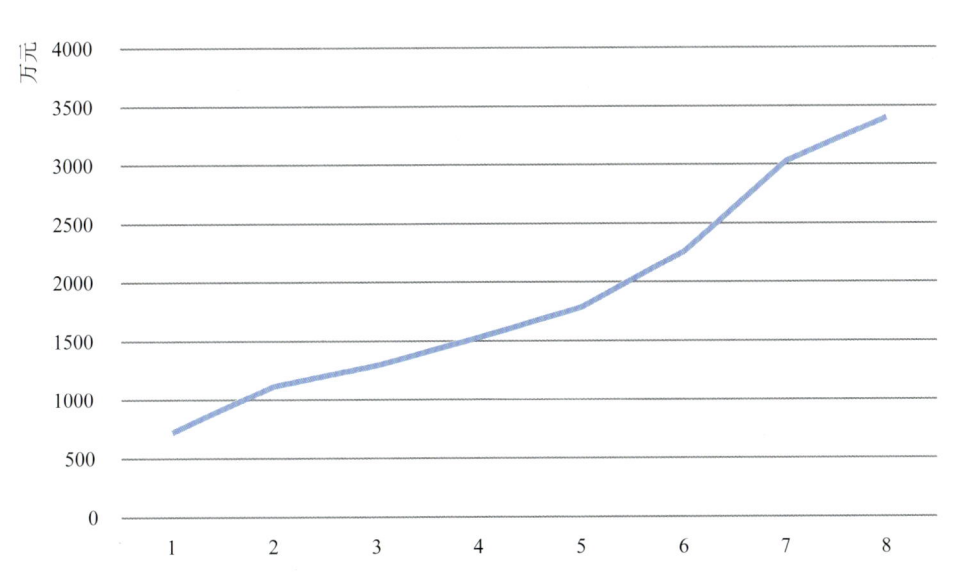

图2-4 中关村科技园利润总额（数据来源：北京统计年鉴）

2.1.6 北京 CBD 的发展

（1）北京 CBD 的概念

CBD 概念最早产生于 1923 年的美国，是由美国城市社会学者伯吉斯提出来的，伯吉斯在对北美芝加哥等大城市空间结构进行研究后，提出了同心圆模式，即城市的社会功能围绕城市中心呈同心圆结构，其中心层为城市地理和功能的核心区域，定义为"Central Business District"——中央商务区或商务中心区，简称 CBD。CBD 概念由此产生。一般具有三个性质：核心性，CBD 是城市功能与结构的核心，容纳了功能层次最高的产业并行使与之相关的功能，并且是城市交通系统的枢纽区域；历史性，CBD 与城市的发源地紧密相关，往往是这座城市最早的建成区所在地；稳定性，CBD 具有相对稳定的地位，在城市的扩展过程中，CBD 会在较长时期内保持其核心控制地位。

20 世纪末，随市场经济的迅猛发展以及国际化大都市的目标定位，商务中心区的概念开始引入我国内地，北京规划界开始论证北京建设的必要性及区位选择的问题。从国际金融产业发展和国际金融功能区所在的城市看，世界上不少国家的国际金融中心建立在首都，北京发展国际金融产业、建设金融功能区，符合国际金融发展的规律，同时也具备其作为经济中心、金融政策中心等一系列优势。从城市的具体选址而言，世界上著名的国际金融中心又都建立在商务中心区（CBD）内。因此有必要在外资金融企业和跨国公司云集的 CBD 集中规划发展国际金融服务业，形成北京重要的金融功能区。随着北京市金融鼓励政策的出台和北京 CBD 落实促进金融产业发展实施意见的发布，以及 CBD 良好的金融市场发展前景和优越的投资环境，北京 CBD 已然形成了一个国际金融产业相互补充、共同促进的环境和氛围。

北京商务中心区（简称北京 CBD）2000 年开始建设以来，作为首都六大高端产业功能区之一，经过"十五""十一五"十年的发展建设，其产业形态、空间形态初具规模，现代商务功能日益完备，国际影响力逐年提升，与中关村科技园区、西城金融街等形成空间呼应、功能互补、协同发展的格局，现在进入到拓展空间、规范管理、提升品质的发展阶段。其实北京 CBD 区域发展过程与北京市经济发展过程密切相关。我国 20 世纪 80 年代以来的全球化进程对北京 CBD 的发展有着深入影响。北京 CBD 地处朝阳区，最早属于城乡接合部，大量工业厂房的搬迁和城市绿化带改造为 CBD 的发展提供了基础和契机，另外北京 CBD 地处使馆区，涉外资源丰富，有着国际性的多元文化价值观，社会需求呈现出全球化特色。

（2）北京 CBD 发展基本情况

1993 年由国务院批复的《北京城市总体规划》中明确提出建设北京商务中心区的要求。1999 年《北京市区中心地区控制性详细规划》确定了 CBD 的规划范围，

2000 年启动建设，2009 年实施东扩。目前 CBD 的四至范围为：西起东大桥路，东至东四环路，南临通惠河，北接朝阳北路。

回顾 CBD 十年发展历程，大致经历了三个发展阶段：

第一阶段（1993~2000 年）：处于一种自发成长的状态，商务办公设施达到一定规模，初具商务中心区雏形。

第二阶段（2000~2009 年）：政府推动全面建设，规划引导发展，区域建设与产业促进、品牌培育并重，北京 CBD 国际形象和区域功能渐趋突出，功能完善的国际化现代商务中心区加快形成。

第三阶段（2009 年 5 月至今）：CBD 东扩方案获批，打响北京 CBD 发展第二战役。

（3）北京 CBD 发展成就

目前 CBD 中心区建设项目、基础设施、绿化均已完成规划的 80%，建筑总规模 1050 万平方米，约合 260 万平方米/平方千米，集中了北京市 50% 以上的甲级写字楼和星级酒店。规划城市道路 45 条，总长度 41.5 千米，道路路面占 CBD 开发总面积的 39%；CBD 将陆续在东南、东北、西南以及西北四个不同方位，建成 4 块总面积达 10 万平方米的大型绿地，免费向市民开放。使 CBD 形成一个比较完整的环形绿化系统，有效拓展地区绿色空间，提升生活品质。

随着 CBD 的建设发展，高端产业聚集效应日益明显。入驻企业达 19000 家，规模以上企业 8900 家，年均增长 27%；注册资本过亿元企业 184 家。已形成以国际金融为龙头、高端商务为主导、国际传媒聚集发展的产业格局。拥有普华永道、麦肯锡等 200 余家世界级高端服务业企业，聚集了惠普、三星等近百家跨国公司研发机构，是最大的服务外包承接区和需求提供区域；区域内聚集了壳牌、丰田、通用等近 50 家跨国公司地区总部，占全市的 80% 以上，总部经济特征突出。区域内共有文化传媒企业 1800 余家，包括中央电视台、北京电视台、凤凰卫视等大型传媒企业，入驻阳狮集团、电通广告、WPP 集团等全球知名传媒集团，聚集华尔街日报、VOA、CNN、BBC 等 169 家国际传媒机构，占全市 90% 以上。

（4）北京 CBD 的国际化

CBD 最突出的特征是国际化。区域内国际化资源聚集，集中了北京市约 90% 的国际传媒机构 169 家，约 80% 的国际组织、国际商会 110 家，约 80% 的跨国公司地区总部 50 家，约 70% 的世界 500 强企业 160 家，约 70% 的国际金融机构 252 家，约 30% 的五星级酒店 17 家。国际交流频繁，多元文化交融，区内登记外籍人口近 4.4 万人，约占北京市的 50%。另外，北京市约 50% 以上的国际性会议、90% 的国际商务展览在这里举办。

北京 CBD 位于北京市朝阳区东三环路与建国门外大街交汇的地区，此交汇点距东二环路约 2.3 千米，距长安街约 5.8 千米，距首都机场高速路出入口约 5.3 千米，距东部的四环路约 2.4 千米。北起朝阳北路及朝阳路，南抵通惠河，东起大望路，西至东大桥路，规划总用地面积 3.99 平方千米。前期规划在综合比较国内外已形成的基础上，提出建筑规模控制在 1000 万平方米之内，其中写字楼约 50% 左右，公寓 25% 左右，其他 25% 均左右为商业、服务、文化及娱乐设施等。主要的商务设施将沿东三环路、建国门外大街两侧布置，确定位于"金十字"东北角面积约 30 公顷的地区为 CBD 的核心区。

经过近几年的规划建设，随着改革开放和市场经济的发展，北京加快和谐社会构建战略实施及金融业全面对外开放，尤其是一系列鼓励北京金融产业发展优惠措施的出台及有效落实，北京 CBD 的发展环境不断优化，该地区以丰富的涉外资源，浓厚的商务氛围及完善的基础设施，成为跨国公司特别是 500 强企业进入北京的首选之地。

2.2　经济因素

2.2.1　地区生产总值及产业结构

在回顾北京市产业结构调整的整个历史中，我们发现北京经历了三次产业结构调整即"二、三、一"向"三、二、一"的转型。在城市定位方面也经历了北京作为首都，是政治中心、文化中心、国际交往中心、对外交流中心和科技创新中心。

北京市发生的第二次产业结构转型可以归纳为由"二、三、一"向"三、二、一"的转型。20 世纪 80 年代提出的"两个中心"和"四个服务"的指示就确定了北京战略定位的基调。作为首都，北京在政治中心、文化中心、国际交往中心方面都承担着责任。北京城市定位的第二次产业结构转型就是以此为主要基调的。这次转型的重大收获是摆脱了计划经济，在改革中实现了社会主义市场经济的伟大理想。

以改革为主要突破途径，第二次产业结构转型为"二、三、一"向"三、二、一"的基本实现。配套的市场、法律、文化体系也基本具备。重工业为主的产业结构已渐行渐远，这次产业结构转型对以后的发展起着至关重要的作用。

北京第一次产业结构转型开展时正值计划经济，从消费城市转向以重化工业为主导的工业城市实现了北京向现代化迈进的第一步。这次转型后的主导产业是以重工业为代表的第二产业。

北京市第三次产业结构转变在 21 世纪悄然发生。其中政策方面体现在三次比较大的规划：大北京规划、京津冀都市圈规划和环首都经济圈规划。北京在区域经济中的地位与定位也逐渐成形。保持北京为核心，加强与天津，河北地区联系，以疏解大城市功能，发挥扩散效应，实现产业转型的产业对接，打破圈层布局结构，为周边没有机会的贫困地区提供战略机遇。

北京市历经了从计划经济时期的第一次产业升级，重化工业主导经济发展，发展到 21 世纪后，以文化创意产业，生产性服务业及高新技术产业为主要集聚产业的发展模式。旧产业和新兴产业在区域内重新布局构成了再集聚中产业转移，产业转移发生在北京市内及京津冀区域内。北京市内部是以文化现代服务业为中心，创新科技及高新技术产业和高端产业为主要增长点。高端制造业，物流，旅游和现代农业分布扩散在北京市外环。

2017 年 1 月 24 日《北京市"十三五"时期现代产业发展和重点功能区建设规划》发布，市发改委副主任洪继元介绍说，"史上最严"产业禁限令发布后，不少人对北京的产业发展有疑问，此次发布的这份规划明确了未来产业发展的方向。根据规划，到 2020 年，北京将实现第三产业提质增效发展、第二产业智能精细发展、第一产业集约优化发展，形成与首都城市战略定位相匹配、与经济发展方式相协调、与人口资源环境相适应的高精尖产业发展格局。到 2020 年，服务业增加值占地区生产总值比重达到 80% 以上，生产性服务业增加值占地区生产总值比重和六大高端产业功能区占地区生产总值比重均达到 53% 左右，全市社会劳动生产率达到 23 万元 / 人，地均产出率增长 30% 以上，服务贸易进出口总额达到 2000 亿美元左右。按照规划，"十三五"期间北京现代产业体系构建将从以下六个方面着手。一是加快发展金融、信息、科技、商务、流通等生产性服务业，推动生产性服务业向专业化和价值链高端延伸。二是大力发展战略性新兴产业和高端制造业，壮大新能源汽车、新一代信息技术、高端装备制造、生物医药、节能环保等产业。三是提高生活性服务业品质，提升居民和家庭服务水平，打造市民"一刻钟生活圈"，提高居民基础性生活服务保障能力，发展健康、养老、旅游、体育等产业。四是推动文化产业创新繁荣发展，优化提升文化艺术、新闻出版等传统优势行业，发展壮大创意交易行业，深入推进文化与科技、金融、商务、旅游等行业跨界融合发展。五是集约优化发展都市型现代农业，支持高效节水农业、循环农业发展，引导农产品电子商务发展，鼓励京津冀农业生态合作，强化农业应急保障、生态休闲和科技示范水平，促进农业集体建设用地集约利用。

"十二五"期间，北京产业服务化、高端化特征更加明显，如图 2-5、图 2-6 所示，三次产业结构由 2010 年的 0.9∶23.6∶75.5 调整为 2015 年的 0.6∶19.7∶79.7（2016 年为 0.5∶19.2∶80.3），服务业主导地位进一步加强。生产性服务业占地区生产总值的比重达到 50% 以上，高技术产业、战略新兴产业、高端制造业发展水平不断提高。经济发展更加开放，服务贸易额超过 1300 亿美元。同时，产业布局集约高效，协同发展也扎实起步。2015 年六大高端产业功能区实现增加值占全市地区生产总值的比重从 2010 年的 40% 提高到 2015 年 47.4%，成为全市经济增长的重要支撑

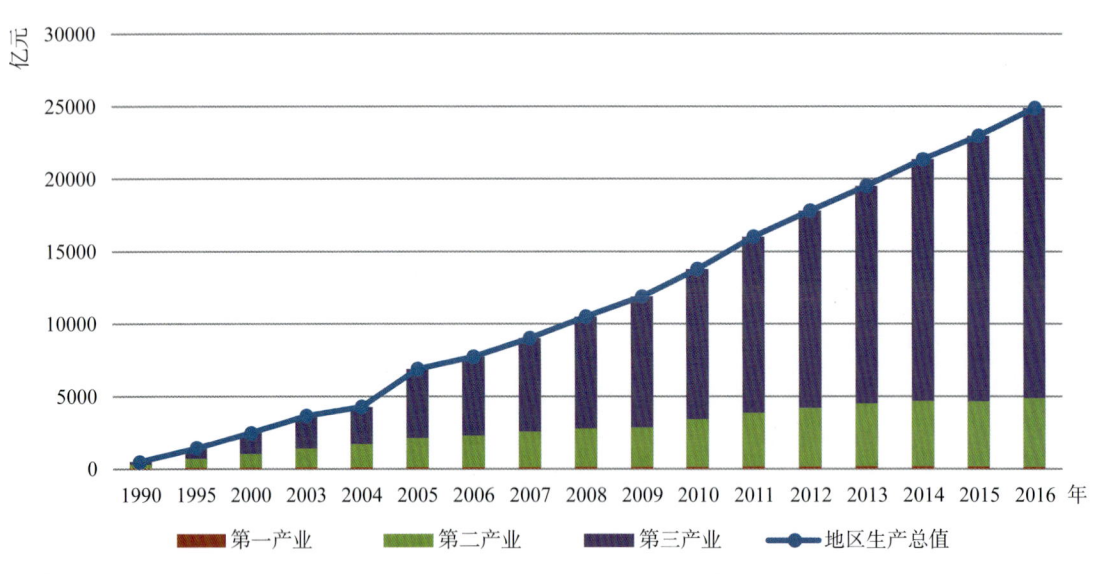

图 2-5　北京地区以及各产业生产总值（数据来源：北京统计年鉴）

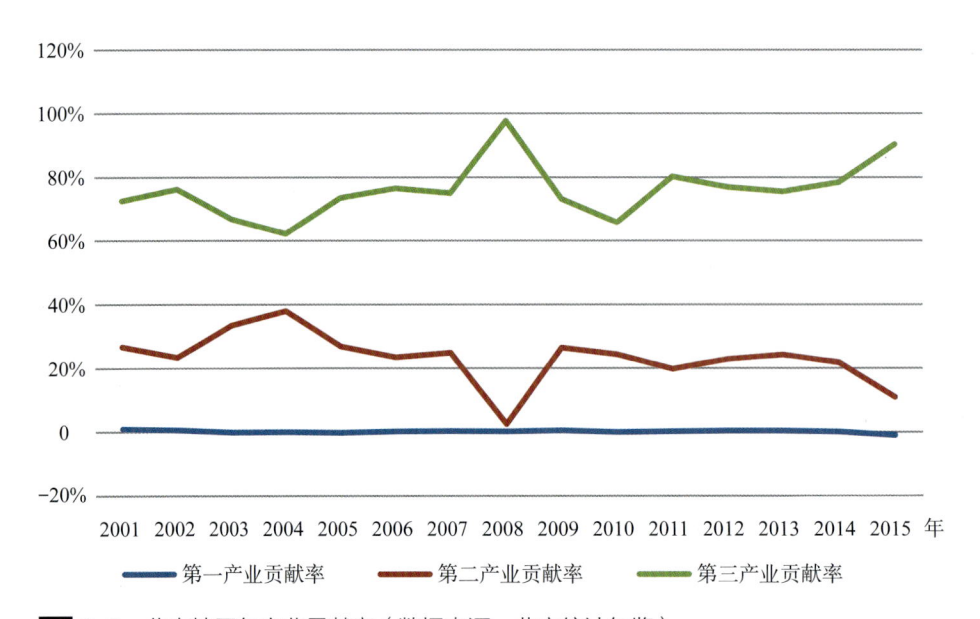

图 2-6　北京地区各产业贡献率（数据来源：北京统计年鉴）

力量。京津冀产业协作加快推进，曹妃甸协同发展示范区、北京新机场临空经济区、天津滨海——中关村科技园区、张承生态功能区等重点区域建设稳步推进，一批合作项目陆续开工。从下面的数据中可以看出北京市作为全国政治、经济、文化交流的中心，并非一个以农业即第一产业为主导产业的城市，其农业为北京市产值的贡献正在逐渐降低。由于北京本身定位不是一个工业性城市，但是在发展经济的初期避免不了要走工业化的一些道路，所以当北京市的经济发展到一定程度的时候，自然工业产值占比就要相应减少，从直观上面来看，北京市的各个产业的产值占比已经表现出来了第三产业龙头的趋势。

2.2.2 人民生活水平

北京市经济发达，地区GDP不仅总量占全国GDP的比重较高，经济地位重要，而且地区GDP的增长速度也较快。因此，北京市城镇居民人均可支配收入始终高于全国平均水平，变动方向与全国平均水平的方向一致，并且自2005~2016年十多年来与全国平均水平的差距在逐渐增大，如表2-1所示。

表 2-1　北京地区城镇居民人均可支配收入情况（数据来源：北京市统计局）

类型	2005年	2010年	2015年	2016年
北京地区城镇居民人均可支配收入（元）	17653	29073	52859	57275
增速（%）	12.9	8.7	8.9	8.4
全国城镇居民人均可支配收入（元）	10493	19109	29129	33616

从表2-1中可以看出，北京市城镇居民可支配收入增长率都比较高，因此城镇居民人均可支配收入经过十多年的发展增幅很大，一直高于全国平均水平，在我国的城市发展中处于前列，说明北京居民的收入水平较高，人民物质生活丰富，城市的发展速度很快。

2.2.3 对外经济贸易

自改革开放以来，我国的外贸体制进行了多次重大改革。下放进出口贸易经营权，充分调动了各级地方政府、工业部门、外贸公司和生产企业的积极性；改革汇率制度，实行汇率并轨与人民币浮动汇率制度等举措，实现了以市场供求为基础、单一的、有管理的浮动汇率制度；加强出口退税，增强了出口企业的竞争力。在这样的大环境下，依靠众多国有外贸企业的改革和民营企业的发展，结合自身市场的优势和强大的国际知名度和影响力，北京市对外贸易的活力也随之得到了显著增强，对外贸易迅速增长。

北京作为中国的首都，在世界范围内有着巨大的影响力，外贸依存度也一直处于较高的地位。如图2-7所示，北京地区的对外贸易情况发展速度很快，尤其是对外贸易出口一直占据很大份额，这与我国是贸易顺差的国家的背景有很大关系。外贸依存度是指一个国家或地区对外贸易活动对该国家或地区经济发展的影响和依赖程度的经济分析指标。其具体情况又可以分为出口依存度和进口依存度，尽管这两个指标不直接反应一国或地区的经济实力、工业化水平和生产结构的优化程度，但在表述一国或地区通过出口和进口参与国际经济循环程度和GDP增长的相关性方面有简明的优点和独到之处，因此在分析经济增长与对外贸易的关系是被广泛采用。本文提及的进出口依存度数值是将当年的进出口数值换算成人民币后与该年的生产总值相比所得。

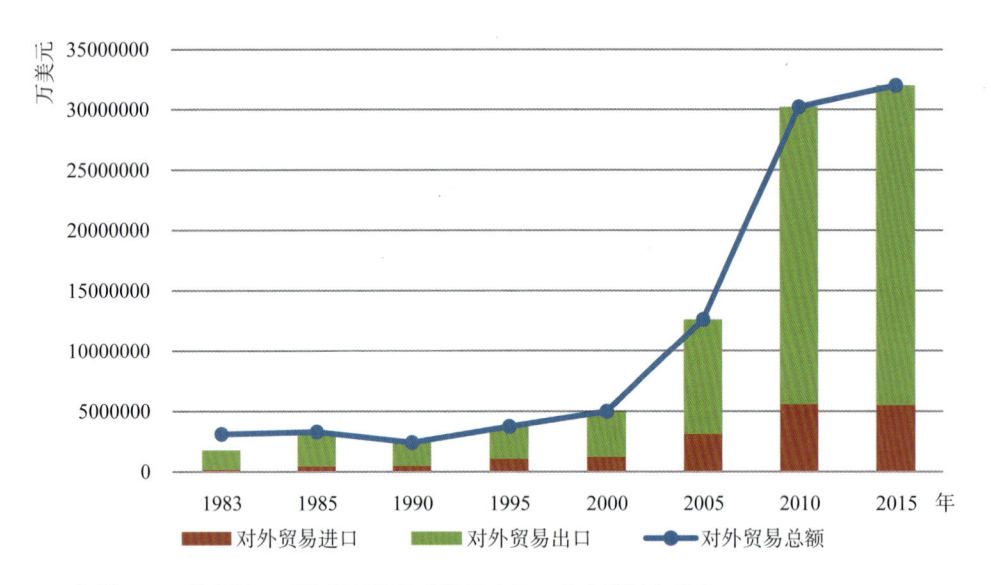

图 2-7 北京地区对外贸易情况（数据来源：北京统计年鉴）

从图 2-8 可以看出，1997~2014 年北京市的外贸依存度总体处于平稳的状态。其中，出口依存度一直处于一个比较平稳下降的状态，基本处于 40% 以下的水平，然而进口依存度却显示有着明显的波动，但基本处于不断上升的趋势，从 1997 年的 82.92% 下降到 2014 年的 102.94%，在这 18 年时间里年均上升速度为 1.11%。而且与全国和其他大部分省市完全不同的是，北京市的进口依存度明显高于出口依存度。进出口依存度总体保持平稳的态势。如图 2-8 所示，1998 年，随着亚洲金融危机的影响，北京市的对外贸易发生了负增长，主要发生在服务贸易方面，而且在这之后的几年时间里，北京市对外贸易发展一直处于缓慢回升的状态，其增长速度一度低至 2002 年的 3.25%。在这之后，经济不断快速上升，基本增速维持在 20% 左右。历史总是惊人地相似，2008 年随着全球金融危机的影响北京市对外贸易又出现了一次明显地下降，这次一度下降了将近 20%。有了之前那次金融危机的经验教训，北京市

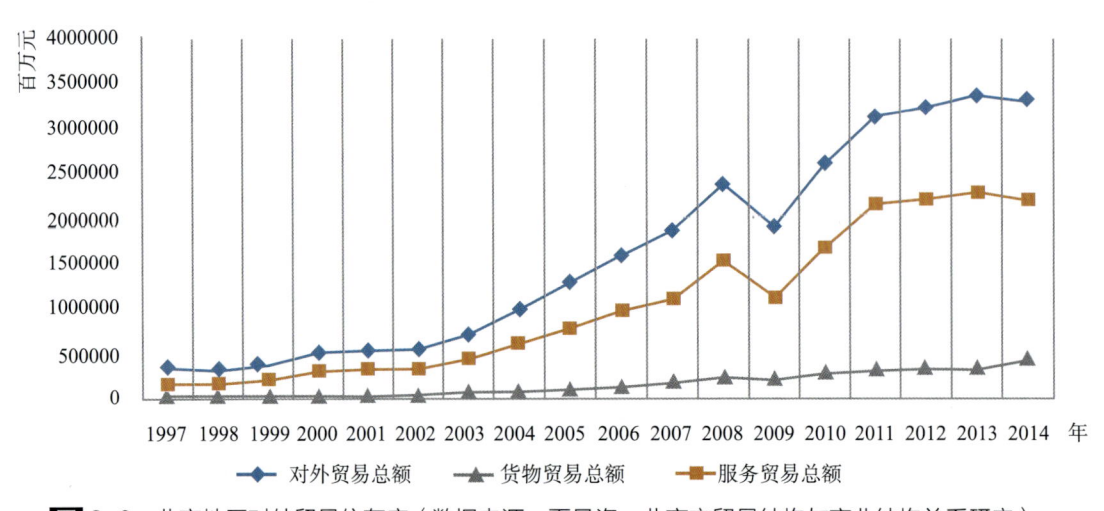

图 2-8 北京地区对外贸易依存度（数据来源：夏呈姿，北京市贸易结构与产业结构关系研究）

的对外贸易很快又恢复过来，但2012年和2013年这两年增长速度又有所放缓，都在5%以下，2014年又有所回升，增幅达到15.89%。从已有服务贸易数据分析可知，北京市服务贸易占北京市对外贸易总额份额从1997年以来基本保持在20%左右，而这一数值则明显高于全国服务贸易占全国对外贸易的比重，全国最高年份服务贸易比重为1997年的13.83%，而北京市最低比重为1998年的17.5%。这说明北京市服务贸易发展水平遥遥领先全国水平。

2.3 文化因素

2.3.1 文化创意产业

与中国"以人为核心"的城镇化概念异曲同工，人本主义城市社会学代表人物刘易斯·芒福德认为："城市不只是建筑物的群体，不单是权力的集中，更是文化的归结。""我们与人口统计学家们的意见相反，确定城市的因素是艺术、文化和政治目的，而不是居民数目"。他指出，文化是城市的生命，存储文化、流传文化和创造文化，是城市的三个基本使命，揭示了人本城市的品性在文化，精彩在文化，核心在文化的真谛。

北京作为全国文创产业的领军城市，在政策方面做足了工作。率先进行了文化体制改革，如2012年成立国有文化子资产监督办公室，成立了总规模超过100亿元的北京市文化创意产业投资基金管理有限公司和北京文化创意产业金融服务中心，对文创企业进行大力扶持。2014年北京市累计发放文创产业贷款共计823.4亿元。在人才培养方面，建立产业联合培养基地。持续开展文化政策的试点探索。北京市已编制完成的全国首个省级文创产业空间布局规划《北京市文化创意产业功能区建设规划（2014~2020年）》，首次明确提出了全市文创产业错位发展的空间格局。到2020年，北京市将在平原地区规划建设20个文创功能区，形成特色化、差异化、集群化的发展态势。规划提出，构建"一核、一带、两轴、多中心"的空间格局和"两条主线带动、七大板块支撑"的产业支撑体系。

随着文化体制的改革深入，作为新兴产业，北京的文创产业发展非常迅速。截至2010年年底，北京市级的重点创意产业集聚区已经增加到30个，涵盖的范围包括了文化创意产业的各个领域，汇集了上万家文化创意企业。不同区、不同地区还根据本地区的资源禀赋和条件特点，形成了一批规模不等、各具特色的文化创意产业街区、文化创意产业新村等。以各个市级文创产业集聚区为龙头，各具特色、集群式发展的文化创意产业格局已经初步显现。

文化与科技相融合是北京文创产业发展的新趋势与新动力，2014年北京继续实行"互联网+文化"的发展，拉动全市的文化创意产业的发展与GDP的增长。根据分行业的数据来看,软件、网络与计算机服务,广告会展,艺术品交易与旅游、休闲娱乐是北京市文化创意产业营业收入的主要来源。

2.3.2 科技与研发

研发产业作为智力和资本高度密集型产业,以高投入、高成本为主要特征。通常来说,地区科技投入总量和投入强度直接关系着研发产业发展的规模和水平,成为制约研发产业发展的重要因素。科技投入总量主要以地区科技经费筹集额来衡量,而投入强度主要通过研究和开发(R&D)经费支出占地区生产总值的比重来反映。

经过"十五""十一五"时期的不懈努力,北京市研发能力稳步提高,整体科技实力全国居首,已经形成科研院所、高等院校和企业相结合的研发格局,科技创新对北京市经济社会发展的促进作用日益突出。研发机构结构稳定,单位数量稳步增长。北京作为首都,拥有良好的中心城市战略资源,汇集了大量科研院所和高等院校,吸引了众多跨国公司和央企集团,孵化了一批知名企业和创业先锋。科技创新基础设施是科技创新能力的载体,北京的国家重点实验室和国家工程技术中心数量占全国近三分之一,保障了全市具备强大科研攻关能力和较强的科技潜力。创新资源优势凸显,科研投入快速增长。科技投入水平代表了区域对科技创新的重视程度,体现了区域的发展活力。创新环境氛围良好,政策落实初见实效。提高区域的自主创新能力,需要营造良好的创新环境。创新互动方式多样,辐射能力稳步提高。北京市利用校(院)地联合、校(院)企联合、企企联合等多种方式,将科技创新成果向省外输出。北京是全国的政治文化中心,也是全国经济科技发展水平最高的地区之一。在科技创新方面,北京市拥有强大的知识创造能力。北京是全国最大的科学技术研究基地。有中国科学院、中国工程院等科学研究机构和号称中国硅谷的北京中关村科技园区,每年获国家奖励的成果占全国的三分之一。另一方面,北京市是政府科技投入最高的地区,如表2-2所示,北京拥有诸多的大型国有企业,在政策上,北京市政府对企业科技创新进行了大力的支持。随着经济全球化和科技纵深化的发展,科学研究与实验发展(R&D)所面临的问题在空间范围上将日益扩大,在投资强度、研究的复杂程度和风

表2-2 北京地区研究与试验发展(R&D)的情况

项目	1996年	2000年	2005年	2010年	2015年
R&D经费内部支出(万元)	418614	1557011	3795450	8218234	13840231
R&D经费内部支出占地区生产总值比例(%)	2.34	4.92	5.45	5.82	6.01
R&D人员数(万人)	—	—	4.53	9.35	8.07
R&D机构数(个)	—	—	407	647	863

数据来源:北京统计年鉴。

险程度方面将日益增强。面对挑战与机遇并存的时代环境，北京地区企业应深入开展R&D国际化活动，在国内外充分有效地利用R&D资源；促进北京地区企业R&D国际化的发展。而随着北京地区企业深入开展R&D国际化活动，又反过来带动北京地区经济的腾飞，加速北京地区建设成为国际R&D中心之一。

2.4 社会因素

2.4.1 人口

城市化是伴随着经济社会的发展、工业化、现代化而逐步产生和渐进发展壮大的，是经济社会发展的必然趋势，是世界上所有国家和地区都会经历的一个阶段，只是由于国情不同，城镇化进程的表现形式及其发展时间阶段有所不同。国际上通常的提法为"城市化"。它是指城市不断发展完善，乡村人口不断向城市人口转变、由乡村型社会不断向城市型社会转变的历史过程。

人口城市化是城市化最为显著的、最具代表性的一方面，人口城市化水平的高低、发展进程的急缓直接影响到该地区整体的城市化水平与发展速度。可以说一个地区人口城市化可以粗略地代表当地的城市化水平，是狭隘的"城市化"。但是，人口城市化并不等于城市化。人口城市化是城市化发展的一个最重要方面，城市化发展在人口方面的表现征象，也可以简单地理解为人口学领域对于城市化的概念界定。在对人口城市化水平进行测定时，一般选用单一指标法——人口指标，即以城市（镇）人口占总人口的比重或者是非农业人口占总人口的比重这两个比重值来表示一个地区的人口城市化水平。北京市流动人口数量多、外来常住人口规模大，以非农业人口比重计算的人口城市化率会偏低，此文章采用城市（镇）人口比重（即常住人口占总人口比重）表示人口城市化水平。

改革开放以来，北京城市人口不断增加，尤其是进入21世纪后城市人口增加的幅度更大，与此同时人口城市化率也不断攀升，在20世纪90年代初人口城市化率有较大幅度提高。具体情况如下，1978年北京市城市（镇）人口479万人、人口城市化率55%；到1990年人口城市化率已经上升接近20个百分点，达到73.5%；2000年城市人口有1057.4万人，城市化率为77.5%；到2011年为止，北京市城镇人口数为1740.7万人，城市化率已高达86.23%。

城市化发展的S曲线，由美国城市地理学家诺瑟姆（Ray.M·Northam）提出，根据城市化水平分可以将城市化发展为三个阶段：30%以下为初期发展阶段；30%~70%为中期发展阶段，称为加速阶段；70%以上为城市化后期发展阶段，是成熟型高级阶段。根据城市（镇）人口比重计算出来的北京市人口城市化水平来看，北京从改革开放到1989年均处于城市化发展的中期发展阶段，从1990年开始至今，处于城市化发展的后期阶段。仅从北京市现阶段的人口城市化的数量水平（86.23%）来看，北京已处于城市化后期发展阶段，但考虑到城市化发展的质量问题，北京的实际城市化水平会低于现在水平，但此水平却远高于全国的平均水平（图2-9）。

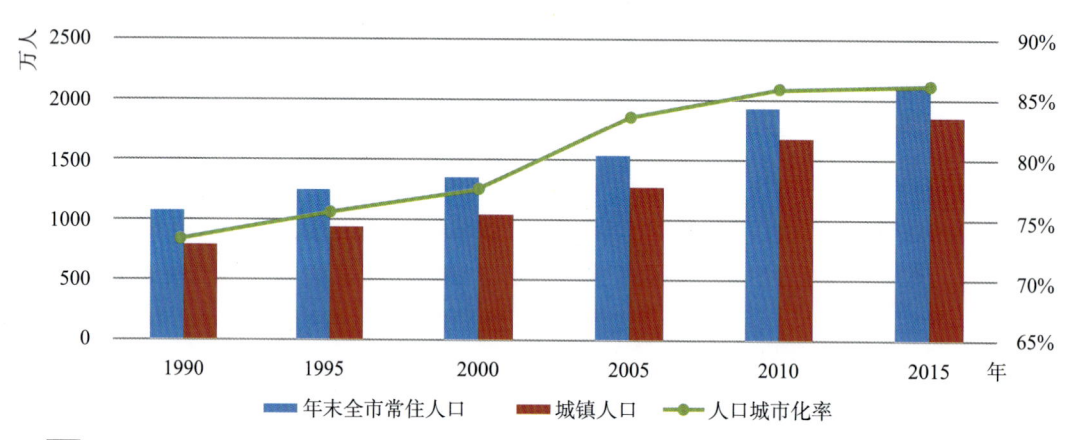

图2-9　1990~2015年北京市人口城市化率与城市人口数（数据来源：北京统计年鉴）

2.4.2　就业

从图2-10中可以看出，改革开放以来，第一产业能够吸纳的就业人数逐年出现递减，第二产业和第三产业的吸纳劳动力能力逐年递增，尤其是第三产业在进入WTO以后增长速度均凌驾于其他两个产业。这个情况符合北京市现有的就业需求和供给的现状。而城镇登记失业率，在2005年到达了2.11%的巅峰以后就开始出现了稳步的回落，新增劳动力的主要岗位都是在第三产业，这也符合北京市目前的就业形势，在2008年奥运会之前，北京市的大型重工业企业都搬离了北京市市区，剩余的劳动力有第三产业消化，而北京的第一产业的劳动力主要分布在近郊城区，但是由于城镇化的逐步推进，北京作为一个现代化的大都市，北京近郊的第一产业正在逐年缩小，劳动力也向第三产业转移。综上所述，发展第三产业是解决北京市就业问题的关键所在。

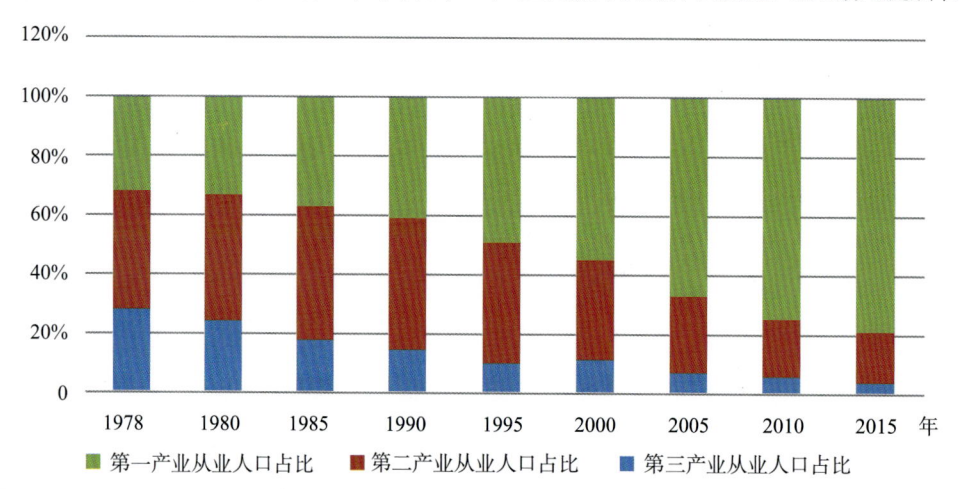

图2-10　北京地区各产业从业人口占比情况（数据来源：北京统计年鉴）

3　北京服装品牌发展综述

3.1　北京服装品牌发展历程

3.1.1　起步期（20世纪70~80年代）

改革开放初期，随着国民经济的全面发展，北京纺织工业发展迅速，从业人数不断增加。服装企业伴随着纺织、纺机等企业不断发展壮大，形成了相当的产业规模。

到20世纪80年代末，北京服装产销量分别是改革开放初期的三倍到四倍，北京已经成为北方地区重要的服装基地之一。这一时期的北京服装企业规模还相对较小，而且基本均处于相对低水平的简单加工阶段，服装业的发展更多依靠相关纺织工业的拉动。

20世纪80年代后期，北京国有企业率先启动品牌工程，服装品牌萌芽，先后出现了"雪莲"牌羊绒衫、"铜牛"牌针织内衣、"天坛"牌衬衫、"雷蒙"牌西服等诸多知名品牌。这一时期，北京服装品牌主要特征有以下几点。

（1）商标权归属

这一时期的服装企业将商标权归属于外贸公司。在计划经济的统购统销中，为管理方便，北京各相关进出口公司把大量服装生产企业早期各自注册的商标集中重新注册，全部转注册到进出口公司。例如天坛牌、铜牛牌、雪莲牌。

（2）品牌意识缺乏

20世纪80年代，依托城市发展，北京的服装品牌在全国，尤其是北方市场形成了很高的知名度。市场需求旺盛，产品供不应求，很多服装企业在全国开起了分店。但这一时期的企业行为缺乏品牌意识，在品牌塑造、宣传、维护等环节出现了很多问题。北京服装品牌还处在自我摸索阶段。

3.1.2　发展期（20世纪90年代~21世纪初）

20世纪90年代初，国内纺织工业出现大批亏损和倒退，纺织工业遭遇严重困难，企业结构、产品结构等方面发生了较大变化，北京纺织工业开始逐步整合转移，到20世纪末，北京服装产业已初步构筑起以服装、面料、家纺装饰、产业用纺织品等为支撑的都市产业格局。此时期服装消费品需求不断增长，北京服装产销均得到迅猛发展，服装市场更是依靠北京服装产业基础，得到蓬勃发展。随着服装市场繁荣和服装加工业的不断成熟，服装品牌的作用也逐渐得到重视，品牌运作模式和手段也呈现出多样化发展，顺美、白领、赛斯特等本土服装品牌已经开始崭露头角。

特别是2001年中国加入世界贸易组织（WTO）以后，全球化浪潮冲击下，传统国人的服装消费理念发生了巨大变化，促使北京服装企业改变了以生产为导向的发展模式，不断加强品牌运作能力建设，强化品牌文化、时尚设计在服装业中的重要地位。

20世纪90年代至21世纪初，北京服装品牌进入了高速发展期。这一阶段，北京服装品牌主要特征有以下几点。

（1）合资品牌崭露头角

这一时期，北京合资服装品牌迅速崛起，占领了中高档品牌的市场空间，成为市场潮流的风向标，包括银梦、爱德康、蒙妮莎、顺美、万乐佳、天马牌等品牌。合资品牌成为当时北京服装品牌的学习榜样。但部分合资品牌的生命力只有短短数年，市场的优胜劣汰对服装品牌起到了大浪淘沙的作用。后期，顺美、蒙妮莎、天马牌、万乐佳等品牌，随着运作模式的创新，不仅具有极高的品牌知名度，还建立了较高的品牌认知度和品牌美誉度。

（2）私营品牌悄然崛起

20世纪90年代中期，北京中小型私营服装企业大批出现，最早一批设计人员进入服装企业，在产品上进行设计创新，在企业运作中，学习合资服装企业的品牌经验。私营服装品牌悄然崛起，市场影响力逐渐扩大，慢慢形成了强劲的发展势头。

（3）批零市场成长迅速

这个阶段，北京服装产业发展最具代表性和影响力的消费市场——动物园服装批发商圈、雅宝路服装批发市场、秀水街等批发零售市场大量出现，并发展迅速。动物园服装商圈逐渐成长为规模化、专业化的服装批发商圈，其中包括世纪天乐、新天地、东鼎、众合、金开利德、天皓城等多个服装市场，所售衣服种类多，范围广。每天的人流量能达到数十万，在全国具有相当高的知名度。雅宝路服装批发市场于1988年成形，主要商户以大单外贸批发为主，各地服装均将这里作为对外贸易的窗口，产品远销到俄罗斯、乌克兰、利比亚、罗马尼亚等国家。

3.1.3 多元期（21世纪10年代）

进入21世纪以来，北京服装产业向着集群发展模式转变，产业结构逐步向高端调整，北京服装产业的整体形象有非常大的提升，直接拉动了北京服装品牌在全国乃至国际市场的知名度和影响力。

2004年年底，北京市政府与中国纺织工业联合会发布了建设"时装之都"规划纲要，提出首都服装产业的发展要依托北京文化资源与产业基础，以设计研发为重点，营造时尚氛围，把北京建设成世界第六大"时装之都"，自此北京服装产业进入了高速发展期。

在建设"时装之都"的战略目标引导下，北京服装产业通过重点建设设计研发等价值链高端环节，实施品牌战略和人才培养计划，提升产品附加值，增强服装产业竞争力。在国内形成一些品牌和竞争力较强的企业集团，品牌成为北京发展服装工业的一个重要的支持体系和服装工业赢利新的增长点。

这一时期，北京服装品牌主要特征有以下几点。

（1）原创设计的觉醒

北京服装品牌实现了从注重生产向创意创新、文化艺术相结合转变。更多的创意设计思维成果的注入，加速了北京服装品牌的升级步伐。同时在政府机构的大力推动下，在原创设计的有力支撑下，采取市场化运作方式，扩大国际化合作，众多北京自主品牌成功的进军国际市场。白领、爱慕、派克兰帝、依文、顺美、雪莲等品牌在国际展会和时装周中纷纷亮相，向世界展示北京服装自主品牌设计的新水平。

（2）品牌整体实力增强

这一阶段，北京年销售额过亿元的服装企业已有20多家。借助资金、信息、技术、品牌、市场、科技开发等综合优势，北京形成了各类品牌系列。在原有大华、顺美、威克多等北京男装品牌进一步发展壮大的同时，一批女装、休闲装、童装品牌脱颖而出，成为区域性知名品牌；特别是女装品牌，开始主导北京服装消费市场。雪莲、铜牛、绅士、李宁等成为中国名牌，形成了明显的优势。

（3）品牌竞争日益加剧

这一阶段，国际品牌争相进驻北京市场，品牌间竞争呈白热化。一方面，消费需求的多元化使国际品牌看到了北京服装市场蕴藏的巨大商机。新品牌的引入必然进一步加剧北京服装品牌的市场竞争，缺乏品牌掌控能力的服装企业将逐步被市场淘汰。另一方面，国际品牌的引入，尤其是国际设计师品牌和奢侈品二三线品牌，改变了北京服装品牌趋同化的现象，使北京服装市场的竞争从价格战转变为品牌战。

3.1.4　创新期（2010年至今）

北京服装产业逐步向文化创意产业、时尚产业转型，并取得显著成绩。自主创新成为服装品牌建设的主流。理念驱动、设计驱动、技术驱动、市场驱动成为北京服装品牌打造品牌特色、塑造品牌核心竞争力的主要战略方向，文化、环保、原创、科技成为品牌发展的关键词。这一时期的北京服装品牌呈现出百花齐放的繁荣景象。

（1）独立设计师队伍逐渐庞大

据不完全统计，北京仅独立服装设计师就有790多名。他们和小众设计师依托线上线下的各类平台坚持个性化独特风格，满足消费者多元化时尚需求。

中国时尚教育的厚积薄发和以电商为主的开放性平台将把越来越多的青年独立设

计师推向市场前沿。青年设计师以群体的力量强力冲击并蚕食原有时尚大牌的领地，将逐渐改变时尚金字塔由上而下的权力秩序，以量立足终至以智取胜。

(2) 传统品牌跨界发展

北京服装品牌的设计、产品开发、营销，甚至市场运作，都在突破原有界限跨界发展。由于时尚流行周期缩短和消费者的品位提升，服装领域的跨界合作盛行不衰，主要形式有两种，一种是不同领域的设计师、艺术家、不同类型的品牌共同合作，互相启发，碰撞出意想不到的创意亮点，发现新的市场。如2012年2月17日的伦敦时装周上，依文与例外共同上演"山水"中国时装秀。以"水，土，种子"表达生命对自然敬畏的文化元素，树立中国时尚的态度。另一种是从消费心理出发，满足消费者的特定消费观念和偏好，把独特的潮流设计或服装品牌跨界衍生到多个领域。

(3) 零售业态多元并存

北京服装市场呈现多种业态并存、互补发展的格局。北京服装市场依托原有的商贸基础和载体条件，构建地标式商圈、特色商街、商旅文结合示范圈、郊区新城商业中心等各种类型的零售业态，形成了百家争鸣的商业格局。尤其是北京高档服装市场有着巨大的发展空间，通过多年的潜心打造，北京多个高档商圈已经在全国乃至全世界形成了明显优势和一定的影响力。金宝街商圈、金融街商圈吸引了全世界时尚消费者和奢侈品品牌的目光。

3.2 北京服装品牌发展特色

3.2.1 自主品牌蓬勃发展

北京服装品牌丰富多样，已成大家之势。既有企业品牌，也有设计师品牌；既有民族特色品牌，也有国际都市品牌；既有成衣品牌，也有高级定制品牌；既有大众品牌，也有高档顶尖品牌；既有线上品牌，也有线下品牌。

北京服装自主品牌企业持有"中国驰名商标"和"北京市著名商标"的分别由十年前的4件和30件发展到2016年的25件和48件。北京服装行业先后有21家企业进入全国服装行业产品销售收入和利润总额百强企业，有两家企业6次进入全国服装行业百强指标前十名。2012年，工信部和中国纺织工业联合会确定的全国111户国家重点跟踪培育的品牌企业中，北京自主品牌入选9家，分别是：北京爱慕内衣有限公司、北京白领时装有限公司、北京派克兰帝有限责任公司、北京赛斯特新世纪服装有限公司、北京顺美服装股份有限公司、北京铜牛集团有限公司、北京威克多制衣中心、李宁（中国）体育用品有限公司、依文服饰股份有限公司。2014年，新增了朗姿股份有限公司。此外，雪伦国际时装（北京）有限公司被工信部核定为2014年工业品牌培育示范企业。北京亿元商场品牌销售排行榜显示，在男西服、女装、童装、羊绒、针织内衣等细分市场，北京自主品牌都占据重要市场份额。

与此同时，北京自主品牌影响力不断提升，形成了以女装为龙头的女装、男装、运动休闲装、童装、针织服装、内衣、羽绒服、皮衣等多元化的产品类别结构，正蓬勃地汇聚成商业领域的"北京力量"。如玫而美、赛斯特、朗姿、白领等白领女装品牌；派克兰帝、水孩儿等童装品牌；李宁等体育休闲品牌；雪莲、思诺芙德等高档羊绒衫品牌；顺美、依文、VICUTU、罗马世家、雅派朗迪等男装品牌；铜牛、爱慕、小护士、纤丝鸟等针织服装品牌；天坛、绅士等衬衫品牌；庄子、奥豹等皮衣品牌。值得一提的是，这些品牌大多定位于中高端市场，爱慕、派克兰帝、李宁、探路者、庄子等都已经成为各自细分市场中的领军企业。特别是在2013年，全行业主营收入负增长的背景下，北京服装行业内重点企业如宗洋制衣集团、靓诺派时装公司、奔彪服装公司、雅派朗迪服装公司等一批自主品牌企业，主营收入同比增长20%以上，爱慕内衣公司、威克多制衣中心等品牌企业主营收入同比增长10%以上。

此外，北京已经拥有一批无论是在知名度、市场占有率，还是在品牌形象上都表现出色的新生品牌，它们注重突出民族文化与品牌文化的融合，把握服装品牌的国际化流行趋势，突出设计款式和时尚特色，更新消费理念，发挥品牌的个性化特点和发展优势。如维斯凯、五色风马、碧琦、迎政、高田等品牌，以鲜明特色和市场表现，凸显出北京自主品牌发展的新生活力，努力创造着自主服装品牌新的奇迹。

3.2.2 品牌战略全面升级

身处首都，北京服装品牌积极响应政策号召，抓住机遇，提升品牌发展空间，品牌战略全面升级。

支持北京时装之都的建设，北京服装品牌实现了从"中国制造"到"中国设计"，尤其是"北京设计"的转变，从注重生产向创意创新、文化艺术相结合转变，从单一加工向研发、设计、销售产业链高端环节转变。以设计为绝对主导的品牌快速崛起。设计实力不断获得国际市场的认可，在世界范围内形成了独特优势和影响力。北京品牌由生产制造型企业顺利转型升级。

抓住大力发展文化创意产业的机遇，北京服装品牌不断积极探索，逐渐打破地域、形式间的界限，加大对创意设计的投入，设计师群体的核心作用得到了充分发挥，品牌的设计创意水平与创新能力均得到明显提升。"依文LOTUS48设计师空间""白领艺术空间""爱慕时尚空间""李宁体育服装研发创意中心"等，均凸显出品牌和创意产业的融合。这些文创中心在完成了初期快速发展后，继续发挥其时尚设计与体验的集聚优势，推动科技、时尚和艺术文化等元素的完美结合，将时尚设计、品牌发布、艺术展示等活动融入其中。爱慕、玫瑰坊、威克多等企业通过了市科委关于企业创意设计中心的认定；依文、爱慕、玫瑰坊、水孩儿、探路者、木真了等自主品牌申报了文创项目并获得资金支持。企业实现了以设计力、创新力创造新型利润增长点，使得国内市场各类服装销售中北京自主品牌优势地位明显，竞争力强劲。

响应疏解非首都核心功能和京津冀一体化政策，北京服装品牌如爱慕、白领等为迎合城市定位，将总部留在北京，生产加工前往外地，表现为"两头在内，中间在外"的经营模式，即研发设计、营销团队设立于北京地区，生产加工在外地，大大降低了企业生产制造的成本及压力，使企业呈现出新的生机与活力。如北京威克多制衣中心在2015年正式入驻河北"衡水格雷服装创意产业园"，将其作为研发和生产中心，与北京总部的设计中心互补，随着转移的完成，品牌也顺利完成了战略升级。

3.2.3 注重传统文化的设计融合

北京服装品牌在传承与弘扬传统文化、引领时尚消费文化等方面做出了杰出贡献。在注重创新的同时，品牌也极其重视传统工艺和绝技的传承。如刺绣是设计师郭培的顶级手艺，大气的凤凰涅槃和袖珍雕花都精致至极。她通过"中国新娘"系列服装作品将立体刺绣等工艺生动地展示在大众视野中。2013年的时尚高级定制与欧洲古董家具艺术展览"传承与永恒"，首次以百余件欧洲古董家具臻品与收藏级华服精彩对话的方式呈现，把凝聚着中华文化的嫁衣融合于西方古董家具中，促使东方传统与西方经典的相遇，以全新角度，重新认识凝集传统文化精华的典范，重新认识传统文化的传承和创新，重新认识中西方历史文化的交融。红都品牌起源于红帮裁缝，品牌一直为党和国家领导、全国人大政协两会代表、外国首脑及各界人士提供个性化制装服务，并在许多重大活动中承担了制装任务。品牌一直将深厚独特的文化底蕴融入设计，同时成立了"中国国服研究室"，坚守传统高级定制，"中山装制作技艺"和"双顺京式旗袍制作技艺"两项技艺在2007年被评为北京市级非物质文化遗产，其设计制作的"毛式中山装"曾被英国《独立报》评为影响世界的十大套装之首。格格品牌以中式文化为灵魂，运用流行时尚的设计手法，演绎时尚感更强、文化底蕴更深的新中式服装，如将龙凤褂刺绣与中式嫁衣完美结合，并成功推向市场。

3.2.4 坚持科技是第一生产力

科技创新增强了北京服装品牌的竞争力，一是通过技术创新设计、研发高附加值、高技术含量、绿色环保的新产品，培育新的经济增长点；二是大力推动信息化建设，提高生产效率和管理水平。

依托北京科技和智力优势，北京服装品牌积极设立各类专业性的设计中心、检测中心、信息中心、培训中心等研究机构，提升技术研发能力。红都、铜牛、爱慕、白领、依文等品牌企业分别与大专院校建立研发中心，开展技术合作，实现产学研的紧密结合，取得了一批国际、国内领先的研究成果，多个成果获得了省部级科技奖励，部分成果已向企业转化，取得了很好的效益。例如铜牛集团以推进科技创新带动企业发展。仅 2012 年，新申请科研项目 2 项、申请专利 2 项、授权专利 2 项。新产品占总销售收入的 30% 以上。品牌的"绿色环保汉麻针织产品的研究与开发"项目获得 2011 年度北京市科学技术奖三等奖，项目研究利用汉麻纤维开发针织面料，促进了纺织新材料领域的发展。"清洁型消色雕印印花工艺开发与应用"项目被中国纺织工业联合会授予"2012 年度中国纺织工业联合会针织内衣创新贡献奖"。

北京品牌服装企业率先将高科技管理体系引入企业管理中，企业管理向智能化、信息化方向发展，生产监控向实时化、集成化、数字化方向发展。在零售终端使用快速数据采集分析器，使企业的人、财、物、供、产、销全面结合，全面受控，实时反馈，动态协调，实现企业的快速反应体系，以现代化管理手段支持品牌企业快速发展。如朗姿、VICUTU 等企业还投巨资率先采用了 SAP 高端软件应用系统，并根据企业的发展需要不断深化开发，在行业信息化应用中处于领先水平。

3.2.5 创新品牌营销模式

北京服装品牌打破传统的营销思维模式，不断尝试，坚持营销模式、渠道优化创新，对现有销售渠道进行优化整合，商业布点有增有减，优存劣汰。不少品牌以全球化战略目光启动国际市场，通过各种渠道不断扩大销售网络的覆盖面，市场拓展能力不断增强。爱慕在新加坡市场落地三年，又成功入驻澳门；蓝地在新加坡金沙购物广场开店，又在澳门面市；作为自主品牌的东尚股份将其羽绒服产品远销俄罗斯等 20 多个国家和地区，品牌在 83 个国家注册。

与此同时，品牌竞争正逐步从传统的实体渠道延伸到网络及新兴媒体渠道。凭借信息、人才等多方面的优势，一批发展快速、交易活跃、规模优势明显的电子商务龙头企业快速发展，"爱慕在线"电子商务已成为企业海内外营销的重要手段；杰奥针对电子商务专门推出网络版，加快品牌年轻化进程，取得明显成效；诞生于互联网的新锐时装品牌裂帛，连年高速增长。目前，线上终端已经成为品牌不可或缺的重要渠道之一。如 2013 年"双十一"当日销售额在 1000 万元以上的服装品牌有探路者、凡客诚品、爱慕、李宁、威克多等，而女装品牌裂帛当日销售额更是高达 9300 多万元，位于女装品牌最终成交情况排名的第四名。

随着新媒体技术的快速发展，基于互联网移动网的新鲜应用层出不穷，北京服装品牌不断创新商业模式，如白领、依文、李宁等公司早已专门开通企业实名微博，运营微信公众号，进行品牌营销和推广宣传。例如针对年轻人社交媒体活跃度高等特点，"数字李宁"的产品通过 App 在线商店、社交网络等新媒体和新的交往方式，借力新媒体营销快速发展。

面对竞争压力，北京品牌不断尝试各种营销创新，发挥不同类别品牌的协同效应，与时尚圈、影视圈、艺术圈的跨界发展，使得经营理念由产品营销向文化营销转变，不仅巩固了市场优势，并且打造出一条集服务设计、制作到品牌化营销的深度产业链，扩宽了营销方式，延伸了服装品牌的发展空间。例如爱慕牵手国际巨星巩俐，与昆曲艺术碰撞火花；依文以"家"和"责任"为主题的情感营销；李宁与网游的跨界合作……创新使营销发挥了更大的效用，为品牌不断前行，积聚了更多品牌力量。

3.2.6 行业活动助力品牌发展

北京服装品牌知名度和社会影响力的全面扩大和提升离不开行业内各个相关机构和相关活动的支持。

为促进本土服装品牌的发展，推进品牌企业的产品创新，北京服装纺织行业协会联合国家信息中心、北京商业信息咨询中心推出"北京十大热销服装品牌"评选活动。"北京十大热销服装品牌"评选活动以北京市场销售的服装品牌，在年度内北京各大商场的销售业绩为评选的数据基础，再附加消费者认可度及商场满意度调查，对销售业绩和口碑良好的品牌进行大力推荐和发布。由于形成了良好的商企对接模式，商场和服装企业参与度逐年扩大。"北京十大热销服装品牌"评选活动于2005年正式启动，十多年来共有270余家服装品牌被授予热销品牌荣誉。"北京十大热销服装品牌"评选活动进一步提高北京地区服装产品的销售和服装品牌的影响力，让这些品牌在消费者心中树立起了品牌形象，扩大销售发挥了积极的作用。

为积极对外宣传北京服装品牌形象，推进品牌企业文化创新，自2006年开始，举办"北京十大时装品牌"年度评选活动。该活动由北京服装纺织行业协会主办，在北京市工业促进局（现为北京市经济和信息化委员会）、北京市商务局（现为北京市商务委员会）、北京市质量技术监督局及行业专家的大力支持下，评选活动始终坚持"企业自愿申请，秉承科学、严谨、公平、公正，不搞终身制、不向企业收费"的原则，已打造成为推进北京时装之都建设的名牌项目。"北京十大时装品牌"评选活动，按照专家评审和公众投票的综合结果，评选出当年的北京十大时装品牌。此项活动通过科学的评价体系，广泛的宣传推广，权威的评选发布，公众的投票推选，得到了市相关领导、商家、业界人士的认可。每年，十大时装品牌评选活动的颁奖典礼成为北京服装纺织行业最为隆重的年度盛典，整个颁奖盛典星光璀璨，色彩纷呈，用文化创意演绎品牌，用时尚品位点亮生活，已成为北京服装纺织行业影响力较大的品牌文化宣传推广活动。

为树立北京服装品牌整体形象，举办的"北京时装之都品牌展"是由北京服装纺织行业协会牵头，带领北京服装企业整体亮相的年度盛事。2007年，首届北京时装之都品牌展在"迎奥运北京工业品牌展览会"上正式亮相，旨在扩大北京服装自主品牌的影响力，为北京服装自主品牌搭建宣传推广平台。2009年，北京时装之都品牌展首次在中国国际服装服饰博览会（CHIC）上亮相，16家北京重点品牌企业集体登台。从此，致力于展示时装之都整体风采的北京时装之都品牌展成为 CHIC 的一个重要组成部分，历届都是展会的精彩亮点。

3.3 北京服装品牌的主要成就

3.3.1 北京"军团"成为全国服装品牌第一梯队的中坚力量

经过近四十年的发展，北京服装品牌已经成为中国服装品牌阵营中第一梯队的中坚力量。在品牌企业规范发展、品牌综合实力、品牌市场表现、企业代表人物影响力等方面都涌现出一批成功的北京服装品牌，获得了政府、行业、消费者的认可。

（1）工业和信息化部、中国纺织工业联合会确定的重点跟踪培育的全国120家服装家纺自主品牌企业中北京企业独占10席

2012年年初，为加快转变经济发展方式，促进纺织工业转型升级，依据《关于加快推进服装家纺自主品牌建设的指导意见》（工信部联消费[2009]481号），工业和信息化部组织相关单位在服装家纺行业开展了自主品牌建设情况调查工作，并委托中国纺织工业联合会对服装家纺自主品牌建设情况进行分析研究，在全国确定了首批111家自主创新能力较强、品牌管理基础较好、有一定市场影响力的服装家纺自主品牌企业作为重点跟踪培育对象。

2014年，在2012年重点跟踪培育的111家服装家纺自主品牌企业的基础上，工信部会同中国纺织工业联合会共同调整确定了120家重点跟踪培育企业。

2016年，为贯彻落实《国务院办公厅关于开展消费品工业"三品"专项行动营造良好市场环境的若干意见》（国办发[2016]40号）和工业和信息化部等部门《关于加快推进服装家纺自主品牌建设的指导意见》（工信部联消费[2009]481号），加快推进服装家纺自主品牌建设，根据调查情况对120家"重点跟踪培育的服装家纺自主品牌企业"名单进行调整（表3-1）。目前，有10家北京自主品牌服装企业入选。此外，2015年，雪伦投资（北京）有限公司入选工业和信息化部核定的全国工业品牌培育示范企业名单。

表3-1 工业和信息化部、中国纺织工业联合会确定的重点跟踪培育的
服装家纺自主品牌企业名单（2016版北京服装行业）

序号	企业名称
1	北京爱慕内衣有限公司
2	朗姿股份有限公司
3	依文服饰股份有限公司
4	北京威克多制衣中心
5	李宁（中国）体育用品有限公司
6	北京铜牛集团有限公司

续表

序号	企业名称
7	北京赛斯特服装有限公司
8	北京童创童欣网络科技股份有限公司
9	北京白领时装有限公司
10	北京顺美服装股份有限公司

对这些企业而言，一方面政府会为其加大舆论宣传，树立榜样典型，提供必要的引导和支持，另一方面对于企业自身的规范建设，研发创新，承担社会责任等方面都具有积极意义。

（2）北京服装行业持有的中国驰名商标数量约占全国六分之一

中国驰名商标（China Famous Trade Mark）是指经过有权机关（国家工商总局商标局、商标评审委员会或人民法院）依照法律程序认定为"驰名商标"的商标。驰名商标，是中国国家工商行政管理局商标局，根据企业的申请，官方认定的一种商标类型，在中国国内为公众广为知晓并享有较高声誉。到目前为止，获得中国"驰名商标"认定的商标共有1624个，其中外资品牌占98个。第二十五类服装、鞋、帽获得中国"驰名商标"认定的商标共有156件，其中北京服装行业持有的中国驰名商标有25件，约占全国的六分之一。显示出北京服装品牌享有较高的公众认知和良好的信誉（表3-2）。

表3-2 北京服装行业持有的中国驰名商标（25件）

雪莲	顺美	纤丝鸟	瑞蚨祥	绅士
内联升	爱慕	探路者	婷美	铜牛
杰奥	威克多	依文	李宁	五木
赛斯特	博依格	怡莲	秀水	奥克斯特
思诺芙德	红都	恺王	朗姿	雅派朗迪

（3）在中国服装界"奥斯卡"大奖评选中北京服装品牌屡获佳绩

2004年9月，为贯彻总理推进名牌战略"要坚持高标准，坚持自主创新，坚持市场检验"的方针，响应中国纺织工业协会会长杜钰洲在全国服装行业工作会议上提出"大力推进中国服装品牌战略"的号召，为了坚持服装品牌的市场检验原则，充分肯定品牌在年度内所取得的成绩；为了加强中国服装行业与企业的品牌意识和知识产权保护意识，推动企业在设计、质量、营销、创新等各方面的工作，促进品牌的全面发展；为了进一步扩大服装品牌的社会知名度和社会影响力；中国服装协会开始组织了以年度为单位的"中国服装品牌年度大奖"活动。2014年"中国服装品牌年度大奖"正式更名为"中国服装大奖"，开始承载新形势下的新使命。"中国服装品牌年度大奖"活动从一个新生儿慢慢走向成熟，逐渐成为服装界"奥斯卡"盛典。

第一届到第十届"中国服装品牌年度大奖"活动共设立中国服装品牌风格、品质、策划、创新、潜力、营销、公众、价值、推动、成就十大奖项。评选由评审团以市场检验为准绳，本着"公平、公正、公开"的原则评出。

第十一届至今，"中国服装大奖"共设立最佳商务男装品牌、最佳休闲男装品牌、最佳潮流男装品牌、最佳风格女装品牌、最佳时尚女装品牌、最佳青春女装品牌、最佳时尚运动品牌、最佳休闲时装品牌、最佳童装品牌、最佳内衣品牌十大奖项，各设大奖一名；此外，还设立了特别奖序列，包括最具潜力品牌、最具创新品牌、最具创意品牌、产业推动大奖和行业支持大奖。中国服装大奖将面向中国自主服装品牌，通过中国服装大奖提名委员会提名、网络投票、评审等环节，历时四个月，由国际著名的审计咨询服务机构——普华永道公司全程进行监控和票务统计，并于次年3月（拟定）通过与众不同的颁奖形式为获奖品牌授奖。

"中国服装大奖"是我国服装界最负盛誉的奖项，北京服装品牌历年来屡屡获奖及提名，显示出这十多年来北京服装品牌在社会认可度和专业认可度方面都表现出了不俗的成绩（表3-3）。

表3-3　历届中国服装品牌年度大奖的北京获奖品牌（含外埠会员单位品牌）

大奖名称	获奖品牌（获奖年度）	获提名奖品牌（年度）
风格大奖	白领（2003~2004）	吉芬（2009）
	思凡（2004~2005）	
品质大奖		爱慕（2009）
		威克多（2009）
		顺美（2013）
创新大奖	依文（2003~2004）	木真了（2005~2006）
	派克兰帝（2004~2005）	依文（2006~2007）
	白领（2006~2007）	
	凡客诚品（2009）	

续表

大奖名称	获奖品牌（获奖年度）	获提名奖品牌（年度）
策划大奖	爱慕（2005~2006）	爱慕（2004~2005）
		依文（2005~2006）（2006~2007）
		李宁（2007~2008）
		爱美丽（2009）
潜力大奖	诺丁山（2007~2008）	诺丁山（2005~2006）
		派克兰帝（2007~2008）
		探路者（2009）
营销大奖	白领（2005~2006）	白领（2003~2004）
	朗姿（2012）	李宁（2005~2006）
		朗姿（2009）（2011）
公众大奖		李宁（2005~2006）（2009）
		爱慕（2007~2008）
		探路者（2013）
价值大奖	李宁（2007~2008）	李宁（2005~2006）
	爱慕（2010）	依文（2012）
	依文（2013）	威克多（2013）
成就大奖	爱慕（2011）	白领（2006~2007）
		爱慕（2007~2008）
		李宁（2009）
商业大奖	北京王府井百货（集团）股份有限公司（2012）	
支持大奖	浙江伟星实业发展股份有限公司（2011）	
中国服装大奖（第十一届）	最佳时尚女装品牌	朗姿（2015）
	最佳内衣品牌	爱慕（2015）
	最佳时尚运动品牌	探路者（2015）
	行业支持大奖	北京服装学院服装艺术与工程学院（2015）

（4）北京服装企业在全国服装行业百强企业名单中榜上有名

自2001年起，中国服装协会每年发布"服装行业百强企业"名单，中国服装行业百强企业根据"会员参与、自愿申报"的原则，分别对"产品销售收入""利润总额"和"销售利润率"三项指标进行排序，直观地反映出我国最强服装企业的销售收入和利润情况。2016年，全国共有118家企业榜上有名，其中：浙江30家，江苏30家，山东17家，北京9家，广东、上海各5家，福建4家，陕西、四川、湖南各3家，重庆、河南各2家，山西、河北、辽宁、吉林、湖北各1家。

北京服装企业由于城市定位等各种原因，在企业生产规模方面远不如沿海及南方省市，但是北京服装企业依托技术创新和孜孜不倦的求索精神，依然在全国"服装行业百强企业"中占据一席之地，尤其在"销售利润率"方面表现抢眼（表3-4）。

表3-4 北京服装企业在全国服装行业"产品销售收入""利润总额""销售利润率"百强企业中的排名情况

年度	百强类别	企业名称	百强排名
2001年	产品销售收入	北京顺美服装股份有限公司	53
		北京京工服装集团有限公司	59
		北京铜牛针织集团有限责任公司	70
		北京雪莲羊绒股份有限公司	100
	利润总额	北京雪莲羊绒股份有限公司	98
2002年	产品销售收入	北京雪莲羊绒股份有限公司	54
		北京顺美服装股份有限公司	97
2003年	产品销售收入	北京雪莲毛纺服装集团公司	40
		北京铜牛针织集团有限责任公司	55
		北京京工服装集团有限公司	71
2004年	产品销售收入	北京雪莲毛纺服装集团公司	40
2005年	产品销售收入	北京雪莲毛纺服装集团公司	35
		北京鹏达制衣有限公司	91
2007年	产品销售收入	北京雪莲毛纺服装集团有限公司	35
	利润总额	北京依文服装服饰有限公司	60
	销售利润率	北京依文服装服饰有限公司	16
2008年	产品销售收入	北京雪莲毛纺服装集团有限公司	38
		北京爱慕内衣有限公司	97
	利润总额	北京依文服装服饰有限公司	37
		北京雪莲毛纺服装集团有限公司	64
		北京爱慕内衣有限公司	88
	销售利润率	北京依文服装服饰有限公司	4
		北京爱慕内衣有限公司	72
		北京雪莲毛纺服装集团有限公司	100
2009年	产品销售收入	北京雪莲集团有限公司	34
		北京爱慕内衣有限公司	91
		北京依文服装服饰有限公司	95
	利润总额	北京依文服装服饰有限公司	32
		北京爱慕内衣有限公司	36
	销售利润率	北京依文服装服饰有限公司	7
		北京爱慕内衣有限公司	12

续表

年度	百强类别	企业名称	百强排名
2010年	产品销售收入	北京铜牛集团有限公司	44
		北京雪莲集团有限公司	54
		北京爱慕内衣有限公司	89
	利润总额	北京爱慕内衣有限公司	25
		北京依文服装服饰有限公司	39
	销售利润率	北京爱慕内衣有限公司	3
		北京依文服装服饰有限公司	16
2011年	产品销售收入	北京爱慕内衣有限公司	61
		北京铜牛集团有限公司	83
	利润总额	北京爱慕内衣有限公司	26
		依文服饰股份有限公司	58
		北京威克多制衣中心	69
	销售利润率	依文服饰股份有限公司	1
		北京爱慕内衣有限公司	7
		北京威克多制衣中心	33
2012年	产品销售收入	北京爱慕内衣有限公司	67
		北京铜牛集团有限公司	90
		北京卓文时尚纺织股份有限公司	100
	利润总额	北京爱慕内衣有限公司	23
		依文服饰股份有限公司	65
		北京威克多制衣中心	72
	销售利润率	北京爱慕内衣有限公司	7
		依文服饰股份有限公司	12
		北京威克多制衣中心	29
2013年	产品销售收入	北京爱慕内衣有限公司	55
		北京卓文时尚纺织股份有限公司	92
		北京威克多制衣中心	100
	利润总额	北京爱慕内衣有限公司	27
		北京威克多制衣中心	57
		北京卓文时尚纺织股份有限公司	84
		依文服饰股份有限公司	95
	销售利润率	北京威克多制衣中心	12
		北京爱慕内衣有限公司	14
		依文服饰股份有限公司	30
		北京卓文时尚纺织股份有限公司	68

续表

年度	百强类别	企业名称	百强排名
2014 年	产品销售收入	北京爱慕内衣有限公司	51
		朗姿股份有限公司	71
		北京雪莲集团有限公司	79
		北京卓文时尚纺织股份有限公司	81
		北京威克多制衣中心	89
	利润总额	北京爱慕内衣有限公司	24
		北京威克多制衣中心	52
		朗姿股份有限公司	53
		北京卓文时尚纺织股份有限公司	69
	销售利润率	北京爱慕内衣有限公司	10
		北京威克多制衣中心	11
		朗姿股份有限公司	29
		北京卓文时尚纺织股份有限公司	47
		依文服饰股份有限公司	88
2015 年	产品销售收入	北京爱慕内衣有限公司	41
		朗姿股份有限公司	70
		北京雪莲集团有限公司	72
		北京卓文时尚纺织股份有限公司	81
		北京威克多制衣中心	88
		依文服饰股份有限公司	94
	利润总额	北京爱慕内衣有限公司	24
		北京威克多制衣中心	56
		北京雪莲集团有限公司	76
		朗姿股份有限公司	78
		依文服饰股份有限公司	82
	销售利润率	北京爱慕内衣有限公司	17
		北京威克多制衣中心	22
		依文服饰股份有限公司	39
		北京雪莲集团有限公司	68
		朗姿股份有限公司	72

续表

年度	百强类别	企业名称	百强排名
2016年	产品销售收入	探路者控股集团股份有限公司	33
		爱慕股份有限公司	44
		北京铜牛集团有限公司	48
		朗姿股份有限公司	66
		北京雪莲集团有限公司	79
		北京卓文时尚纺织股份有限公司	84
		北京威克多制衣中心	95
	利润总额	爱慕股份有限公司	31
		朗姿股份有限公司	40
		探路者控股集团股份有限公司	51
		北京卓文时尚纺织股份有限公司	77
		北京威克多制衣中心	79
		依文服饰股份有限公司	92
		北京格雷时尚科技有限公司	100
	销售利润率	北京格雷时尚科技有限公司	19
		朗姿股份有限公司	23
		爱慕股份有限公司	37
		北京威克多制衣中心	48
		北京卓文时尚纺织股份有限公司	59
		依文服饰股份有限公司	63
		探路者控股集团股份有限公司	93

此外，在中国纺织服装行业品牌价值评价中，北京服装企业每年都有企业进入品牌价值50强。自2012年起，中国品牌建设促进会、中央电视台、中国资产评估协会、中国国际贸促会等单位每年一次联合发布"中国品牌价值评价"，品牌评价范围全面涵盖农业、制造业、服务业，品牌评价的种类包括企业品牌、产品品牌、区域品牌和自主创新品牌，针对每个行业评价出当年的品牌价值50强企业（表3-5）。

表3-5 中国纺织服装行业品牌价值评价50强北京企业名单

序号	企业名称	评估年度
1	北京顺美服装股份有限公司	2013年
2	北京爱慕内衣有限公司	2014年
3	探路者控股集团股份有限公司	2016年

（5）北京服装品牌文化建设成效显著

十多年来，北京服装品牌文化建设成效显著，不仅多次获得中国纺织十大品牌文化奖，而且涌现出了众多服装企业家和行业知名人士，在社会上取得良好的社会声誉（表3-6）。

表3-6 中国纺织十大品牌文化获奖企业名单

序号	中国纺织十大品牌文化企业	授予单位	年度
1	北京铜牛针织集团有限责任公司	中国纺织工业协会	2006年
2	北京雪莲羊绒股份有限公司		2006年
3	北京爱慕内衣有限公司		2007年
4	李宁（中国）体育用品有限公司		2008年
5	北京白领时装有限公司		2009年
6	北京铜牛集团有限公司	中国纺织工业联合会	2014年
7	北京中丽制机工程技术有限公司		2014年

3.3.2 科技领先是北京服装品牌的突出优势

充分利用首都科技资源，坚持科技研发、转化和提升，一直是北京服装品牌发展的重点战略，使北京服装品牌始终保持行业的领先地位，并对全国服装品牌发展起到了良好的示范作用。

（1）北京服装企业积极推进两化融合

北京服装纺织企业增加信息化建设投入，积极加快推进信息化与工业化深度融合，推动工业转型升级。目前北京威克多制衣中心获北京市互联网与工业融合创新试点企业，也已经有6家企业获两化融合管理体系贯标试点企业（表3-7、表3-8）。

表3-7 北京服装纺织行业两化融合管理体系贯标试点企业名单

企业名称	所属区域	认定级别	认定年份
凡客诚品（北京）科技有限公司	开发区	国家级	2014年
北京威克多制衣中心	大兴区	国家级	2015年
李宁（中国）体育用品有限公司	通州区	国家级	2016年
北京中丽制机工程技术有限公司	通州区	市级	2016年
北京五木服装有限责任公司	通州区	市级	2017年
北京酷绅服装有限公司	海淀区	市级	2017年
依文服饰股份有限公司	丰台区	市级	2017年

表3-8 北京市互联网与工业融合创新试点企业名单

企业名称	创新方向	创新内容	发布时间
北京威克多制衣中心	满足个性需求的制造模式创新	基于三维虚拟试衣系统的服装个性化定制与异地协同制造	2015年

（2）企业技术研发力量雄厚

北京服装企业注重技术研发和技术升级，34家服装纺织企业获北京市高新技术企业认定；12家北京服装纺织企业技术中心获市级企业技术中心认定；3家企业研发机构获市科委认定的北京市级企业科技研究开发机构；4家服装纺织企业获北京市百家专利试点单位（表3-9~表3-12）。

表3-9 获北京市高新技术企业认定的服装纺织行业企业名单

序号	企业名称
1	雅派朗迪（北京）科技发展有限公司
2	探路者控股集团股份有限公司
3	朗姿股份有限公司
4	北京爱慕内衣有限公司
5	北京威克多制衣中心
6	北京格雷时尚科技有限公司
7	北京心物裂帛电子商务股份有限公司
8	北京吉芬时装设计股份有限公司
9	优卡（北京）科技股份有限公司
10	北京麻世纪流行面料研发有限公司
11	北京怡莲礼业科技发展有限公司
12	北京燕阳新材料技术发展有限公司
13	北京中纺海天染织技术有限公司
14	北京富泰革基布股份有限公司
15	北京子苞米时装有限公司
16	北京保罗盛世服装服饰有限公司
17	北京梦狐宇通竹纤维研究开发中心
18	婷美保健科技股份公司
19	康美婷科技发展（北京）有限公司
20	北京铜牛信息科技股份有限公司
21	北京维富友科技发展有限责任公司
22	北京维拓时代建筑设计股份有限公司
23	北京邦维高科特种纺织品有限责任公司
24	华盛爽朗纺织品（北京）有限公司
25	中国纺织工业设计院
26	北京中丽制机工程技术有限公司
27	北京中丽制机电气有限公司
28	北京中丽制机喷丝板有限公司
29	北京中纺精业机电设备有限公司
30	北京中纺化工股份有限公司
31	北京中纺优丝特种纤维科技有限公司

续表

序号	企业名称
32	北京同益中特种纤维技术开发有限公司
33	北京经纬纺机新技术有限公司
34	经纬纺织机械股份有限公司

表 3-10　获北京市级企业技术中心认定的服装纺织行业企业名单

序号	企业名称
1	北京铜牛集团有限公司
2	北京雪莲集团有限公司
3	北京英特莱科技有限公司
4	北京光华纺织集团有限公司
5	北京爱慕内衣有限公司
6	依文服饰股份有限公司
7	北京亿都川服装集团有限公司
8	北京威克多制衣中心
9	朗姿股份有限公司
10	探路者控股集团股份有限公司
11	北京中丽制机工程技术有限公司
12	北京同益中特种纤维技术开发有限公司

表 3-11　获市科委认定的北京市级企业科技研究开发机构名单

序号	企业名称
1	中国服装研究设计中心
2	中国纺织科学研究院研究开发中心
3	北京中纺化工股份有限公司研究中心

表 3-12　北京市百家专利试点单位中的服装纺织企业名单

序号	企业名称
1	北京铜牛集团有限公司
2	北京纺织科学研究所
3	北京天彩纺织服装有限公司
4	北京五洲燕阳特种纺织品有限公司

3.3.3　设计创新实力发展成果显著

重视、提升设计创新实力是北京服装品牌向国际品牌学习、夯实品牌核心竞争力的重点发展方向。北京服装品牌借助政府推动创新创业的政策东风，积极建设设计创新研发中心，大力培养、引进、扶植设计创新人才，推出了一批有国际知名度的设计创新领军人物。

（1）北京服装企业建成一批高水平设计创新中心

北京服装企业重视设计创新中心建设，有8家服装企业的设计中心获北京市认定的市级设计创新中心（表3-13）。

表3-13 获认定北京市设计创新中心的服装行业企业名单

序号	企业名称
1	北京爱慕内衣有限公司
2	北京威克多制衣中心
3	北京玫瑰坊时装定制有限责任公司
4	依文服饰股份有限公司
5	朗姿股份有限公司
6	探路者控股集团股份有限公司
7	东尚服装股份有限公司
8	北京格雷时尚科技有限公司

（2）涌现出大量优秀设计师和创新人物

十年来，北京服装行业涌现出了大量优秀和设计师和创新人物，他们对于推动行业进步作出了巨大贡献（表3-14、表3-15）。

表3-14 荣获"中国十佳时装设计师"称号的北京设计师名单（1997~2015年）

届别	姓名	获奖时就职单位	时任职务
第10届	邹游	北京服装学院	讲师
	沈泽丹	LE DANNEL 高级时装工作室	设计总监
第11届	杨霖	北京多吉时装设计工作室	设计总监
	孙静	北京白领时装有限公司	SHEE'S 设计师
	秦晓霞	北京爱慕内衣有限公司	设计师
第12届	张虹宇	北京爱慕内衣有限公司	设计师
第13届	梁洁	北京白领时装有限公司	首席设计师
	王海玲	北京爱慕内衣有限公司	设计师
第14届	王放	北京白领时装有限公司	K.UU 首席设计师
第15届	黄洁	北京白领时装有限公司	设计师
	潘怡良	北京潘怡良服饰有限公司	设计总监
第17届	杨洁	北京服装学院 YANGJIE DESIGN 品牌	讲师 创始人、设计师
	袁冰	VISCAP 时尚集团	创始人、艺术总监
	楚艳	北京服装学院 "楚和听香"品牌	讲师 创始人、设计师

续表

届别	姓名	获奖时就职单位	时任职务
第18届	逄增梅	北京白领时装有限公司	首席设计师
	袁冰	VISCAP时尚集团	创始人、艺术总监
第19届	楚艳	北京服装学院 "楚和听香"品牌	讲师 创始人、设计师
	王燕喃	TANYA Couture品牌	创始人、设计师
	袁冰	VISCAP时尚集团	创始人、艺术总监
	彭晶	私人定制品牌深白	首席礼服设计师
	付奎	北京白领时装有限公司	设计艺术总监

表3-15 全国服装行业年度创新人物（北京）获奖名单

序号	获奖人物	获奖年度
1	北京爱慕内衣有限公司董事长张荣明	2007年
2	北京服装学院院长刘元风	2009年
3	贝迪百瑞（北京）有限责任公司设计总监王玉涛	2011年
4	朗姿股份有限公司董事长申东日	2011年

3.3.4 走进生活、走向国际的北京名片

北京服装品牌通过产品设计、生活服务、审美引导、文化传播等各种方式方法丰富、提升了北京人民的生活水平、文化资源和精神面貌，为北京城注入了时尚、鲜活、灵动、发展的最美力量，成为北京的城市新形象。

（1）"中华老字号"品牌焕发新光彩

中华老字号（China Time-honored Brand）是指历史悠久，拥有世代传承的产品、技艺或服务，具有鲜明的中华民族传统文化背景和深厚的文化底蕴，取得社会广泛认同，形成良好信誉的品牌。由原中华人民共和国国内贸易部认定的中国大陆的老牌企业。在1991年全行业的认定中，有1600余家老牌企被授牌。2005年6月，中华老字号的认定工作在暂停14年后再次启动。2006年4月，国家商务部发布了《"中华老字号"认定规范（试行）》"振兴老字号工程"方案，表示在3年内由国家商务部在全国范围认定1000家"中华老字号"，并以中华人民共和国商务部名义授予牌匾和证书。老字号涵盖百姓衣食住行的方方面面，是数百年商业和手工业竞争中留下的极品，都各自经历了艰苦奋斗的发家史而最终统领一行，其品牌也是人们公认的质量的同义语。重启老字号认定后认定的中华老字号是在现代经济的发展中仍以自己的特色独树一帜的，具有悠久历史和良好信誉的品牌。北京服装行业的多个"中华老字号"品牌在新时代焕发出了新光彩（表3-16、表3-17）。

表 3-16　商务部第一批认定的"中华老字号"品牌（2006 年 11 月）

企业名称	老字号品牌
北京同升和鞋店	同升和
北京盛锡福帽业有限责任公司	盛锡福
北京内联升鞋业有限公司	内联升
北京步瀛斋鞋帽有限责任公司	步瀛斋
北京瑞蚨祥绸布店有限责任公司	瑞蚨祥

表 3-17　商务部、中国商业联合会认定的第二批保护与促进的"中华老字号"品牌（2011 年 11 月）

企业名称	老字号品牌
北京雪莲羊绒股份有限公司	雪莲
北京红都集团公司	红都
北京红都集团公司	蓝天
北京东华服装有限责任公司建华皮货服装分公司	雪花
北京光华宝石鞋业有限公司	宝石
北京步瀛斋鞋帽有限责任公司	马聚源
北京造寸服装服饰有限公司	造寸
北京华女内衣有限责任公司	华女
北京市紫房子婚庆有限公司	紫房子

（2）北京服装品牌成为北京城市名片

北京服装品牌已经融入了百姓的生活，并为北京城市建设、文化建设贡献杰出力量（表 3-18、表 3-19）。

表 3-18　北京十大时装品牌名单（2006~2010 年度）

奖项名称	获奖品牌
北京十大时装品牌金奖	李宁、威克多、爱慕、庄子、雪莲、纤丝鸟、绅士、杰奥、铜牛、天坛、依文、水孩儿、白领、五木、顺美、赛斯特、派克兰帝
北京十大时装品牌	雷蒙、木真了、诺丁山、朗姿、玫而美、小护士、探路者、绿典、红都、蓝地、罗马世家
北京最具潜力十大时装品牌	雅派朗迪、思诺芙德、宗洋、恺王、雪伦、巴比龙、圣媛、格格、亿都川、奥豹、靓诺、奥克斯特

表 3-19　北京时装之都建设贡献奖名单

奖项名称	获奖单位/品牌	时间
时装之都建设育人贡献奖	北京服装学院	2007 年
时装之都建设出口创汇贡献奖	北京鹏达制衣有限公司	
知名特色时装品牌	木真了	
著名高级成衣定制品牌	红都	

续表

奖项名称	获奖单位/品牌	时间
时装之都建设设计创新奖	格格	2008年
	靓诺	
北京2008特别贡献奖	北京服装学院	
	李宁（中国）体育用品有限公司	
时装之都市场建设奖	北京鑫福海工贸集团	
百年中山装制作技艺特别贡献奖	红都	
时装之都建设贡献奖	北京吉芬时装设计有限公司	2009年
	北京玫瑰坊时装定制有限责任公司	
	北京电视台生活频道《时尚装苑》栏目	
	北京翠微大厦股份有限公司	
时装之都建设媒体传播贡献奖	《时尚北京》杂志	2010年
时装之都建设品牌推广贡献奖	金源燕莎MALL	
时装之都建设营销创新品牌贡献奖	凡客诚品（北京）科技有限公司	
时装之都建设国际营销品牌贡献奖	京珠盛世服饰有限公司	
时装之都建设市场销售贡献奖	北京五木服装有限责任公司	2012年
时装之都建设讲诚信、重质量贡献奖	北京杰奥制衣有限公司	
时装之都建设品牌推广贡献奖	北京甘家口大厦有限责任公司	
时装之都建设品牌服务贡献奖	北京市毛麻丝织品质量监督检验站	
时装之都建设特别贡献奖	北京爱慕内衣有限公司	2013
时装之都建设行业服务贡献奖	北京商业信息咨询中心	
时装之都建设策展贡献奖	中央美术学院设计学院时装设计工作室	
北京最具文化创意十大时装品牌市场创意奖	北京方仕工贸有限公司	

品牌

品牌篇

4 爱慕：科技与时尚融合，文化与美学共生

4.1 品牌概述

爱慕品牌所属爱慕集团，是专业从事高品质贴身服饰及用品的品牌运营商。总部位于北京市朝阳区，是国家高新技术企业，1993年创建Aimer爱慕品牌。拥有员工9000余人。爱慕旗下拥有的品牌及产品线包括："爱慕"（Aimer）、"爱慕先生"（AIMER MEN）、"爱慕儿童"（Aimer kids）、"爱慕运动"（Aimer sports）、"爱慕家品"（AIMERHOME）、"慕澜"（MODELAB）、"兰卡文"（LA CLOVER）、"宝迪威德"（BODY WILD）、"爱美丽"（imi's）、"心爱"（Shinelove）、"纽格芙"（NATURE'S GIFT）、BECHIC，以及丝绸文化品牌皇锦（图4-1）。

二十多年来，爱慕秉承"爱"与"美"的品牌理念，融科技于时尚，追求融合东西方文化的美学设计，为都市女性提供精致、时尚、优雅的产品和体验，展现万千姿彩的女性魅力，帮助女性做最好的自己、最美的自己。今天的爱慕不但是中国原

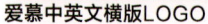

图4-1 爱慕：品牌LOGO

创内衣品牌的领导者,也是中国女性喜爱的首选内衣品牌,是女性高级内衣服饰的代名词。

品牌连续多年被中华商业联合会监测为同类产品市场销售额第一名,连续多年荣获"北京十大时装品牌"金奖,连续多年荣获"中国服装百强"称号。先后被评为"北京市企业技术中心""北京市设计创新中心""国家高新技术企业"。2009年获"中国创新设计红星奖",2011年、2012年先后获"中国服装品牌年度价值大奖""中国服装品牌年度成就大奖"。2012年被工信部等六部委评为"重点跟踪培育的中国服装家纺自主品牌企业"。2016年企业被授予"全国五一劳动奖状"荣誉。

爱慕多年来一直致力于履行企业社会责任,做好社会公民,积极参与公益慈善事业,从2002年捐赠"母亲健康快车"开始正式涉足公益,并于2013年出资3000万元在民政部注册设立爱慕公益基金会,使爱慕企业的社会责任承担更加常态化、正规化,这标志着爱慕集团的慈善理念和公益行为跨入了一个全新的阶段。本着"致力公益慈善事业,履行企业社会责任,推动社会和谐发展,保护和传承中国传统文化"的宗旨,爱慕基金会在开展扶贫、济困、赈灾等社会救助工作,捐资助学、关爱弱势群体、关注女性健康等公益活动,以及其他符合基金会宗旨的社会慈善活动中发挥着积极作用。目前已经在四川大凉山捐建了五所爱慕村小学。并于2013年启动"爱慕·粉红馨爱"义乳捐赠行动,通过捐赠义乳,帮助乳腺癌手术患者建立起重塑美丽、迎接新生活的美好信心,截至2017年6月已捐赠义乳1.5万个。

4.2 品牌发展历程

4.2.1 为梦想塑造内衣品牌之旅

企业前身是成立于1981年的华美时装厂,为北京朝阳区属集体企业。1993年3月8日,爱慕诞生于中国内衣市场的萌动之时。在此之前一个偶然的机遇让一位毕业于北京钢铁学院的首钢大学教师——张荣明,成为这个小型集体企业的厂长。这个掌握超弹性记忆合金胸罩技术的年轻人,怀揣着炽热的创业梦想,与迅速团结在他周围的创业团队一起,开始了塑造中国内衣品牌之旅。1995年进行企业改制,成为北京爱慕制衣厂。时间进入公元1996年,经过三年的快速发展,爱慕占领了中国内衣市场一定的份额。

4.2.2 转换经营策略突出重围发展

20世纪末国际知名品牌内衣纷纷进驻中国市场并迅速发展,如何突出重围,更好打造中国内衣品牌,爱慕提出名牌经营战略,实施ISO 9001质量管理体系;积极推进从集体所有制到有限责任公司的产权制度改革;着重建设销售渠道,培养营销队伍和研发力量;提出科技融于时尚的营销理念,与北京服装学院合作,成立首家人体工学研究所"北服·爱慕人体工学研究所"。

2002年爱慕苏州生产基地落成投入使用。随着爱慕主题"爱慕·敦煌"内衣发布会的举办,一个崭新的爱慕终于破茧,第一次将中国文化元素与现代内衣时尚融会贯通,引发全新的时尚品牌文化新概念,这是爱慕品牌发展史上一个真正的里程碑。在2003年西柏坡会议上正式确定爱慕的多品牌营销战略。从此以文化为导向的爱慕品牌营销奏响了新的篇章。

2004年LA CLOVER品牌诞生,2005年爱慕先生品牌、爱美丽品牌诞生,2008年爱慕泳衣产品线登陆市场,2009年爱慕儿童品牌、爱慕定制诞生。2010年MODELAB品牌、心爱品牌、BECHIC诞生,同年投资皇锦品牌,并与首都体育学院合作,成立"爱慕运动机能服装研究中心"。2011年北京爱慕文化发展有限公司成立,合资成立北京爱慕郡是服饰有限公司,BODY WILD品牌创立。2012年爱慕学院成立。2013年爱慕家品品牌、爱慕运动品牌创立,爱慕公益基金会在国家民政部注册成立。2015年爱慕旗下首个护肤品牌——纽格芙品牌诞生。2016年UM25品牌创立(图4-2)。

图4-2 爱慕:爱慕运动

4.2.3 科技与文化并进，打造国际化品牌

历经二十四年的发展，爱慕已经从单一的生产型企业发展成为由数十家分子公司、合资公司组成的集团型国际化的品牌公司。近年来，爱慕开始涉足文化事业和产业，投资设立了丝绸文化品牌皇锦、游园惊梦昆曲体验馆、爱慕美术馆等。丰富的产品线和深厚的文化底蕴，使爱慕在不同目标消费群大受欢迎，不断推进国际化品牌的发展进程。

4.3 营销策略

4.3.1 独具特色的品牌发展之路

从企业成立之日起，爱慕就坚定不移地走品牌建设之路，从 2004 年开始成功实施了多品牌战略。品牌需要最好的销售渠道去面对消费者，在抓好品牌建设的同时，爱慕建立了一套系统的承载品牌、产品销售的途径——营销渠道，现已拥有优质直营、经销渠道 2400 多个，发展成独具爱慕特色的品牌专柜、一家人生活馆等线下渠道。于 2017 年打造 Aimer+ 智慧生活方式体验店，坐标国贸商城三期，旨在彰显爱慕"科技融于时尚"的产品理念，倡导舒适、健康、爱和美的新生活方式，为顾客提供社交、休闲、娱乐、互动的全购物新体验，乐享爱慕高品质的产品与服务。

4.3.2 实施科技创新，带动产品迭代升级

爱慕的产品研发一直坚持"科技融于时尚、文化融于时尚、创意融于时尚、环保融于时尚"的理念。爱慕注重产业的基础研究、重视研发和技术的投入，在北京服装学院投资成立了爱慕人体工学研究院，在首都体育学院成立了爱慕运动机能服装研究中心，为爱慕产品设计开发提供专业、科学的支持，为产品的迭代提供了强有力的支撑。与国外多家世界顶级供应商保持密切的合作，此外还与世界众多优秀的面料生产商联合开发新型面料，确保产品设计的独特性。

爱慕坚持以产品开发为核心竞争力，以创新为原动力，不仅秉承科技融于时尚，文化融于时尚，创意融于时尚，环保融于时尚的设计理念，并把顾客体验贯穿于消费者购买、产品使用的全过程，使消费者钟情于爱慕，钟情于爱慕产品的品质和文化带来的舒适和美的享受。爱慕一直以"技术领先"为目标，围绕引领、提升工业化大生产为核心开展各项技术研究工作。爱慕拥有一个走在时尚前沿、时刻关注科学进步的研发团队，集趋势研究、材料前瞻性研发、产品创新设计、色彩应用、板型研究、工艺制作于一体，形成产品实现的全方位创新研发链条。注重基础研究领域创新，与高等学府进行合作研究。1999 年与北京服装学院共同成立了北服·爱慕人体工学研究所，2010 年与首都体育学院合作成立爱慕运动机能服装研究中心，为爱慕产品设计开发提供健康、专业、科学的支持。未来爱慕还将继续加大实用创新项目的研发力度，继续推进北服·爱慕人体工学研究院和首体·爱慕

运动机能服装研究中心的工作，做好基础研究向实用开发方向的转化。加强与专业机构的合作，提升爱慕社会影响力。通过原创设计理念和科技创新开发，使爱慕产品始终处于行业领先地位，不断为顾客设计出所需求的产品。如自主研发的智能文胸，为女性提供舒适健康的运动智能监测，一经上市广受消费者好评。同时爱慕注重专利研发工作，全集团目前拥有数百项专利。

4.3.3 新型的电子商务模式，以消费需求为导向完善品牌产业链

爱慕顺应市场大潮的变迁，在2010年成立北京爱慕电子商务科技发展有限公司，专注于爱慕国内官方商城的运营和发展，同时与淘宝、京东等网络平台发展相关业务。作为爱慕集团的"空军"，爱慕电商致力于集团各品牌在互联网的品牌传播和发展，及网络专享品牌"心爱"在电子商务渠道的开拓、推广和运营。随着集团的不断壮大，爱慕积极应对"新零售"市场环境，致力于线上线下全渠道协同发展，努力开拓更多的市场空间。

爱慕现拥有集北京物流中心、苏州区域库、北京电商库共三个产成品库房，为集团所有终端和渠道提供快捷、准确的物流配送服务。北京物流中心位于北京市顺义区马坡镇聚源产业基地，建筑面积27000平方米，是国内服装行业自动化、智能化技术较高的物流中心之一，有自动化立体库，通过自动化设备和仓储软件实现自动化存取，通过自动输送线实现跨楼层接力式拣选作业，各项操作能力位居国内服装行业前列。

4.3.4 与消费者进行文创互动，增加其对品牌的黏性

目前消费者呈现出越来越多元化的特点，追求品质合格性。根据不同消费群体和消费需求企业采取多品牌运营，爱慕旗下拓展有十几个品牌，针对中国本土市场推出一系列细分化产品使其产品结构更加丰满。高端产品通过会员制，定期举办小型沙龙或聚会，服饰搭配、关爱乳房等女性感兴趣的话题，在轻松愉悦的氛围里与顾客进行互动沟通，增强了顾客对品牌形象的认知。针对每一个细分品牌做不同的推广，并通过发布会、MINI秀等形式宣传爱慕品牌文化（图4-3）。

图4-3 爱慕：Aimer+智慧生活方式体验店

4.3.5 关注绿色生产

爱慕旗下拥有两大生产物流基地，一个位于江苏省苏州市，是集内衣制造、技术科研、教学培训、现代物流、生态环境营造等功能的环保生态工厂；另一个位于北京市顺义区，是集高端制造、技术开发、物流配送及商业文化等多功能为一体的现代化时尚工厂。"降低资源消耗，实现企业、社会、自然和谐共存"是爱慕重要的环保理念，爱慕一直将节能减排的理念融于企业管理之中，苏州美山子制衣有限公司在同行业中率先提出建设生态工厂的发展战略，充分利用工厂周边天然环境资源，加以科学的设计规划，形成自然景观，工厂绿化覆盖率达60%。美山子以生态制造为核心，着重在自然环境、人文环境、科学制程、管理融合、资源消耗等方面进行绿色生产提升。爱慕时尚工厂建立了太阳能发电站，促进绿色可持续发展、降低资源消耗，树立时尚工厂新形象（图4-4）。

图4-4 爱慕：爱慕时尚工厂

4.3.6 依托品牌，支持文化事业，发展文化创意产业

爱慕近年来涉足文化事业和产业，投资设立了丝绸文化品牌皇锦、实景版游园惊梦昆曲体验馆、爱慕美术馆、A10爱慕内衣博物馆等，并于2011年成立北京爱慕文化发展有限公司。2008年爱慕美术馆成立以来，始终致力于以公益的形式打造开放、多元的文化分享平台，在关注国家级非物质文化遗产等传统文化艺术的同时，也注重当代艺术与时尚新锐的分享。面向社会公众以公益形式展览50余场次。2010年爱慕

投资设立丝绸文化品牌皇锦，充分利用、借鉴爱慕在设计、营销、渠道、资金、管理上的优势，加快皇锦发展的步伐，打造中国高端原创丝绸文化第一品牌，进而带动中国丝绸文化的发展。2014年A10爱慕内衣博物馆（北京馆）在爱慕时尚工厂正式面向公众免费开放，以"A10"为形象，见证爱慕品牌创建二十余年来的成长历程，传递爱慕品牌的时尚精神；"A10"既是爱慕发展的每个十年的特殊符号、也是中国内衣发展历程的缩影。2015年，北京爱慕文化发展有限公司主办第三届北京国际女性戏剧节，关注并鼓励女性创作人群，传播浓厚的人文关怀和纯正的艺术精神。2016年爱慕美术馆（苏州馆）、A10爱慕内衣博物馆（苏州馆）在爱慕生态工厂免费向公众开放。爱慕美术馆（苏州馆）为公众提供一个近距离接触艺术独到之美的别致舞台；A10爱慕内衣博物馆（苏州馆）打开了全新的内衣文化窗口，增进京苏两地文化深度互动。2017年爱慕继续关注加大支持，冠名赞助第四届北京国际女性戏剧节，推动女性戏剧文化的发展。

4.4 综述

爱慕以科技创新带动产品迭代升级，通过信息化资源共享完善品牌产业链，与此同时充分挖掘东方美学的传统精华，传播时尚文化，并以原创设计、文化营销及既国际化又具中国风格的品牌形象独树一帜，成为行业翘楚。【资料提供：李思思】

5 白领：倡导高品质生活方式，研制一流时尚产品

5.1 品牌概述

白领（WHITE COLLAR）立志于成为东方艺术代表的高级成衣品牌，所属北京白领时装有限公司，创立于1994年。从品牌创立之初，白领就定位国内一线城市中最高端市场，并且有一定高消费人群，吻合白领品牌倡导的生活方式。经过二十余年的潜心经营，白领已经成为中国高级成衣的领军品牌。在标新立异的时尚行业中引领潮流风尚，是中国时尚趋势的风向标。永无止境的创新设计，视觉艺术的完美应用，经营理念的与众不同，颠覆传统的营销模式勾勒出了白领成功品牌形象和高格调之品牌境界。公司目前拥有：WHITE COLLAR（白领），SHEES，K.UU，GOLDEN COLLAR等著名品牌，分别诠释着白领对时尚的不同理解，满足优雅女人对时尚不同层面的需求，并向中国女性传递一种优雅的穿着观念和生活方式。

自品牌创立以来，全国各地店面主要以直营店面为主，目前全国各省会城市设有几十家分店。从销售体系划分可分为两大组成部分线上和线下，线下店铺根据销售体系可分为五大组成部分：高端百货店、购物中心店、专卖店、机场店以及奥特莱斯店。

白领经过多年的努力，2008~2017年连续评为北京著名商标；获2009年北京时装品牌金奖；获2010年北京十大时尚品牌金奖；获2011年北京知名品牌证书；获2012年北京时装之都热销服装品牌营销金牌；获中国服装设计师协会二十年杰出贡献奖；获2014年北京最具文化创意十大时装品牌金奖；获2013~2016年度全国质量检验稳定合格产品证书；获2013~2016年度全国时装行业质量领先品牌证书等诸多荣誉。白领正以其品牌感召力和核心价值对当今中国社会文化产生影响，是对主流社会一种新思潮的代笔，是新经济转轨时代创新与变革的缩影（图5-1）。

5.2 品牌发展历程

5.2.1 初始：塑造高端品品牌形象

20世纪90年代，服装行业发展的还很不规范。各大商场竞相以降价促销，价格大幅度波动的现象屡见不鲜，加之市场上服装的品质良莠不齐，对消费者的信心造成了很大打击。1994年白领成立，凭借着敏锐的商业嗅觉，白领的创始人苗鸿冰先生

图 5-1 白领：品牌宣传片 1

从一开始坚定了要走高端路线，极力打造一个高端的品牌形象。"高端"意味着"文化、时尚、一流"。"文化"，企业以优质服务、产品系列化和店面形象等诸多方面为载体来呈现品牌文化；"时尚"，白领始终与国际服装界流行时尚保持同步，并根据国内的市场气候挖掘潜在的时尚消费；"一流"，无论产品质量、服务水平、品牌形象，还是销售业绩，企业都追求一流，并始终以国际一流品牌的标准来要求和完善自己。

5.2.2　发展：品牌互补多元化运作

20世纪90年代末，针对不同消费群体的个性需要，白领公司成立了SHEES、K.UU、GOLDEN COLLAR等著名品牌，通过品牌的互补多元化运作，实现扩大市场份额和消费群体；将高科技管理体系引入企业管理，在此基础上构建企业资源管理系统（ERP）获得了巨大成功，全球供应链系统会将白领各种不同信息反映到分布在全球的供应商，并要求他们与白领达到和谐同步，使企业快速反应体系（JIT）得以实现，现代化的管理手段使得企业迅猛发展。

5.2.3　稳步成长：高级成衣的领军品牌

经过23年的潜心经营，白领已经成为中国高级成衣的领军品牌，在标新立异的时尚行业中引领潮流风尚，是中国时尚趋势的风向标。永无止境的创新设计，视觉艺术的完美应用，经营理念的与众不同，颠覆传统的营销模式勾勒出了白领成功品牌形象和高格调之品牌境界（图5-2）。

图 5-2 白领:品牌宣传片 2

5.3 营销策略

5.3.1 服务转型、产品转型、营销转型使品牌跨入新的发展阶段

近年的市场赋予了服装过多的含义:身份地位的象征、财富的象征、疾病治疗等。随着人们过分的想象力及夺人眼球的概念,服装慢慢地脱离了基本的功能,而随着"功能"变化,价格也更是水涨船高。白领始终不忘初心,让服装回归本质。

服务转型方面,从全国唯一一个倡导男生服务的品牌,到品牌创始人苗鸿冰独创的"幸福感营销",再到白领所倡导的"有温度的服务"。通过转型白领将服务上升到更高层次,让服务变成一种可以被购买的产品。而在终端店铺的服务过程更是要求一对一专属的,发自内心的为顾客着想。

产品转型方面,使产品设计风格上趋于年轻化,让更多年龄段顾客成为白领主力购买人群。同时根据不同渠道顾客的需求,设计生产更多品类产品,保留品牌独有的核心竞争产品,让顾客从不同的渠道选择适合自己的产品。

营销转型方面,在移动终端时代之前,每一个服装品牌的宣传模式都在广告宣传中下大力气,邀请国际名模拍摄广告大片、花费大量资金举办走秀活动等。而进入互联网时代后,越来越多的客户流量流向自媒体终端,白领抓住了这一点,通过短平快的拍摄及处理方式,在最短时间内将品牌对外的形象传递到一线,让每一个员工都成为品牌的宣传者,直接面对顾客进行精准的推广,大大提升了宣传的效率。

转型后的白领更加注重对年轻顾客的服务,全品牌服务于20~45岁各年龄段顾客,为每一年龄层的顾客提供生活、工作、宴会等场景的着装与搭配方案。白领本着为生活而设计的设计理念每年推出上千个系列时装产品。这些融入全新时尚创作灵感的不同时装系列,更加全面地展现出每位女性独特的生活方式和成熟魅力(图5-3)。

图 5-3　白领:山西太原天美 6.0 白领轻奢店面展示图 1

5.3.2　国际化的团队,确保一流品质

白领有一支国际化的设计团队,保证了白领的产品设计和国际大牌的同步。团队中不仅有国内一流的设计小组,还有世界顶级的设计顾问,以及意大利、法国等地产品形象设计班底。每年这些大师们和白领的设计师一起共同开发新的商品,一起探讨新产品的设计风格及展示效果。

白领的面料绝大部分来自欧洲,白领一直都是欧洲顶级面料商在亚洲最大的订货商,每年四季初始,欧洲面料商都会将白领列为他们中国订货会的第一站,白领尊享面料的优先订货权。面料商还会根据白领的要求对面料做相应改进,而最新型面料也给"白领"设计师新的设计灵感,这些方面白领始终保持着主动,不断为品牌顾客群提供着全球顶级的优质面料。产品的风格明显,让成衣也能成为经典。相对于当下快时尚节奏的穿衣风格,白领更加重视产品的品质及经典风格延续,每一件都可谓是经典之作,能经过市场和顾客的检验(图5-4)。

图 5-4 白领：山西太原天美 6.0 白领轻奢店面展示图 2

5.3.3 避开大众化营销方式，坚持独特品牌风格及生活情境推广模式

白领实施品牌多元化和品牌战略的创新性研究和市场推广，不断创造出激动人心的商业故事，将时装艺术、建筑艺术、园艺艺术、视觉艺术等艺术形式与生活紧密结合。白领通过调查研究，客户群有一个显著的特点，即她们是既追求身份和层次，又不喜张扬的一群人。因此，"白领"的宣传避开了大众化的渠道，仅仅选择了针对其顾客的很独特、很深入的多层次推广方式。白领每年投入很大的精力和费用进行品牌的宣传和维护。白领不断推出概念各异的店铺风格，用充满现代设计元素的语言给每一位到来的顾客带来惊喜。品牌创始人苗鸿冰认为，树立在各大商场、路边的白领店面是顾客接受服务、选购商品所要亲身莅临的场所，也就是"白领"向顾客传达其品牌形象最直观、最立体的渠道。

5.3.4 拓展销售渠道

2017 年品牌致力于开发机场商业体系，预计开发多个机场系统，主要开发城市根据机场一年的吞吐量、所在位置（安检内、外）以及周边品牌来进行决策，选择机场规模必须是主要的省会城市。

全国性巡展活动，根据所在城市商场以及未来目标入驻的商场进行大型促销活动，计划每年全国性巡展四次，一方面让更多的顾客认知白领品牌，达到宣传品牌的目的，另一方面了解各地顾客的需求，给未来的产品设计提供灵感。

5.4 综述

　　白领品牌通过多年的市场经验总结实现了三个转型，让服装回归本质，设计更高性价比的好产品；通过对面料采购的控制和把关、提升加工效率等方法，有效地控制了产品的生产成本，让利于顾客，为顾客打造更高品质、更高性价比的产品；追求创新研究和市场推广，品牌营造独特的生活情景，带来不一样的感官体验，满足人们追求个性的渴望。对于生活，白领致力于生活方式的传达，白领未来空间店铺设计就运用服装与家居的完美结合，将白领女性的生活品位带入店内，充分地展示服装来于生活，归于生活的概念，让白领所宣扬的生活方式展露无遗。在白领不是为了填满衣橱，而是遇见未知的自己……【资料提供：贾鑫】

6 方仕：建立设计创新机制，打造"特色方仕"服饰

6.1 品牌概述

北京方仕工贸有限公司创建于1998年，系集研发设计、生产、销售男士休闲系列服饰为一体的现代化服装企业。现拥有5万平方米的花园式、智能化、现代化建筑的工业园。公司已通过ISO 9001国际质量管理体系认证、ISO 14001环境管理体系认证、职业健康安全管理体系认证（图6-1）。

图6-1 方仕：北京方仕工贸有限公司

公司产品实行多元化经营，先后推出羊绒羊毛、大衣、夹克、尼克服、皮衣、貂类、棉服等精品系列，取得较大的成功。2010年起，公司开始实行品牌多元化战略，通过自主创新和海外并购，方仕旗下现有四大品牌：方仕、FOUNSEE、FLAKODE、ROMANO BELLI，构成互动、有机的立体品牌态势，以满足各层次的细分市场需求。

方仕品牌定位在中档，针对的顾客群是一般消费群，它是方仕的主导品牌，也是企业守住市场的基础。方仕品牌为北京市著名商标，其男士休闲服装系列被中国保护消费者基金会推介为全国用户最满意品牌，方仕服装被北京服装协会评定为优质产品，并荣获北京商业信息咨询公司、北京服装纺织行业协会举办的2006年度北京十

大热销服装品牌最具潜力奖,企业被推荐为世界杰出华商协会理事长单位;公司黄方义董事长被世界杰出华商学院聘请为客座教授。公司于2008年3月被中国人民解放军总后勤部评定为07军官常服大衣生产定点单位,同年10月07校尉常服大衣被总后军需物资油料部军需军事代表局在服装质量统检中荣获第一名的成绩;荣获中国皮革协会2012年度真皮标志企业新锐奖(图6-2)。

图6-2 方仕:品牌LOGO

6.2 品牌发展历程

方仕品牌自成立到2008年,其生产和销售能力位居大兴服装业的前列,但方仕在销售模式上还是以百货商场的大卖场形式,商业的周期性变化使得方仕的销售不太稳定,一方面限制了方仕品牌价值的提升空间,另一方面也使方仕有可能脱离市场。方仕认识到任何品牌都不能脱离市场运行轨道而独立存在,因此于2006年开始建立销售体系,掌握品牌的话语权。2007年,黄方义董事长在建立起自己的服装工业园后,敏锐地意识到现有的商业销售模式和服务方式远远落后消费成长的需求,更难以满足方仕日益发展的生产能力。为了建立自己的销售体系,通过对国内外品牌的考察,提出在全国重要城市和地区建立以直营专卖店为核心,锻造一条精练有效、完善通畅、迅速反应的销售渠道销售战略。当然为了进一步扩大市场占有率,公司不能放弃与大商场的合作,同时也适当地引入特许经营店,形成了"三足鼎立"的立体渠道模式。

2014~2016年三年中,方仕陆续开了三家大型直营店,每家直营店的面积都是1000平方米之上。这是方仕营销渠道的亮点,也是销售战略的重中之重。2016年,公司重新打造方仕生活馆,更将营业面积扩大了一倍多,完全按照商场经营的模式进行装修,馆内开设了咖啡厅。为了满足消费者的多元化需求,专门增设了服装及特体定制服务,赢得了广大顾客的口碑。2016年仅这三家店的销售额就达到了3532万元,公司收到了良好的经济收益。

6.3 营销策略

6.3.1 协同优势,应对时尚产业的需求

由于企业的发展规模不断壮大,人工管理的经营模式已不适应企业的发展,问题不断凸现,出现了管理涉后、流通不畅,生产成本大等问题。网络系统的建设是信息化的基础、支撑,是其他系统赖以实现的基础,因此构建一个完整、安全的网络系统,并针对不同安全风险采用相应的安全措施来解决,使网络安全达到一定的安全目

标，是实施企业信息化的先决条件。

企业于 2008 年年初投资 26 万元引进上海百盛数据信息管理系统，并对各职能科室和车间、仓库增加了电脑，新增了 1 台服务器，改造了网络线路和增添了交换机，组成了企业的内部局域网；另投资近 200 万引进格柏服装 CAD 设计系统，初步实现财务、生产、设计、销售的信息化管理，成立了以总经理为组长的信息化管理小组。在软件公司技术人员不断努力下，自 2008 年第二季度财务管理和销售模块开发完毕之后，各模块也都随之按计划完成。项目组根据每个模块的实施，先后编写出操作指南和规范，召开了全体人员会议进行专门布置，然后逐部门逐车间进行落实实施，并对在实施过程中发现的问题进行讨论，对确属程序问题及时进行更改、完善。由于定制了适应企业的数据信息系统软件，它具有机动、灵活、适应各产品所具有的特性等优点，是专业模式化 ERP 软件所不能具备的，为企业的生产经营发挥了重要作用。

方仕在产品设计、CAD 应用方面成就颇丰，特别是采用服装 CAD 设计等手段，大大降低了差错率、提高了设计质量，产生了明显的经济效益，减少了人力和物力的成本及资源浪费。在实施信息化后，明显提高了工作效率，各种基础资料和数据能即时查询，降低了物资库存，各部门反应速度明显提高，所有生产计划的完成情况一目了然，各部门的日常报表和工资考核周期由原一周左右缩短至当天完成。随着信息化的逐步深入，为进一步提高管理水平，根据部门不断提出的需求，方仕计划新增设备管理、客户关系管理、人力资源和办公自动化的模块，并进一步优化已建立的模块，力争在近期内全部实现无纸办公的现代办公自动化的目标。

6.3.2　注重产品技术研发，培养设计人才

公司现有研发设计人员 27 人，其中获中高级职称 16 人，在公司总部成立研发设计中心，每年开发出上千种新款式，特别是貂绒连体尼克服的设计上，方仕改变传统的外壳加内胆设计，根据现代成功人士消费和着装的特点，首先以轻薄高档面料代替厚重的传统面料，运用手工和设备相结合的工艺，研发出轻便一体的连体尼克服，借此方仕在同类服装企业中获得了技术和销量上的成功。

方仕投资近 200 万元引进格柏服装 CAD 设计系统，从硬件条件上改善设计开发中人力劳动投入，通过 CAD 设计软件系统提高设计研发人员工作效率和准确性，加强了服装面料在研发阶段的质量测试，并根据质检报告以及样衣和产前样的制作过程，加强了内控质量标准的建立。"以往我们的衣服面料起球，有时候到了消费者手里才知道，不但影响品牌形象，而且影响经济效益，现在我们在源头控制，做好事前防范杜绝的工作。"销售部人员说。

为了保证品牌研发中心的研发能力和有效激励，加强对研发实施的各类技术创新项目绩效的评估考核，并在项目实施进度上实行跟踪制度，不定期召开会议交流，年

底按照项目进展情况，组织核查，完成计划的给予创新基金奖励。公司出台《方仕工贸研发技术中心建设运行管理制度》《研发人员绩效考核制度》《技术人员继续教育管理办法》三项制度，形成了优胜劣汰的人才竞争和评价机制。在具体的工作实践中，突出以创新攻关项目为重要载体，强化选人、用人、育人、留人四道环节，为人才的引进、成长和提升，创造一个良好的环境。真正做到事业留人、待遇留人、感情留人，持续提升团队建设，集聚行业领军人才，为公司研发创新，打造核心竞争力，提供坚实的人才保障。

6.3.3 提升产品和服务质量，打造品牌核心优势

方仕全面贯彻实施全面质量管理标准，2006年开始先后通过ISO 9001质量管理体系、ISO 14001环境质量管理体系、ISO 18000职业健康安全管理体系认证，保障了产品质量、环境质量、员工人身健康的安全运行。

为了从根本上确保产品品质，方仕严格按照质量管理体系工艺标准要求，从面料采购到生产到成衣出厂等环节上加强细节、检测管理，层层把关。在生产工序上，专注于服装生产的每一个阶段、每一个细节，并在发展过程中形成了针对自身工艺特点的严密科学的针对性质量检验体系。几十道工序制作，每一道工序都制定明确的质量考核准则，使产品质量得到充分保障。生产流程着眼于品质和效率，从一个环节到另一个环节的传递，就像紧密结合的齿轮，有着精确的衔接；一件件产品渐次成型，承诺和标准都被严格地贯彻下去。方仕的员工把每一件衣服都当作艺术品来精雕细琢，每一款衣服都凝聚着方仕人的敬业精神和对卓越的高品质的追求。董事长黄方义说："服装本身就是一种文化、一种艺术，我们在创造生活、创造文化，在市场经济全球化的今天，我们要做更完美的服装和服务，不仅仅是为了赢得市场，而是为了对得起客户对方仕的友情和期待。"（图6-3）。

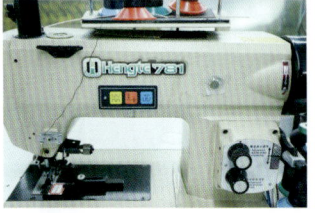

图6-3 方仕：品牌生产间

6.3.4 建立设计创新机制，打造完美服务体系

方仕董事长黄方义在考察了欧洲一些顶尖品牌后有了自己的认识，欧洲很多品牌都有自己的生产中心，虽然不是所有的生产都自己做，但一些最为关键的或是最能体现品牌价值的原料和工艺都自己做，也就是说品牌掌握生产是十分重要的。方仕从很多知名的国际品牌经营模式中寻找经验，珍惜品牌的核心工业制造，也在不断寻找与品牌定位相适应的合作企业。方仕认为做品牌首先要有强大的生产能力做保障。2007年，斥资5000多万元兴建的方仕服装工业园首期工程完工并已全面投入使用；从美国、德国等国引进格柏CAD计算机服装专用设计系统、CAM多层自动裁剪系统，全自动输送吊挂系统等世界先进的设计、生产线；从日本引入300台重机各种缝纫设备、Lectra公司的电脑设计、制板、排料，达到年产50万件男士精品休闲系列的生产能力。

凭借精湛的工艺水准，方仕已经和一些国际品牌建立了长期合作关系，积累了丰富、专业的ODM国际业务服务经验。方仕坚持从客户的立场出发，"客户是我们永远的伙伴"，以人性化的客户服务、精湛的工艺水准，及时、准确地为客户提供稳定的、高品质的产品；方仕始终贯彻客户至上的原则，在长期服务过程中形成了一整套的、为各品牌发展商提供全面配套支持"全面质量服务体系"。同时，公司根据品牌客户不同的风格定位，从板型修整、定样，到提供最新最快的面料信息和样品，再到选料、定料、签约、生产物流、售后服务等业务环节，都会派专业人员对合作伙伴给予"点对点"的跟踪服务。方仕始终坚持"我们不仅销售制造能力，更销售完善的全质量服务体系"这一理念，正是依托了这种优异的综合服务体系，方仕的品牌公司和合作客户分担了来自设计和制造环节的所有工作，使他们能更专注于其品牌的推广与事业的发展。

6.4 综述

无论是作为交流服装文化的使者还是成功的时尚品牌，方仕展现的不仅仅是对潮流的敏锐洞悉，还有对服装产品的设计创新。"笑看风云，智珠在握。"未来的方仕将通过品牌的引进和开发、尖端产品的设计和加工、服务项目的建立和扩大，稳步扩张，以专业化的产品设计和品牌形象设计，全方位的塑造出一个在服装产品中独树一帜的品牌。【资料提供：李慧萍】

7 杰奥：用品牌力量践行北京精神

7.1 品牌概述

杰奥，专业羽绒服品牌，注册于1997年，隶属于1994年创建的北京杰奥制衣有限公司。

品牌定位于中高端人士，服务于不同年龄层次、讲究生活品质感的顾客，提供立体化的御寒着衣解决方案，不同的款式风格贴合顾客在不同场合的需求，让每一个顾客都能从中找到适合自己的产品，使美丽不再冬眠。

杰奥品牌涵盖成人羽绒服系列产品、儿童羽绒服系列产品、羽绒小件中老年保健系列产品、羽绒被系列产品等。其代表性产品是成熟女性羽绒服，从成熟女性的体型、时尚性、保暖性等需求特点为出发点，具体特点为设计风格典雅、加长保暖、加厚充绒、大码加肥不加长等，专为成熟女性客群度身打造舒适、保暖、时尚、实用的优质羽绒服产品（图7-1）。

图 7-1 杰奥：品牌标志

杰奥构建了线上线下并重、以工厂直营店为特色的立体营销渠道。办事处（分公司）、直营店、专卖店、加盟客户、大中型商场专柜、等线下渠道群芳竞秀，京东、天猫等主流电商平台后起直追，以北京为中心，辐射河北、山东、东三省的30家直营工厂店更是独具特色。产品覆盖全国30个省市，并远销北美、东欧、澳洲等多个地区。

经过近20年的发展，杰奥产品质量与品牌设计均得到业内认可，成为中国羽绒服领军品牌之一，建立了年产数百万件羽绒服及各种休闲服饰的生产基地，占地面积约5万平方米，有"北方最大羽绒服生产基地"之称。杰奥集团以其在羽绒服装行业的产业链、资源优势、品牌优势和技术优势，成为中国羽绒服装品牌的领军企业，其时尚的外观，卓越的品质受到广泛的认可，收获了多种荣誉和挑战。"中国驰名商标""北京十大时装品牌金奖""北京知名品牌""北京优质产品""北京时装之都热销服装品牌营销金奖""北京优质产品""北京最具文化创意十大时装品牌""最受欢迎品牌"等多个荣誉，被杰奥尽收囊中。

7.2　品牌发展历程

1990年1月，公司在北京初创，五位血气方刚的青年，立志事业，转行步入服装行业。伊始，销售各式服装，继而定型休闲装，并以男式休闲装为主。以零售为主导。1994年3月，杰奥筹建自己的服装生产基地，形成产销实体雏形。

1997年，注册成功杰奥品牌，并转入羽绒服装行业。1999年，杰奥公司服装生产基地移入北京大兴工业开发区。1999年，杰奥产品被中国服装协会评为十佳畅销品牌、消费者信得过产品。杰奥率先倡导羽绒服时装化的理念。引入ERP物流管理系统，完善营销网络，为网络扩展打下坚实的基础。2000年，杰奥公司通过ISO 9000认证，在行业内率先以名人为企业服务，著名皇帝影星张铁林先生作为品牌代言人，用名人广告效应助推企业发展，并开始谋划海外服装市场。

2001年，杰奥注册合资企业FLASHGEO Holdings Canada lnc，把企业网络拓展到海外，提升了企业的竞争力，使企业稳步发展到集团经营的模式。旗下的FLASHGEO是在美国、加拿大和欧洲注册的全国性品牌，专卖店已经覆盖美国、加拿大、欧洲、澳大利亚等全球众多国家和地区。2006年3月，杰奥荣获国家合格评定质量信得过好产品。2006年5月荣获2005~2006年中国羽裳杯白金奖。2006年6月荣获"最具影响力品牌"称号。2006年6月荣获第五届羽裳博览会"消费者满意奖"。2007年6月荣获2007年羽绒服装产品质量检测优等品。2008年4月，杰奥荣获"中国驰名商标"。2008年10月荣获2008年国际服装节"优秀自主品牌"称号。2009年1月，杰奥成为中国羽绒工业协会第四届理事会理事单位。

2009年，杰奥于多家著名线上平台开设旗舰店，拉开杰奥进军电商领域的帷幕，标志着杰奥与时俱进的历史新时期盛大开启。2009年7月，杰奥荣获2008~2009年度中国服装协会羽绒服装博览会"畅销品牌"奖。同月，杰奥荣获2008~2009年度"最受欢迎品牌"奖。2009年9月，杰奥荣获2009年"北京十大时装品牌"。2010年2月，杰奥荣获2009年度"北京品牌服装营销金牌"。2010年6月，杰奥荣获2009~2010年度中国服装协会羽绒服装博览会"畅销品牌"奖及2009~2010年度"最受欢迎品牌"奖。2010年9月，杰奥荣获2010年"北京十大时装品牌金奖"。2010年10月，杰奥荣获2009~2010年"中国市场畅销服装品牌"。2011年3月，杰奥荣获2010年度"北京时尚热销服装品牌营销金奖"。2011年4月，杰奥荣获"北京知名品牌"称号。2012年4月，杰奥荣获2011年度北京时装之都"热销服装品牌营销金奖"。2012年6月，杰奥荣获2011~2012年度"最受欢迎品牌"奖。2012年7月，杰奥荣获2011~2012中国市场畅销羽绒服品牌。2012年9月，杰奥荣获北京时尚之都建设"讲诚信重质量贡献奖"。2012年10月，杰奥荣获"北京优质产品"称号。2013年3月，杰奥荣列2012年度同类产品市场销售前四位。2013年5月被评为中国服装协会质量检测优等品。2013年6月，杰奥荣获中国服装协会2012~2013年度"最受欢迎品牌"。2013年9月，荣获2013"北京最具文化创意十大时装品牌"。2014年6月杰奥品牌喜获"北京时装之都"三大奖项——"2013年度北京时装之都热销服装品牌""2013年度北京时装之都热销服装品牌营销金奖""2004~2013年度热销品牌十周年特别荣誉商业贡献大奖"。2015年杰奥羽绒服获"北京优质产品"，2016年杰奥被评为第六届北京知名品牌。

杰奥作为国内起步较早的专业羽绒服品牌，二十年一路走来，积累了许多经典款与经典制作工艺，始终传承四层防跑绒制作工艺，不盲目跟随潮流，以匠心、初心、良心呵护品牌成长，在一次次的艰难转型中爱惜羽毛、固守底线。

7.3 营销策略

7.3.1 产品：创新不竭，时尚转型

"创新"是"北京精神"的精髓，即突破常规、推陈出新。作为总部位于北京的品牌，杰奥品牌的经营品类虽然仅为羽绒服，但一直保持创新的脚步不停歇。杰奥的代表性产品是成熟女性羽绒服，从成熟女性的体型、时尚性、保暖性等需求出发，具体特点为设计风格典雅、加长保暖、加厚充绒、大码加肥不加长等，专为成熟女性客户量身打造舒适、保暖、时尚、实用的优质羽绒服产品。但杰奥同时注重品类拓展，开发了儿童羽绒服系列产品、羽绒小件中老年保健系列产品、羽绒被系列产品、杰奥羊绒羊毛系列产品、杰奥休闲裤系列产品等上千种商品。2012年，杰奥推出产品细分战略：运动系列动感光泽、手感柔软、时尚轻便，营造青春靓丽的视觉感受；休闲系列多选用斜纹压光面料，手感厚实，营造出闲散时尚的休闲态度；经典系列多用锦纶、涤纶、花瑶等经典面料，高贵典雅、现代时尚，充分发挥御寒保暖的功能。

杰奥首倡羽绒时装化的概念，一改传统羽绒服臃肿的外形，舍弃简单的色调堆积。在产品开发上，杰奥聘请国内外优秀服装设计师，始终以东方审美观来诠释流行，融欧美一线设计元素于一体，并在美国和加拿大成立设计开发分部，紧跟世界服装流行潮流。目前杰奥聘请国内多位知名设计师建立团队，设计人员的平均年龄虽在35岁以下，但却有着六年以上比较丰富的从业经验，由于设计师的年轻有为，再加上杰奥每年定期安排设计师到日本、韩国、欧洲等地收集元素，使得杰奥的羽绒服装更具时尚感、更加国际化（图7-2~图7-4）。

在生产加工方面，杰奥20年坚守品质不妥协，坚持匠心工艺标准。杰奥的每一件产品都符合国际标准，含绒量达到90%以上，原料具有绒朵大、蓬松度高的特点，穿着起来更加柔软和舒适。杰奥面料采用国际一流的进口面料，颜色鲜艳，手

图 7-2　杰奥：2017 年新品羽绒服 1

图 7-3 杰奥：2017 年新品羽绒服 2

图 7-4　杰奥：2017 年新品羽绒服 3

感柔软，透气性好。运用先进的技术方法，选取用享誉全球的"杜邦"技术，采用产自韩国、日本及中国台湾地区的精纺高织度面、里料，杰奥夹层选用美国杜邦公司的 TVK 材质，防露绒、防透色的效果更加理想。而在缝制时，杰奥则使用了德国"GROZ"防绒针，杜绝漏绒跑绒。杰奥工厂位于北京市大兴工业区盛坊路，占地面积逾 5 万平方米，有上千工人的加工车间，更有"北京最大羽绒服生产基地"之称。

杰奥数十年中稳步发展，始终坚持"以诚信为本"的经营理念。在原、辅料采购中，追求高标准、严要求，且全部达到国家环保要求。通过 ISO 9000 系列国际认证质量标准的生产、制作工艺使产品不仅美观大方、时尚流行且工艺优良、材料新颖、技术卓越，从而打造出"杰奥"这个深受消费者喜爱的羽绒服品牌。

7.3.2 渠道：立体布局，特色鲜明

杰奥公司以自主品牌为核心战略，销售网络布局线上线下并重、直营代理兼有，建立了覆盖全国的省级分公司和办事处，及由上千家专卖店、专厅，上万人销售队伍，组成的庞大立体销售网络，并以北美和欧洲分公司为支点拓展海外市场，已在四十多个国家建立了销售网络。杰奥坚持"合作之源是共同利益，合作之本是共同理念"的原则，提出转变传统经销商与厂家的交易型关系，与经销商建立合作伙伴关系。定期对经销商进行系统培训，让经销商与公司拥有共同的经营理念。公司在做好国内市场的同时，而且还积极开拓海外市场，产品已销售到俄罗斯、美国、加拿大等国家和地区。据最新统计，杰奥中国各销售渠道占比数据如下：办事处（分公司）占 30%、直营店占 20%、专卖店占 20%、加盟客户占 5%、大中型商场占 20%、电商平台占 5%（表 7-1）。

表 7-1 杰奥实体门店数量变化情况

年份	门店数量（家）	年份	门店数量（家）
2007	964	2012	1568
2008	1220	2013	1430
2009	1482	2014	1145
2010	1525	2015	973
2011	1737	2016	779

在电子商务如火如荼的今天，随着人们生活习惯的改变，网络渠道的爆发力日益凸显，有部分传统品牌对于新形势选择保守而错失良机。杰奥仅仅抓住时代赋予的机遇，于 2009 年成立杰奥在线商贸有限公司，借力电商平台，入驻实力电商平台天猫、京东等建立多家旗舰店，多层次发展电子商务渠道，分别建立男装羽绒服、女装羽绒服的线上旗舰店，拉开杰奥进军电商领域的帷幕，标志着杰奥与时俱进的历史新时期盛大开启。杰奥坚持"温暖中国家"的服务宗旨，为消费者倾力打造羽绒服装

专业网络营销平台，全程为用户提供人性化的服务，努力为用户创造亲切、轻松和愉悦的购物环境，扩大分销市场份额，建立品牌管控中心融合新兴渠道与传统渠道；打造"杰奥生活馆"引领生活方式的改变，从买衣服到美好生活的憧憬的实现。杰奥提出了符合现状的B2B2C的模式，建立线上的品牌中心管控体系，最终将实现线上线下的融合。至2016年年底，电商平台销售额已积累过亿。电商作为实体的创新源泉，不仅是销售新渠道，更是新型品牌管控中心，垂直服务的线上营销基地，充当着线上直营工厂店的角色，打通线上线下，整合资源，为广大会员提供基于互联网上的便捷购物通道，为将来的线上销售、线下体验夯实基础。杰奥在线（天猫、京东旗舰店），全心全意专注于消费者的羽绒服装消费，在不断提升杰奥旗舰店知名度的同时，让参与的消费者省时省钱，全力打造合作共赢的网络购物平台。杰奥深知，只有始终发挥自身优势并坚持共赢原则才能保持高速的发展，成为羽绒服装网络销售领域的主力军。

工厂直营是杰奥渠道布局的鲜明特色。2009年，杰奥启动了工厂直营店策略。"工厂店"对于厂商具备展示、拍卖、销售、物流等一系列交易功能，对于广大消费者则是获得真实体验的绝佳载体。舒适的购物环境、优质的产品、丰富的款式和颜色、优惠的价格、完善的售后服务及专享的会员服务，让杰奥工厂店在整个营销渠道中扮演了重要角色。杰奥工厂店采用从工厂直接到消费者的销售模式，减少中间商环节，最大让利给顾客。工厂店除销售杰奥各类产品之外，还提供产品咨询、特体定制、维修服务、团体购买等服务项目。更有会员计划，会员持卡购物终身享受8.8折，定期举行积分回馈活动。其中坐落于大兴工业区的总店开设于2009年1月，占地6000平方米，有"北京最大羽绒服展厅"之称。在这里消费者不仅可以买到时下最新款、最时尚的羽绒产品，也能淘到价格超值的反季精品。随后相继开设了昌平、鲁谷、石佛营、黄寺、花市、清河、上地、四道口、马连道、亚运村、涿州工厂店等十余家杰奥羽绒服工厂店，遍布京城面积均达千平方米以上。杰奥目前有直营工厂店30家，以北京为中心，河北、山东、东三省环绕着北京城。

7.3.3 运营：知雄守雌进退裕如

知雄指及时关注市场及消费需求的实时变化。杰奥在原有传统羽绒服基础上，逐渐转向秋羽绒、轻薄羽绒、羽绒复合产品转型，推出"轻、薄、美"的时装化羽绒服。跨界融合，将羽绒与裘皮结合、羽绒与皮质面料结合，开发上突破传统采取复合、金属丝、棉等多种材料，将羽绒服装由传统的"面包"服向风衣、西装、衬衫、休闲装等多品类发展，将功能性服装向时尚、商务、休闲、度假方向拓展，在产品格调上突出设计元素、体现文化韵味。加大新产品、新面料、新思路的研发全新投入，引进新机制，鼓励原创、鼓励文化底蕴的积累与新思想、新文化的融合。

守雌指面对国内同行的上市风以及资本运作的冲击，杰奥在做大做强与做优做强中选择后者，在可控的范围内扎实推进运营管理的创新之路，珍爱品牌即是对品牌的客户负责！近年来制造业成本上升巨大，对于羽绒制衣这样工艺复杂、季节性爆量、突发订单需求多的产品，受人工成本波动的影响更大。为适应对市场变化的快速反应能力，强化精益化生产。通过对系统结构、人员组织、运行方式和市场供求等方面的变革，使生产系统能很快适应用户需求不断变化，最终达到包括市场供销在内的生产的各方面最好结果。同一条流水线可以生产不同的产品、适时供应、多技能和具有团队精神的劳动力、对生产过程不断改进的动力与能力。从而实现"多品种""小批量"的无缝式快速供应。杰奥拥有庞大的工厂店体系为互动营销提供了极为便利的条件。本着客户喜爱、回馈客户的理念，建立基于会员制的直营网络，实施会员专享折扣，从而完备客户信息数据、促进客户的重复购买、有效的支撑关联销售、建立长期的客户忠诚，并且能实现顾客利益的最大化。发起会员积分换礼等活动，十分成功地进行互动营销的良性循环。会员享有售后服务方面得天独厚的优势。工厂店能直接维护消费者利益，支持体验式购物，并对其购买的商品进行跟踪顾问和终身保修。

7.4　综述

杰奥，作为中国驰名商标，羽绒服领军品牌，首都北京知名服装品牌，以"温暖中国家"为服务宗旨，以给消费者带来"真的关怀，真的温暖"为己任，厚德天下；知雄守雌，坚守品质，时尚转型，设计创新；国际接轨，秉持东方审美，引进新设计、新面料、新工艺消化吸收，渠道建设多种形式立体推进，兼容并包。可以说，杰奥正以品牌之力践行着北京精神。【资料提供：于涛】

8 蓝地：见证中国品牌的创造实力

8.1 品牌概述

蓝地集团是由北京东方蓝地服装股份有限公司、北京美服蓝地服装有限公司、北京杰斯蒂尼商贸有限公司、北京环亚蓝地服装有限公司、北京蓝地时尚庄园生态农业有限公司、北京环宇蓝地商贸有限公司、蓝地澳门服装有限公司组成的大型服装时尚产业集团。集团创立于1990年，总部位于北京CBD核心商圈，董事长为肖文玖先生。蓝地集团女装坚持品牌发展路线，以"打造中国一流女装品牌，为优雅女人创造多彩与自信生活"为品牌使命。力争在五年之内将蓝地品牌地位、市场占有率提升至全国女装品牌排行前十位。

蓝地集团集设计、开发、生产、销售于一体，拥有一支精湛的设计和技术队伍，在立体裁剪、设计制板上拥有先进的工艺，并在同行业中率先使用CAD系统。销售管理上拥有先进的计算机网络控制系统，营销体系完善。蓝地时装多次荣获各商场最佳设计奖、最佳销售奖等殊荣，并于1997年至今稳居北京亿元商场女装销售前十名。蓝地的销售网络覆盖了北京、上海、武汉、深圳、天津、长沙、沈阳、长春、兰州、成都、西宁、徐州、苏州、大连、青岛、南京、杭州、哈尔滨、澳门、新加坡等地（图8-1~图8-3）。

蓝地集团旗下拥有LANDI、landi1990、JESTINEE、S.S VIVIAN四大服装服饰品牌，直营店铺超过300家，占据了中国一线城市的高端商场。秉承于集团国际化发展的战略，2013年起，蓝地集团相继在海外地区包括新加坡、中国澳门等地设立品牌旗舰店及生活馆（图8-4、图8-5）。

LANDI品牌女装定义于都市时尚商务女装，秉承知性、简约、精致、优雅的服饰理念，巧妙地运用色彩搭配和自然裁剪，展现女性简约、优雅的特质。其"成熟中散发着青春魅力、优雅中蕴含着时尚信息"的独特时装文化，吸引着越来越多崇尚完美的现代女性。LANDI品牌女装汲取欧洲时尚元素，注重国际时尚流行元素与本品牌定位的精粹融合。研发设计团队深入以法国、意大利为代表的时尚策源地采风，从世界各地的文化与艺术中汲取创作灵感。每季产品汇入文化与艺术交融的美学形态，打造符合日常着装需求的经典时尚高档女装。LANDI品牌女装在版型上注

图 8-1 蓝地:蓝地形象大片

图 8-2 蓝地：品牌形象宣传大片 1

图 8-3 蓝地：品牌形象宣传大片 2

图 8-4 蓝地：北京翠微终端店面

图 8-5 蓝地：天津终端店面

重亚洲女性的穿着需求，裁剪线条简洁流畅，做工精湛唯美，品位不凡高贵，力求服装与人体的完美结合。采用经典的版型和精心的工艺，高端考究的顶级面料，使穿着者体验舒适美观。悉心打造的精美配饰与服装相得益彰，让LANDI崇尚完美的品牌内涵通过每一个细节得以精确诠释。LANDI品牌女装以都市白领女性为目标顾客群，定位于25~45岁之间，受过良好教育、高收入、品位高雅、对生活品质追求完美的成功人士，充分考虑其日常工作与生活方面的着装需求，注重服装品类的丰富度与配饰的综合运用。LANDI品牌女装以高雅的设计风格、经典的版型、考究的面料和完美的细节立足于国内与国际市场，博得了崇尚高品质生活的时尚女性的青睐。

JESTINEE（杰斯蒂尼）品牌，源自欧洲时尚艺术之都意大利佛罗伦萨。为了更好地开拓中国市场，JESTINEE聘请意大利华裔设计师VANESSA.Z担当设计创意总监，并与国外设计师团队交流合作，依托有二十余年中国服装市场营销经验的蓝地集团，于2010年正式登陆中国市场，JESTINEE以28~45岁品位高雅、追求完美生活品质的现代女性作为客户目标，主推顶级时尚女装，强调华丽得体的色彩和多元化的搭配方式，不刻意彰显个性和性感，只是细细描绘出女性自身的典雅优美，低调内敛。

S.Svivian（茜茜薇恩）女装成立于2000年，先后在内埠及外埠一线商场开设专柜，显示出很强的竞争实力和提升空间，销售业绩逐年稳步递增，在多家商场销售一直稳居楼层前5名。

北京蓝地服装加工分公司，于1999年成立至今，已发展成为拥有数百人的现代化花园式工厂，拥有独立专业的工服生产研发设计队伍。2006年公司进行了全新的设备改造和更新，现有七条高速平缝生产线、一条高档针织生产线，所用机器均为国际品牌产品，日本进口专业兄弟三线包缝机、电脑平缝机，服装定型机大型压胶机以及日本进口圆头锁眼机等，年生产量达40万件套。重金引进的国际先进设备使公司加工效率和产品品质达到国际领先水平。

北京F.I.D国际服装设计学院是蓝地服装加工公司与集团旗下的F.I.D服装学院共同组建的，第一时间获取国际最新流行元素和先进的设计理念，并可24小时收看法国fashionTV电视节目，接收最新资讯。

蓝地集团还建有餐饮企业——北京金色百合餐饮有限公司，旗下酒楼定位为中高档海鲜、融合创新综合酒楼。面积近4800平方米，含38个包间、内设180个席位并配有专业音响的大宴会厅、欧式小宴会厅、咖啡厅、酒吧，可承接大型婚宴、酒会、年夜大餐，可同时容纳500人就餐。

蓝地集团旗下零玖玖汽车服务有限公司成立于2009年，坐落于北五环，投资

300 余万元，占地面积约 1000 平方米，公司是集汽车维修、汽车美容、汽车装饰、汽车百货、汽车清理、汽车保险业务于一体的综合性汽车服务企业，配备最新最现代化的专业维修设备。我们将以专业、优质的服务为核心，为有车族提供方便、快捷的系列化汽车服务，成为消费者身边的汽车服务专家。

蓝地集团发展的同时，亦不忘造福社会。肖文玖董事长以一颗"向善之心"，带领企业积极参与各种社会慈善活动，先后向红十字协会等捐赠达数百万元的物资。蓝地集团还致力于推动教育事业，联合北京服装学院、北京青年政治学院、北京工业大学等知名院校，培养扶持了大批年轻的艺术和设计人才。

8.2 品牌发展历程

8.2.1 在梦想与挑战中诞生"中国自己的品牌"

1990 年改革开放初期，肖文玖先生怀揣着"做中国自己的品牌"的梦想，开始了他的艰难并富有挑战性的品牌之路，LANDI 由此诞生。

1991 年蓝地第一家北京东四专卖店开业。在这里，肖文玖先生发掘了他人生的第一桶金。拥有了自己的店，实现了自己最初的品牌梦想。

1992 年中国服装业处于百废待兴时期，肖文玖先生初步积累了一些资金，他将目光投了服装教育事业，与央视教育频道合作开办了全国服装业电视教育培训讲座，聘请著名的服装专家学者，汇集编纂培训教材和辅导资料，培训讲座历时两年，获益的学员多达上万名。这是改革以来在中国服装行业内举办的第一次全国范围的电视教育培训，对中国服装业从业人员专业水平的提高起到了极大地积极推动作用，取得了广泛的社会影响。同年，公司从三里屯搬至朝阳和平西街南里小院，从此开始了肖文玖先生品牌之路的第一次飞跃。

1994 年公司开始发展壮大，办公场地面积从 200 平方米发展到近千平方米。与此同时，肖文玖先生第一次领悟到企业发展的核心是价值观，真正意义上的竞争对手不是别人，而是自己。

1995 年蓝地销售额达到千万元，蓝地品牌走出北京，走向全国，迈出了坚实的一大步。

8.2.2 在竞争与转型中实现质的飞跃

1999 年蓝地筹建了自己的服装加工厂。

2000 年肖文玖先生创立了第二个品牌 S.S VIVIAN，公司的产品结构中多了一个崭新的、更加年轻的时尚品牌。

2002 年肖文玖先生始终放不下对时尚教育的热爱，倾注全部积蓄开办了 FID 服装设计学院。学院的建筑结构是当时最开放、最前卫的 LOFT 风格，教学环境堪称现代教育典范，配备了最先进的电化教育室、设计课室、CAD 课堂、时尚 T 型台等。在授课内容方面，肖文玖先生综合采用了国际近十所院校的教学大纲课程体系，推出了全新的设计、制板等教学课程，所有课程都从市场调研开始并贯穿课程始终，非常具有现实的教学意义。学校还邀请了法国 ESMOD 校长、香港理工大学校长、欧洲时尚杂志社社长、美国 FIT 教授、日本著名工艺造型师等众多国际时装行业翘楚来校交流授课。至今接受培训的 300 多名学员甚少改行，大多成为各服装企业设计专业的领头人。办学影响力如此之大，学校还接待了北京市级人大代表、区级人大政协委员、教育部、外交部等领导的参观访问。

2004 年年底，蓝地公司总部第三次搬迁，从胜古南里搬至位于 CBD 商圈的后现代城。公司无论从规模、办公环境还是现代化程度均大大提高。产品风格也有了极大的提升。

2006 年蓝地总部第四次搬迁，为满足品牌发展的需求，蓝地搬至另一处位于 CBD 商圈的华腾国际大厦，办公面积近 1500 平方米。公司高管层修订了企业文化，明确提出"做中国自己的大品牌，使之遍布全国走向世界"的企业愿景。

从 1997~2007 年这十年间，蓝地公司发生了质的飞跃。从一个梦想实现品牌的作坊蜕变为一个初具规模的企业。这十年里蓝地推出了许多备受追捧的经典之作：AB 配女士套装连衣裙，线条简单款式优雅的大衣，重磅真丝衬衫等，风行于整个北京城。蓝地品牌在这十年的竞争中越发成熟，从职业装品牌逐渐向高端时尚品牌转型，在北京各大商场中仅列于国际奢侈品品牌之后。

8.2.3 在变革与开拓中走向国际化

2007 年 9 月，蓝地公司开始朝着国际化、集团化方向发展。公司在寸土寸金的 CBD 商圈修建了面积约 6000 平方米的蓝地大厦，耗时一年建设完毕，从此蓝地有了自己的集团总部。同年，公司旗下 LANDI 店铺发展至 100 家。店铺品质逐步提升，品牌市场认可度扩大。

2010 年蓝地品牌店铺发展为近 150 家。

2012 年进军国际市场，成功在新加坡开设了第一家海外店铺。实现了肖文玖先生的品牌国际化发展的愿望。同年 9 月，蓝地进军澳门市场，在中国澳门金沙和威尼斯人开设了品牌旗舰店（图 8-6、图 8-7）。

2012 年经过三年的建设，蓝地时尚庄园落成开业，它是京北地区一处灿烂的明珠，被称之为北京的后花园。庄园占地面积 120 亩，绿树成林成片，湖泊碧波粼粼，青草泱泱，鸟语花香，堪称"时尚、经典、绿色、环保"八字为一体的园区群落。庄园发展至今，以亲子婚庆、商务会议为主题的经营成效显著（图 8-8、图 8-9）。

2012 年开始聘请意大利国际团队负责产品研发。

图 8-6　蓝地：澳门威尼斯人旗舰店 1

图 8-7　蓝地：澳门威尼斯人旗舰店 2

图 8-8 蓝地：蓝地时尚庄园格式工厂别墅

图 8-9 蓝地：蓝地时尚庄园星光秀场

2013年公司开始规划更深度地变革，为使得品牌更强更快地发展。公司用了一年多的时间完成了现代企业制度的改革，转变为具备先进理念的股份制公司，大大激发了高层管理者的热情和责任感。

2014年深化企业结构调整，明确提出成立以市场为导向的管理结构。2015年，在北京市政府的支持下，蓝地集团在世界时尚之都米兰设立了研发中心，未来还将把部分生产中心转移至意大利。至此，组建了以北京设计工作室，米兰创新设计工作室，深圳设计工作室三位一体的立体品牌设计结构。借力于世界一流平台使蓝地集团的国际化路线走得更宽、更广。

8.3 营销策略

8.3.1 甄选强势平台进行品牌推广

在二十多年的发展中，蓝地始终坚持做好中国品牌的情怀，并为之不断调整和创新，使蓝地品牌的发展继续保持优势，开拓新的领域（图8-10）。

品牌推广是蓝地做大做好品牌的秘诀之一。蓝地成立了活动小组，专门负责推广活动的策划与执行。以"宁可不参加活动，也不能降低品牌地位"为宗旨，从多维度研究活动意义，确保活动价值，扭转终端人员无活动不卖货的固有思想，小组成员三人，由企划把控活动本身，财务把控利润，营运执行落地反馈，最终达到帮助店铺赢利的目的。活动小组制定了完整的活动模型，后面会为大家进行讲解和培训。活动小组的高度专业性使蓝地的终端推广活动取得了非凡的影响力。以蓝地2017春夏大秀为例，这场活动的成功举办赢得了行业的各界赞誉，是蓝地历史发展道路上的重大里程碑事件。值2016首届北京时装周举办之际，蓝地作为北京时尚产业突出的领军品牌领衔开幕大秀，以

图8-10 蓝地：品牌秀场

"LANDI 1990"为主题，代表北京向全球发布了 2017 春夏流行趋势，通过 60 套高品质的精美服装作品，展示了"传承文化、领先技术、高标品质、无限创意"的新时代中国时尚创造实力。当天到场的不仅有市委各级领导，还有众多演艺明星、时尚博主、时尚达人等，聚焦了上百家媒体的广泛关注和争相报道，共同见证了蓝地沉淀 26 年所展现的实力和影响力。接下来蓝地已经陆续在全国各大重要城市进行巡展活动。

8.3.2 以供应链改革带动企业实现质的飞跃

公司的领导层对供应链管理和商品企划十分重视，尤其是意识到了供应链改革对企业发展的重要性和意义，供应链的改革是蓝地改革之路的重中之重，改革带来的成效会在 2017~2020 年有质的飞跃。

公司的改革和发展也需要通过外部动力来推进。2016 年 5 月，蓝地引进了中科院专家咨询团队，为帮助公司削减库存，提高店铺评效。在引进咨询专家团队的同时，蓝地迅速成立了商品企划中心，将与产品紧密相连的商品企划部、陈列部、货品部三个部门凝聚为一个团队。商品企划中心密切关注库存和市场变化，通过准确的市场调研、严谨的数据分析、科学的归纳，制订符合蓝地品牌规划的商品企划案。同时，商品企划中心会实时跟踪终端货品问题，制订合理的分配、调并和促销方案，加强货品在终端的流通速度，从而提升产品消化率。公司要求企划中心的每一位货品专员和陈列专员对所负责区域店铺的情况了如指掌，第一时间发现并解决店铺日常出现的问题，从而更好地为终端服务。这是蓝地集团发展至今第一次进行这样的组织架构调整，已经取得了明显成效。

为配合集团的供应链改革，蓝地自有加工厂打破以往按计划生产的常规，转变为按需生产。今年冬季畅销款羽绒服首次进行拉式补货，成效显著，从采购到入库仅用一周时间，相较以往 1~2 个月的周期，效率大幅提升。自有加工厂仅用 3 个工作日即可生产出第一批追单产品到店销售。公司每天开会汇报终端缺货信息、面辅料信息，未来终端的缺货日期不会超过 7 天，保证以畅销品提升销售业绩。

8.3.3 循序渐进推进渠道整合创新

蓝地集团 2016 年制定了以终端、工厂店、电商三个渠道为支点的市场经营策略，为工厂店和奥特莱斯店成立了独立的研发部门，借鉴国际奥莱店铺运作的通用模式，在削减库存产品的同时，增加创新款式的研发设计，重视店铺的视觉陈列形象，预计 2017 年工厂店将在京津冀地区扩展为 20 家店。

同时，加强电商渠道的发展，合理有序的发展全网渠道，紧抓天猫、唯品会和京东三大渠道，发挥供应链优势，做好服务与创新，尝试 O2O 模式，实现线下与线上联动，针对各平台的大型活动建立合理的活动规划与营销方案，预计 2017 年电商将实现 150% 的业绩增长。

　　以往集团对终端管理主要以《店铺管理手册》为工具，强调终端的执行情况，效果不是很理想。现在公司直接与大区总和区经进行沟通，从垂直化管理转变为扁平化管理，要求大区总从以往的促销者转变为实际的管理者，充分发挥工作执行力的带头作用，积极引导员工朝着正确的方向前进，确保按时、保质保量地完成各项工作任务与目标。公司近期与大区总面对面沟通研究了各大区各单店的利润情况，帮助大区总深入了解了所管辖区域店铺的实际经营状况，大区总经历了从最初的茫然、到知晓、再到最后认可的过程，最终在赢利模式思想上与公司达成了共识。没有利润的店铺公司坚决不做，因此公司裁撤了部分负利润店铺，集中精力去提升优秀的利润店铺，目的是为了今后更好的发展。2017 年蓝地将重点开发优质百货和购物中心，大区总可以与开发部互动，协助甄别市场优劣，帮助集团进行更加优质的市场布局。

8.4　综述

　　蓝地集团历经二十余年的稳步发展，确立了以高档品牌女装、餐饮、服装学院、高档休闲园区等多元化、专业化发展的经营方向，逐步发展为拥有员工数千人的大型综合性集团公司。

　　产品是品牌之根本，蓝地一直非常重视产品研发。过去的两年，蓝地同意大利专业设计团队的合作取得了良好的成效，从 2016 年开始，为了积极顺应市场的变化，LANDI 品牌将目标客户定位逐渐转向于正在职场努力打拼的"80 后"女性，将 2017 春夏产品风格进行了大胆的调整，变得更加年轻、时尚、贴近市场需求，为蓝地集团未来开拓购物中心的市场战略布局打下了良好的基础。在调整 LANDI 产品风格定位的同时，也重新明确了 landi1990 品牌的意义和作用，2016 年该品牌店铺已经发展为 18 家，在 2017 年会有更好的形象展示。【资料提供：肖文玖】

9 朗姿：高端跨界，开启中国时尚新境

9.1 品牌概述

朗姿（LANCY FROM25），中国高端时尚品牌，拥有国际视野及国际影响力。朗姿品牌2000年诞生于中国传统文化的集散地——北京，针对25~55岁的事业有成、追求自我展示的都市成熟女性，向其提供完整的适应多种场合穿用的服装系列，引领女性成就者着装品位的高级时装，演绎由内而外的美丽，内外合一的女性成熟美，展露女性美由心生、从容至美的风范。

Lancy的品牌名称来源于时装之都法国一个风光优美、历史悠久的古城，Bourbon-Lancy（波旁朗西）。Bourbon-Lancy镇始建于中世纪，位于波旁王朝第一任君主Anseide建成的城堡附近。它今天仍然风景如画，古香古色。Lancy From 25承袭这古老的名号，散发柔美光晕，雍容盛放。

朗姿产品系列分为"永恒朗姿""时尚朗姿""日常朗姿"三大主题，产品风格以商务装和日常装以及少量礼服为主。朗姿以丰富的细节和精湛的工艺打造出高品质女装，诠释出女性对于时尚的大胆追求，品牌以奢华、经典、优雅著称。朗姿的经典版型将女人的柔美曲线与感性的一面优雅结合，将女性的气场在职场和各种社交场合无限延伸。

经过多年的沉淀，朗姿凝萃时装精华，于2013年推出专为高端女性量身打造的高级日常系列——liaalancy，打造高端女性独特魅力。

朗姿品牌奢华中蕴藏精美细节，绝大部分欧洲、日本、韩国进口面料，在注重剪裁和设计的同时，更强调独有的华丽与时尚感。

朗姿的顾客有丰富的人生阅历和生活沉淀，有较高的社会地位和成就感，拥有超大的气场和上层生活圈，服装不再是单纯的功能性满足，更加注重场合和身份需要。而每个女人都有不同的审美标准，朗姿品牌用不同的设计线，演绎更加丰富的产品风格，满足不同生活阅历的顾客群体。

朗姿品牌所属朗姿股份，是一家致力成为成就"泛时尚生态圈"的互联网化和国际化的一流时尚产业集团。在多年的发展过程中，集团及时把握服装行业的历史机遇，依托优异供应链整合能力，采用自营和经销相结合的经营方式，建立了8个

品牌女装互为支撑、资源共享、覆盖面广且深的营销中心。截至 2016 年年底，共有 445 个销售终端，选址均位于国内大型高端商场、SHOPPINGMALL，并培养了一个忠诚、稳定、庞大的客户群，目前拥有 VIP 客户 13.57 万余人。经过近四十年来的锻炼和发展，控股子公司阿卡邦现已构建出具有国际化视野的营销体系。截至 2016 年底，阿卡邦线下销售终端共 965 家，其中韩国 947 家，国内 18 家。韩国线下销售终端主要分布于高端商场、大型商超、街边店，国内线下销售终端主要分成于北京、江浙和成都三个重要市场区域。另外，目前阿卡邦在中国国内线上的销售渠道有：agabang 天猫旗舰店、ettoi 天猫旗舰店、designskin 天猫旗舰店、agabang 京东旗舰店、阿咖邦京东母婴专营店、蜜芽店、阿咖邦淘宝全球购 c 店（图 9-1、表 9-1）。

图 9-1　朗姿：朗姿终端店面

表 9-1　朗姿各品牌店铺数量统计（2016 年度）

品牌	自营	经销	合计
朗姿	111	113	224
莱茵	84	36	120
卓可	33	1	34
玛丽	21	—	21
第五季	35	1	35
吉高特	5	—	5
FF	3	—	3
DEWL	2	—	2
合计	294	151	445

朗姿扬起行进的风帆，多次荣获了行业、政府荣誉，品牌知名度、美誉度在业界被传颂，先后获得"北京亿元商场畅销品牌""北京十大热销品牌""北京十大时装品牌""中国服装品牌年度营销大奖""北京最具文化创意十大时装品牌金奖""中国最佳时尚女装品牌奖"，2011年荣获"北京市著名商标"。同时，朗姿"产品销售收入、销售利润率、利润总额"三项指标连续多年被纳入中国服装行业百强企业。

朗姿牢记企业使命与责任，时刻不忘回报社会，多年来累计投入近千万元投身公益事业。设立"朗姿奖学基金"，支持民族教育事业；设立"阳光关爱基金"，关注孩子健康成长；设立"青年创业基金"，帮助青年创业就业；关注女性健康，加入"粉红丝带"将爱心传递；捐赠灾区，危难时刻伸出友爱之手。送出温暖，送出爱，朗姿通过爱心传递，温暖着身边每个人。

朗姿股份紧紧把握"互联网+"的历史机遇，推动泛时尚产业的互联网化和国际化。朗姿股份对时尚的诠释将由潮流趋势、新奇独特的认知，拓展到覆盖"衣、食、住、行、娱、美、医"的精致时尚的品质生活。

9.2 品牌发展历程

9.2.1 从国内高端女装品牌到国际时尚品牌运营平台

朗姿品牌（LANCY FROM 25）2000年创立之后，即切入国内中高端女装市场，连续多年在全国重点大型零售企业中位于高端女装品牌前五名（图9-2）。

图9-2 朗姿：品牌LOGO

此后，公司不断孕育出引领时尚潮流的新品牌，如2006年成立的品牌莱茵（LIME FLARE）、2011年培育的品牌玛丽（marie n° mary）和近年来精心打造的俪雅朗姿（liaalancy）等，积累了丰富的中高端女装时尚品牌的孵化经验，掌握了将中高端时尚品牌产业化运营及推广的能力（图9-3）。

与此同时，基于公司平台的整合设计能力以及广阔的销售渠道也逐步得到提升，公司积极代理运营国外高端女装品牌，如卓可（MOJO S.PHINE）、吉高特（JIGOTT）、FABIANA FILIPPI、韩国知名少淑高端品牌DEWL等。公司采用多品牌发展策略，各品牌在品牌定位、设计风格、目标客户等方面相互补充，既能够最大限度地占领市场，又能够分散公司的经营风险。公司具有全球化视野，较早布局国际市场。公司于2005年引进韩国大贤旗下的女装品牌ZOOC、MOJO S. PHINE等，初次接触韩国时尚消费趋势。2010年，公司投资设立子公司莱茵韩国。2011年上市后，公司进一步接轨国际时尚潮流，代理运营了在全球15个国家（意大利、德国、英国、法国、美国、加拿大等）开展业务的意大利奢侈品牌FABIANA FILIPPI；

2015年，公司获得韩国知名少淑高端品牌DEWL的中国大陆独家代表权。多品牌运作格局，分别诠释着朗姿对时尚的不同理解，实现了顾客群体全面覆盖，满足不同消费者的个性化消费需求。

9.2.2 实施"泛时尚产业互联生态圈"长期发展战略

朗姿品牌成为朗姿股份"泛时尚产业互联生态圈"的重要板块和动力引擎。

2014年，朗姿股份提出"泛时尚产业互联生态圈"长期发展战略，构建了"女装、婴童、化妆品、医美"四大版块产业版图，其目标直击国际化的一流时尚产业集团。2014年11月，朗姿股份正式收购韩国婴幼儿品牌Agabang公司，拓展婴幼儿服装及用品市场，建立跨国资本运作平台，对接整合韩国服饰、母婴、美容、文化等时尚产业。携手"明星衣橱"构建全球化时尚品牌移动端；参股若羽臣，实施大时尚消费战略，实现跨界电商布局，深入拥抱互联网；设立时尚产业投资管理公司和基金，打造未来大时尚产业互联网化和国际化的孵化和并购整合平台。2015年，朗姿股份正式将医疗美容板块纳入公司发展版图。2016年4月，该公司完成收购韩国著名医疗美容服务集团Dream Medical Group Co.，Ltd.30%股权。此外，该公司去年投资参股了韩国最大专业化面膜研发、生产和销售企业L&P COSMETIC CO.，LTD，并成为该公司的重要股东。携手"明星衣橱"构建全球化时尚品牌移动端；参股若羽臣，实施大时尚消费战略，实现跨界电商布局，深入拥抱互联网；设立时尚产业投资管理公司和基金，打造未来大时尚产业互联网化和国际化的孵化和并购整合平台。

图 9-3 朗姿：朗姿2016春夏设计大片1

9.3 营销策略

9.3.1 创新的产品设计巩固高端女装品牌影响力

朗姿品牌始终强调性价比和时尚度，与国内消费者的逐步理性化和个性化的需求保持一致。朗姿品牌发展的 17 年间，始终随着消费者的需求在变化；产品设计力求更加符合现代女性的情感和生活需求；体现更多的是服装的价值感、经典品位和优雅格调。朗姿一直坚持产品自主设计与研发，拥有 200 余名专业化、国际化的设计研发团队，每年 4000 多款色的设计，以全新的设计理念诠释了国际名品的时尚与潮流，让追求现代特质的女性在拥有朗姿的同时感受到与国际时尚的零距离。

朗姿 2017 秋冬大秀"LancyBule"便折射出品牌不断突破创新的华丽蜕变。此次大秀以 20 世纪 70 年代英伦实用主义为灵感，因此主色调选择英国皇家和英伦风格中最钟爱的蓝色。20 世纪 70 年代堪称服装史上充满冲撞和释放的神奇年代。这场以此年代为灵感的主题大秀，对于朗姿品牌本身也是一次全新的展示和提升。将国际化的时尚趋势与本土化的审美情趣进行融合，塑造了朗姿别具一格的原创设计语言：起源于昨日的经典，创新于未来的想象，在时尚的轮回中，开创一种只属于当下潮流的自我把握。此次 LancyBule2017 大秀邀请国际、内地、中国香港三方创作团队联合打造，呈现了中国时尚界最高水准的超级秀场。大秀的舞美效果及规模水准比肩国际大牌毫不逊色，这不仅是品牌自我蜕变的实力见证，也让国人看到中国民族品牌的原创实力，在以西方主导话语权的时尚界开辟属于中国高端女装品牌的全新境界（图 9-4~图 9-6）。

图 9-4 朗姿：朗姿新品设计大片

图 9-5 朗姿：朗姿 2017 秋冬秀场 1

图 9-6 朗姿：朗姿 2017 秋冬秀场 2

9.3.2　多元化的推广手段保持品牌活力

朗姿品牌注重多元化的推广手段，全面塑造品牌形象，传播品牌理念。传统的产品广告、终端推广、新媒体的宣传、合作，各种活动的赞助营销等，成为朗姿品牌在市场和消费者心目中永葆活力的秘诀（图9-7）。

图 9-7　朗姿：朗姿2016春夏设计大片2

2016年，朗姿品牌完成了生活馆及百货店的新形象开发，从客流引进、顾客陪同人员的"收纳"、生活便捷及舒适性等方面都进行了提升，以"姿态朗姿"和"姿韵朗姿"全新形象亮相。"莱茵品牌"除了彰显年轻女性的知性美，更是从货品的设计到陈列体现出产品的系列化。为适应消费者利用碎片时间购物的习惯和新需求，"莱茵品牌"开发微信渠道拓展品牌销售，建立微营销品牌风格。2016年公司开创品牌单体活动共7场，重视跨界营销模式，与国内外知名品牌"野兽派""施华洛世奇"、公司旗下医美品牌"米兰柏羽"等进行多次跨界合作。"莱茵品牌"为提高顾客关注度，引进体验式经营环境——"情境终端"的崭新形象理念，让顾客在购物同时体验到放松和慢节奏的生活趣味。

朗姿品牌紧跟社会文化潮流，与深受女性消费者喜爱的综艺节目、影视剧、明星开展了多种形式的赞助、合作。朗姿选择了《女神的新衣》这档涵盖了服装设计、生产、销售的综艺栏目。在这档节目中，朗姿不遗余力地支持年轻、有思想、设计风格比较鲜明的设计师，通过对本土年轻设计师的扶持，力挺中国创造。同时借助节目中丰富的媒体、设计师、品牌和天猫电商平台等多种资源，尝试开创服装产业新的业务模式，实现公司的华丽转身。在参与节目的过程中，朗姿品牌始终将如何把中国年轻设计师的作品嫁接到自己现有的品牌、形成新的系列放在首位，利用品牌的推广和现有的渠道对新的消费群体产生影响力，借助媒体的传播和电商平台快速积累数据指导品牌后续行动。与《女神的新衣》栏目的合作，朗姿全面检验了自己的媒介推广、公关、产品生产、营销及服务的所有环节，并按照快时尚的节奏对自己的供应链进行了改造，取得了很好的效果。朗姿在《女神的新衣》中屡次以最高价拍下中国本土设计师的系列服装作品，更多的是表达一个清晰的态度，那就是唤起公众对服装行业"中国创造"最大的关注，从而改变目前行业的痼疾，为行业找到新的出路。

9.3.3 坚持不懈的公益活动提升品牌的亲和力

公益是朗姿不变的使命，就如同朗姿一直坚持给所有顾客最好、性价比最高的产品。朗姿牢记企业使命与责任，时刻不忘回报社会，多年来累计投入近千万元投身公益事业，通过设立基金、赞助反贪影视剧等多种形式彰显社会责任。朗姿先后设立"朗姿奖学基金"，支持民族教育事业；设立"阳光关爱基金"，关注孩子健康成长；设立"青年创业基金"，帮助青年创业就业；关注女性健康，加入"粉红丝带"将爱心传递；捐赠灾区，危难时刻伸出友爱之手。"阳光关爱基金"是朗姿股份2013年启动并进行捐赠的，目的是通过企业的爱心捐助为那些贫困的儿童、学生托起一片光明。

2012年启动"朗姿奖助学基金"，连续五年捐款、捐物，用于激励和奖励民族教育事业，让失学的学生有学上、有书读，增添学校教学设备，激励、学生努力学习，激励教师为民族教育事业的长远大计而努力奋斗。朗姿股份几年来持续的支持民族教育，希望师生专心致志、克服困难，把民族教育越办越好，不辜负社会对民族教育的支持和关爱。

2014年，朗姿与国内第一个针对孤独症群体的专业艺术机构——天真者的绘画工作室开展了长期扶助计划。由朗姿将工作室里患有孤独症的孩子们的作品制成可以销售的成衣，在天猫旗舰店进行销售，并将销售所得通过天真者的绘画工作室回馈给这些特别的孩子们。与此同时，朗姿还与天真者的绘画工作室、设计师约定，将来把孩子们的创作，进行时尚演绎，制作出设计图纸，再由朗姿进行成衣制作、销售，三方合力为孩子们铺就一条自食其力的道路。

朗姿与海门珂缔缘青少年足球俱乐部就"珂缔缘杯国际邀请赛"签署了独家冠名的战略协议，全力支持中国青少年足球。

送出温暖，送出爱，朗姿通过爱心传递，温暖着身边每个人。

9.4 综述

2016年度，为加快推进公司构建"泛时尚产业互联生态圈"的战略构想，在加快落地医美业务板块的同时，公司参与设立江苏晨晖朗姿创新消费股权投资基金（有限合伙）、与株式会社韩亚银行一起对公司全资子公司朗姿资产管理有限公司进行增资、主导并参与设立中外合资企业阿卡邦（中国）日用品有限公司。公司的战略布局旨在丰富和完善现有业务结构的同时，紧紧围绕"女装、婴童、化妆品、医美"四大板块产业链上下游进行资源整合，为所投及拟整合的项目提供系统化及专业化的服务，加快促进公司各产业之间的协同效应和整体经营能力及业绩的提升。

一个体察行业现状、关心行业发展的企业才是能够真正地引领行业走向辉煌的企业。朗姿作为这样的企业，不仅以过硬的产品质量和独具特色的产品设计屹立于行业之林，更以积极履行社会责任获得了行业内外的一致称赞。

作为中国高端女装国内A股第一家上市公司，朗姿一直致力于帮助女性成就美丽人生。上市后，通过专业化的管理机制、国际化的研发设计、现代化的生产物流，朗姿已经发展成为多品牌运作的现代化时装集团。在一系列荣誉加身之后更难能可贵的是，朗姿对于"中国制造"的支持。对于朗姿而言，为中国乃至世界的女性提供更为优质的产品与服装设计固然重要，然而朗姿还有一个更为远大的目标，那就是把服装的"中国创造"推向整个市场，让中国的服装产业真正地获得消费者和世界范围的认同。面对国际品牌的咄咄逼人，朗姿表现出了行业领军者应有的气魄和远见卓识。朗姿把企业的未来押在了中国本土设计师和他们的原创作品上。朗姿希望藉由中国设计师的独创作品结合自己的品牌和渠道，打破市场上的同质化怪圈，为消费者提供全新的、流行的、时尚的产品，继而走出一条新的可能够引领中国服装产业重回复兴的道路。

一个行业的兴旺发展与龙头企业的引领作用密不可分，朗姿肩负着带领中国服装行业重回辉煌的重任，让我们一起期待。【资料提供：陈露露】

10 雷蒙：打造满足不同群体需求的运营新模式

10.1 品牌概述

"雷蒙"品牌是北京京工服装集团有限公司旗下具有悠久辉煌历史的男装品牌，1940年"雷蒙"品牌诞生于上海。1956年根据中央指示精神，雷蒙服装店从上海迁至北京，"雷蒙"西服开始服务于首都，并先后为老一辈无产阶级革命家等国家领导人制作国宾礼服和日常服装。同时以稳重、大方、得体、精致、选料考究等特点成为驻外人员、出国团队服装的定点生产企业，展示了新中国服装纺织高级制作工艺水平，为国家争得了荣誉，也为丰富首都服装市场作出了贡献。

近年来，京工集团在继续传承和发扬"雷蒙"品牌悠久历史和厚重的品牌文化的同时，积极推进品牌时尚化设计研发体系建设，通过加强设计研发队伍建设，加大品牌科技投入等措施，逐步形成了以集团技术开发中心为核心的技术创新体系。结合"雷蒙"品牌定位、不断强化产品品质、文化品位的引领作用，把流行的时尚元素有机地融入传统、典雅的产品之中，努力形成以设计研发、科技创新、引领品牌发展的"雷蒙"品牌发展新格局（图10-1）。

10.2 品牌发展历程

10.2.1 初放光芒

北京京工服装集团有限公司旗下的"雷蒙"品牌是有着近八十年历史的老品牌。1940年由一位法国人在上海英租界创立了一家名为雷蒙的西服店，在设计上融合了东西方服饰文化的精髓以及做工考究的品质，外形优雅、质感上乘的高级定制成为当时上海滩时尚人士的着装经典。

新中国成立后，为了首都服装事业的发展以及满足外交事业的需要，根据中央办公厅会议精神，1956年4月雷蒙西服店随多家时装店、西服店从上海迁至北京，落户在北京王府井大街八面槽31号，后迁到王府井大街249号。从此雷蒙品牌在北京扎下了根，开始为首都服装事业发展及外事着装需求服务。在20世纪70~80年代是"雷蒙"品牌最为辉煌的时期，"雷蒙"凭借着精湛的工艺技术、优质的产品品质、良好的定制服务，不仅承担起了为国家领导人、外交官员的制装任务，而且还肩负着

图10-1 雷蒙：品牌形象宣传片

美化首都人民生活，发展服装事业的重任。

在改革开放初期，人们厌倦了清一色、款式单调的服装，纷纷把目光聚焦在了款式新、面料好、做工精的新款服装上。为满足人们对美的追求和服装市场的需要，雷蒙发挥行业主力军的作用，开发生产以男式西服、大衣为主导的毛呢类服装产品，以满足当时北京服装市场对毛呢类服装产品的需要。在那个刚刚开始追求着装美的年代里，雷蒙产品的品质与风格赢得了众多消费者的青睐，也是广大消费者心目中的高档服装、知名品牌。一些准备结婚的新郎为能穿上一套雷蒙牌西服结婚，不惜花费大量时间排队定制。消费者曾以拥有一件"雷蒙"牌服装为骄傲、自豪，那是品质、品位的象征。

10.2.2 砥砺前行

随着计划经济向市场经济的转变，伴随着企业的调整、改革、改制以及服装市场的风云变化，"雷蒙"品牌也经历了由辉煌到低谷再到崛起的风雨历程。20世纪90年代末，企业在由计划经济向市场经济转化的过程中表现出诸多的不适应，困扰着企业向前发展，也影响到"雷蒙"品牌的发展，失去了在激烈市场竞争中的优势地位。

21世纪以来，面对传承、发展"雷蒙"品牌这一历史责任，京工集团确定了全新的品牌发展战略，以"提升品牌，做强主业"为发展方向，对"雷蒙"品牌发展进行了重新定位，把加强"雷蒙"品牌的设计研发建设作为品牌发展的重中之重，并始终围绕市场进行探索和实践，品牌发展战略规划的实施，为雷蒙品牌的重新崛起注入了新的活力，使"雷蒙"品牌重新活跃在消费者面前。

10.2.3 匠心传承

"十二五"以来，京工集团围绕"雷蒙"品牌发展定位，集中优势资源，以品牌设计研发为核心，积极推进品牌时尚化设计研发体系建设，打造符合"雷蒙"品牌文化的中高端、全品类系列产品，产品品质的不断提升及品牌文化内涵的彰显，使"雷蒙"品牌在传承经典、传递时尚的过程中，以崭新的面貌不断满足消费者个性化需求。同时，京工集团不断汲取更多的时尚理念，近两年，"雷蒙·1940"高级定制品牌在北京时装周分别以"恒雷蒙·1940""重耀雷蒙·1940"为主题发布，产品突出手工定制的高贵典范、匠心传承，尽显男士的新时尚风向和独特的魅力，彰显了"雷蒙·1940"独特的海派印象，在北京时装周的绚丽舞台上连续掀起了"雷蒙"品牌的时尚热潮，使"雷蒙"品牌以全新的高度再次亮相北京（图10-2）。

图 10-2　雷蒙：2017北京时装周品牌发布会现场

雷蒙品牌自1992年至今继续保持"北京市著名商标""北京市名牌产品"的殊荣。近年来，还先后被评为"北京十大时装品牌""北京时尚热销服装品牌""2004~2013热销品牌十年特别荣誉商业贡献大奖""北京知名品牌""北京优质产品"、2014年京工集团被评为"中国纺织服装老字号品牌文化传承奖"等荣誉称号。

10.3　营销策略

品牌在未来的发展中，针对不同的需求及消费群体，将打造别样的消费服务与体验。

10.3.1 借助技术创新力量，深耕北京市场

结合"雷蒙"品牌历史及发展现状，"雷蒙"品牌将继续深耕北京市场。京工集团将进一步借助雷蒙品牌设计研发工作室的力量，在保持品牌独特魅力的基础上，结合"雷蒙"品牌的文化内涵融入时尚元素，凸显时尚、经典、文化的设计理念。全品类（正装）中高档系列产品将满足京城消费者的需求。

在营销布局方面，仍然坚持以综合性商场专柜为主，自营专卖店为辅的营销策略，积极布局各大商圈附近的大型城市消费综合体。

10.3.2 推动高级定制品牌发展

在男装产品同质化现象严重的今天，"雷蒙"品牌作为海派文化的代表，在高级定制、量体裁衣方面有悠久的历史和深厚的底蕴，恢复高级定制即是满足消费者个性化需求的必然趋势，也是体现"雷蒙"品牌文化、彰显品牌魅力的重要途径。

京工集团在发展"雷蒙·1940"高定品牌的道路上，将坚持品牌积淀与文化传承的引领作用，以文化带动品牌发展，通过将传统民族文化与现代服装设计理念相结合，体现"雷蒙"品牌承载的文化底蕴与人文精神；通过创造性的思维，传递给社会一种全新的服饰文化，推动服装服饰真正成为文化自信的重要载体，在努力为首都市

图 10-3　雷蒙：高定"雷蒙·1940"

民服务的同时、为落实首都城市战略定位贡献应有的力量（图10-3）。

10.3.3　面对市场需求，布局社区服务

2016年，京工集团开始尝试品牌社区店的营销模式。经过大量调研，社区营销有几大优势：

①更加贴近消费者，方便消费者购买服装；

②更方便培养重复上门的忠实顾客；

③消费者更有舒适感和优越感，更容易沟通；

④更有利于品牌的树立，以及树立对品牌的忠诚度。

随着消费需求和城市化进程的深入，以服务为核心，围绕社区居民消费形态而提供的多元化经营模式成为社区店升级革命的核心。

★探索"零售+服务+互联网"社区服务全新模式。

社区里每个人的需求都不同，雷蒙社区店通过了解不同消费者的需求，为他们充当一个买手的职责，从需求出发，为他们精选产品，做到小而精，节省消费者挑选的成本。店员可以针对不同的人发送不同的提醒信息，为顾客提供个性化的推荐服务，

图10-4　雷蒙：社区服务新模式展示图

在线上消费者可以通过线上浏览下单，然后预约到实体店体验试穿（图10-4）。

★为居民提供服装定制、改衣修补等服务。

私人定制业务在服装社区店中具有较大潜力，修衣改衣其实也是不少消费者的"刚需"。同时，当前不少的百姓家中都有一些自己非常喜爱的服装，但因为自身体型变化无法上身，而在市场中可信任的改衣店少之又少，包括许多老百姓家中"雷蒙"产品都是有故事和历史的。京工集团将依托"雷蒙"品牌几十年来不断改进发展的制作工艺、板型设计，为市民提供专业、标准的修衣、改衣、定制服务（图10-5）。

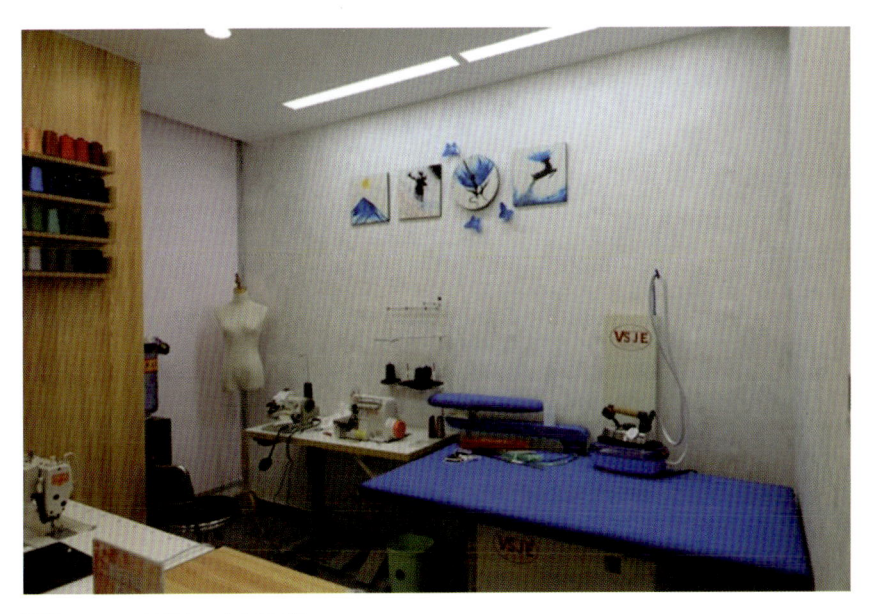

图 10-5 雷蒙：定制服务

10.4 综述

雷蒙品牌将坚持深耕北京市场，以品牌设计、营销推广、售后服务为品牌发展驱动，通过提升产品品质、恢复高级定制、布局社区服务，重塑"雷蒙"品牌在北京消费者心中的形象，唤醒"雷蒙"品牌忠实粉丝对品牌的热爱与忠诚，以此恢复品牌的市场影响力和占有率，实现品牌的传承与发展。

最终，品牌将打造满足不同群体需求的运营新模式，形成面对高端定制的"雷蒙·1940"、面向商场专柜的"LM雷蒙"、面向社区店的"雷蒙"三个不同的商标体系。【资料提供：顾威】

11 李宁：互联网+运动生活体验

11.1 品牌概述

李宁公司是中国家喻户晓的"体操王子"李宁先生在1990年创立的体育用品公司。经过二十多年的探索，李宁公司已逐步成为代表中国的，全球领先的体育运动品牌公司。从成立初期率先在全国建立特许专卖营销体系，到持续多年赞助中国体育代表团参加国内外各种赛事；从成为国内第一家实施ERP的体育用品企业，再到2004年6月在中国香港的上市，李宁公司经历了中国民族企业的发展与繁荣。李宁公司拥有品牌营销、研发、设计、制造、经销及零售能力，产品主要包括自有李宁品牌生产的运动及休闲鞋类、服装、器材和配件产品。主要采用外包生产、特许分销商及零售模式，在中国已经建立强大的供应链管理体系以及分销和零售网络，截至2016年6月底，李宁品牌销售点数量为6169个，并在东南亚、中亚、欧洲等地区开拓业务。电商亦是李宁销售网络的重要组成部分，截止到2016年6月30日，李宁电商业务上半年销售同比增长超过一倍。在国家注重体育产业发展、全民健身和运动意识增强的大环境下，李宁公司在25周年之际宣布由体育装备提供商向"互联网+运动生活体验"提供商的战略转变，并重启"一切皆有可能"品牌口号，不仅如此，李宁公司更是确立以"创造李宁运动体验"为目标。李宁公司迈出追求体验价值的步伐，从消费者需求出发，运用数字化经营策略、构建数字化生意平台，推动企业焕发新生，实现"一切皆有可能"（图11-1）。

除核心品牌李宁牌外，李宁集团亦生产、开发、推广、分销、销售自有、特许或与本集团第三方设立的合资企业经营的其他品牌体育产品，包括红双喜乒乓球产品、AIGLE（艾高）户外运动用品、Kason（凯胜）品牌羽毛球专业产品、Lotto（乐途）运动时尚产品，以及Danskin女性时尚健身运动产品。

创新是李宁品牌发展的根本。李宁公司自成立之初就非常重视原创设计。1998年建立了中国第一家服装与鞋产品设计开发中心，率先成为自主开发的中国体育用品公司。2004年8月，香港设计研发中心成立，集中负责设计李宁品牌服装产品，2008年在波特兰成立海外鞋产品研发中心，同年在北京成立李宁运动科学研究中心，并且一直以来与国内外各大知名高校和研究机构保持密切合作。

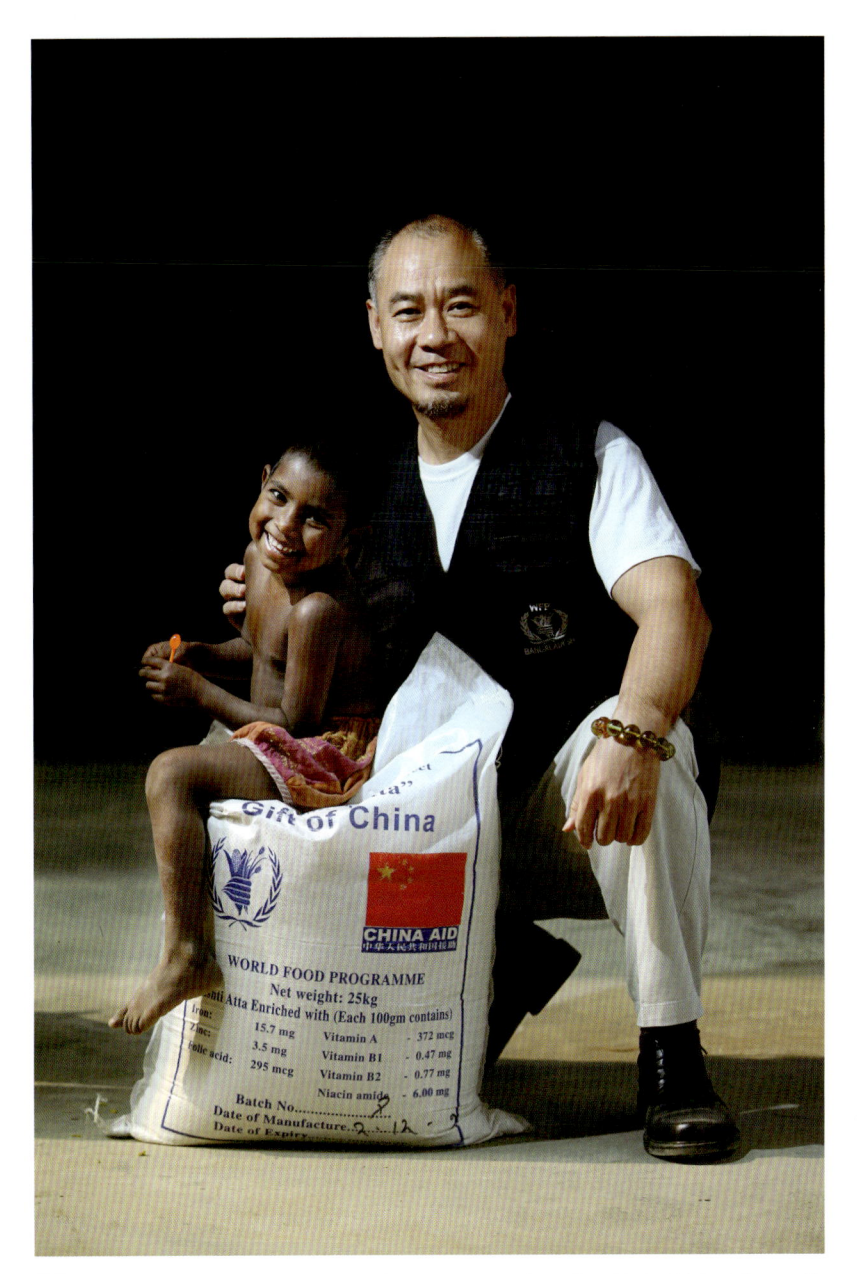

图 11-1　李宁：品牌公关活动（李宁作为联合国世界粮食计划署唯一一位华人亲善大使参加公益活动）

11.2　品牌发展历程

11.2.1　品牌创立期

1990 年，李宁体育用品有限公司在广东起步，创立之初即与中国奥委会携手合作，通过体育用品事业推动中国体育发展，并不遗余力赞助各项体育赛事。怀揣着"让中国运动员可以身着国人品牌站上世界最高领奖台"的初衷，李宁先生一手创立了李宁品牌，将运动精神和对体育的理解融入公司的经营之中，使"一切皆有可能"的品牌理念得到了更好地诠释。

1990年8月，"李宁"品牌运动服被选为第11届亚运会圣火传递指定服装、中国国家代表队参加亚运会领奖服装及中外记者的指定服装，品牌伴随亚运圣火传遍全国。亚运会的体育让"李宁"一战成名，公司在当年剩下的4个月里就实现了近300万元人民币的赢利，这对当时的"李宁"堪称幸事。但市场很快让李宁明白了一点：当时消费者的消费能力并不高，传统的国营商业的主批发渠道冷眼旁观这个价格偏高的新品，并没有因为世界冠军的光环而对之刮目相看。为此，李宁开始了当时市场上前所未有的营销方式的创新。李宁公司是中国内地第一家实施特许经营体系的企业：1993年开始实行特许经营。品牌的目标是要做一个品牌，而特许经营不仅可以保证品牌形象在市场上的高度统一性，还能够借用经销商的力量迅速形成独立完整的营销网络。为了吸引消费者，每一家专卖店开业，李宁都专程前往剪彩、签名。最早加盟品牌事业的人所创造出的财富效应，渐渐形成了一种投资导向，经营网络逐步扩张。

11.2.2　品牌发展期

1995年，李宁公司成为中国体育用品行业的领跑者，市场占有率连续七年居第一位。在此期间，李宁赞助了中国体育代表团参加了两届奥运会以及一些其他体育赛事，并收获好评。从1996年开始，李宁在迅速发展的同时也在经营战略上有所调整，如1998年3月在广东佛山建立中国第一个运动服装的设计开发中心。2002年，李宁公司确立全新的品牌定位：一切皆有可能，即"专业化、时尚化、东方特色和国际化"，走上了体育用品专业化的发展道路。借此，李宁由之前的品牌战略转向了靠提高产品价格品质，增加研发投入。公司调整了管理层，引进了诸多专业人才，再造组织结构，设立了专门负责品牌重塑的部门。在IBM的介入下，李宁公司对业务优势、产业环境以及公司历史的战术成功进行了系统地分析，使公司很快明确了发展方向。李宁公司正式确立了公司的使命、愿景、价值观及业务发展战略。

11.2.3　品牌转型期

2015年，李宁公司步入新一轮发展的元年，李宁重启品牌口号"一切皆有可能"，从传统装备提供商转型为"互联网+运动生活服务提供商"。2016年至今，李宁公司不断提升产品、渠道、消费体验，打造独特的"李宁式体验价值"，构造公司的核心竞争力。李宁品牌会继续以产品、渠道及零售运营能力为依托打造李宁式体验价值。李宁亦会持续加大数字化运营改造的投入，合理及谨慎地运用资源探索新业务机遇及市场潜力。为应对多变的市场环境，该集团将维持巩固品牌价值和深化李宁体验价值为长远发展的主题。李宁将针对差异化消费者习惯提供灵活的体验方式，寻找及拓展业务发展空间，为李宁集团长远赢利增长培育新机遇。

李宁品牌继续通过提升产品、渠道及零售运营能力为三大支柱全方位打造李宁式体验价值。在产品方面，延续李宁品牌专业运动DNA传承，推出"李宁弧"及"超轻十四"等系列跑鞋，提升运动功能体验。同时添加更多入门级跑鞋产品，为消费者打造持续且多元化的产品体验；与此同时，篮球品类的"WADE"系列以及主打街头篮球风格的时尚"BAD FIVE"系列服装，具备潮流前卫的运动时尚感，提供更具运动活力的穿着体验。利用互联网的交流与分享特性，聚焦线上线下互动模式，结合专业运动功能性的产品优势，为运动群体带来具凝聚力的体验影响，为品牌带来更具内涵的深度价值，获得了市场的正面肯定，同时见证了公司追求体验价值的步伐，深化李宁体验价值在各主要业务环节的体现。通过提供具有特色的用户体验，从而打造和提升品牌价值及影响力，带动公司的长远发展。运用大数据分析的力量，精准把握消费者群体及其需求，引领公司整体业务运营向精准+快速的方向转变，优化零售业务模式各主要环节，包括产品与渠道的细分及匹配方式，相互紧密配合，最终带动终端零售店铺赢利能力进一步提升。以消费者需求的区域化差异为出发点，集团力求在终端展示和提供最符合当地需求的产品，并根据品类属性提供灵活多样的运动体验和购买体验。

11.3 营销策略

11.3.1 互联网+运动生活体验

李宁品牌利用智能运动生活方式打造"互联网+运动生活体验"，持续不断用专业装备激发大众运动细胞，用智能运动服务丰富大众的运动生活。李宁智能跑鞋的成功推出，掀起了中国智能运动热潮。在李宁智能跑鞋问世一周年之际，李宁品牌基于跑步需求多元化的诉求，在跑鞋功能细分的基础上整合李宁全线跑步产品，全"芯"推出李宁智跑家族2016系列产品，为消费者提供更加多样化的选择。除了智能跑鞋领域，李宁近两年还陆续推出了李宁智能羽毛球拍、智能篮球、智能足球等智能化产品，多方面布局李宁的"互联网+运动生活体验"战略。

面对消费者生活模式以及消费习惯的转变，创造体验成为公司发展的重要策略。李宁品牌持续以消费者的实际消费需求为出发点，强调产品特色和功能性，注重打造产品体验、购买体验、运动体验为一体的李宁体验价值，致力将体验价值植入零售渠道及日常运营中，根据消费者需求更加细化服务。同时，附以大数据分析运作，更加快速及精准地捕捉消费者喜好。就线上线下渠道而言，以各种渠道特色为出发点，制定更加匹配的发展策略。为了迎合消费者习惯的转变，电子商务业务近年来保持蓬勃发展的趋势（图11-2）。

图 11-2 李宁：智能运动

产品体验方面，李宁实践"让专业更专业，让生活更搭配"的理念，延续品牌体育 DNA 传承，提升产品的运动功能表现，同时捕捉时尚潮流因素，融入产品设计，推出一系列受消费者认可的产品。在跑步方面，针对不同消费者的差异化运动需求，建立李宁跑鞋矩阵；在智能产品方面，将智能科技融入李宁专属科技平台，与此同时，品牌设计团队又陆续推出"赤兔"及"烈骏"2016 版，新版智能跑鞋的成功彰显了我们在智能产品研发及推广方面的优势及消费者对品牌的信任与认可。在非智能产品方面，"超轻十三代跑鞋""李宁云三代跑鞋""李宁弧"等科技平台在 2016 年继续得以延续，配搭时尚设计及潮流材料的引入，取得了令人鼓舞的销售表现。

在购买体验方面，为了更准确地配合消费者需求，我们针对不同运动的爱好者和不同客群的消费习惯，策略性地匹配新渠道形象，打造互动体验空间，灵活有效地执行陈列指引，突出主题，提供全新购买体验。除此之外还进行线上渠道持续拓展。截至 2016 年年底，销售点按年净增 207 个达到 6440 个。以区域化的实际运动需求为出发点，配合城市级别及商圈综合考虑，确定店铺的品类主导类别，从而进行差异化产品规划、研发、组货等。同时，根据店铺类别优化及提升店铺形象，推进在主要城市开设综合体验店工作。为了让消费者得到更佳的购物体验，完善员工培训机制，提升专业度，为终端零售渠道补充更多专业运动人才，使消费者在店内也可得到专业运动意见及建议。如 2017 年上半年上海世博源李宁体验店基本涵盖了李宁旗下所有的产品及系列。这个店采用"店中店"模式,店内的 Wade Store 除了有韦德鞋产品及服饰外,也增加包、帽子等配件产品。体验店内有全方位的会员 DIY 订制服务,李宁先生还在现场用微信下单,将自己的"私人订制"T 恤拿到手。此外,店内还配备的专业顾问在消费者选择李宁运动装备时会提出科学性的建议。李宁还初步建立了线上线下库存一体化系统平台,消费者可以通过李宁的数字化销售系统,实现店铺下单,平台调货并快递上门,给消费者更新颖的购物体验(图 11-3)。

图 11-3 李宁:2017 年上半年上海世博源李宁体验店

在运动体验方面，源自专业拼搏精神的运动基因是我们的核心所在，为消费者提供独特的运动体验也是创造体验价值的重点之一。2016年期间，李宁持续推动重点店铺跑步Corner，目前已在北京、上海、成都、长沙等城市开设多家李宁iRun俱乐部，向数万名跑者提供专业授课、体能训练、约跑等体验活动；也会继续做大做强李宁特色运动体验活动及赛事，例如李宁10千米路跑比赛，同时通过线上营销活动拉动跑者线上购买产品，带动销售；继续赞助CBA、CUBA、苏迪曼杯、世锦赛等国内外顶级赛事，培养及提升用户观赏赛事的兴趣，使其在观赏之余感受到丰富的运动文化。依托于产品、渠道、赛事活动等多方面的努力，李宁公司为大量体育爱好者提供了实在的运动体验，这些同步反作用于商业购买，助推了自身财务数据迅速回升。更具有长期价值的是，基于体验战略的推进，李宁公司正不断巩固和扩大中国的运动消费人口，这一人群数量的壮大，将是中国体育经济发展以及公司自身成长最可靠的驱动力。

11.3.2 线上线下全渠道运营

李宁品牌注重渠道创新，打造李宁品牌独特的用户体验价值。不论是重装升级的北京王府井李宁品牌旗舰店，还是落户上海大宁的全球首家李宁品牌体验店，李宁升级了原有的门店模式，展示了品牌最新的零售店形象，为消费者创造更加多元及个性化的消费体验。不仅如此，李宁还相继开设了跑步、篮球、韦德之道系列等主题店铺，以灵活多变的方式与消费者进行沟通，寻找生意空间。除线下渠道外，李宁电商表现也很突出，2016年上半年销售同比增长超过一倍，同年"双十一"保持国内运动行业旗舰店销售第一的好成绩。

李宁公司开展线上线下全渠道运营，初步建立了O2O全渠道库存一体化系统平台，提升线上下单与线下发货的运营水平。同时，线下门店导购持续推广通过数字化销售工具、补足门店断色断码、陈列空间有限带来的销售机会缺失，提升终端用户购买体验。通过一体化的商品管理和营销活动，实现线上线下的互通互动，增强了品牌整体影响力。与此同时，O2O业务的延伸有效协助打通线下门店与服务网点的资源调配，帮助货品流通。

其实从2011年开始，内外部多重因素交杂在一起，导致李宁公司开始出现大量的产品积压、裁员、关店、亏损。李宁公司结束了高速增长，并陷入了发展下行的泥淖，不仅没能如愿景那样成为可以匹敌耐克和阿迪达斯等国际巨头、来自中国的世界级运动品牌，连国内老大的位置都拱手让了出去。截至2014年，李宁公司已经连续三年亏损，累计亏损额高达31亿元。如今，李宁公司终于有了"好消息"。

李宁公司的发展在曲折中前进，收入在2013年有所下降，直到2016年才有较大的突破，这离不开其自身的发展战略的改变，自从李宁在2015年重新上任CEO后，重新确定发展战略，其品牌才开始摆脱危机，重获新生。其中，最明显的就是存货成本在 2015 年之后有较大的降幅，说明产品的库存得以减少，资金流动顺畅，这得益于 2015 年引入的"互联网+"概念。如李宁公司在 2014 年以前没有电子商务渠道销售，完全依靠特许经销商和直营销售两种渠道，销售面较窄，在 2014 年才开始进行电子商务渠道销售。虽然电子商务渠道销售起步晚，却颇有大器晚成的风格，短短两年的时间就在渠道中占有不小的比重，其前途的发展也是很好的。因此，李宁持续致力于移动互联网业务的发展，电子渠道发展迅速，销售连续获得高增长（表 11-1、表 11-2）。

表 11-1　李宁公司 2012~2016 年收入情况

项目	2016 年	2015 年	2014 年	2013 年	2012 年
李宁牌收入（万元）	792543.9	697189.4	593209.0	508278.6	592616.5
总收入（万元）	801529.3	708949.5	672760.1	582411.0	667644.1
毛利率（%）	46.2	45.0	44.6	44.5	37.7
存货成本（万元）	96542.2	95965.2	128933.2	94236.8	90136.8

数据来源：李宁公司年度报表。

表 11-2　李宁公司 2012~2016 年销售渠道占比情况

类别		2016 年占李宁牌收入比（%）	2015 年占李宁牌收入比（%）	2014 年占李宁牌收入比（%）	2013 年占李宁牌收入比（%）	2012 年占李宁牌收入比（%）
中国市场	销售予特许经销商	51.2	55.4	56.3	64.7	75.6
	直接经营销售	31.9	33.8	35.8	32.6	22.0
	电子商务渠道销售	14.3	8.6	4.9	—	—
国际市场		2.6	2.2	3.0	2.7	2.4

数据来源：李宁公司年度报表。

2017 年上半年，李宁继续保持增长势头，并在财务及运营方面取得令人自豪的成绩。李宁的净利率由 3.2% 提高至 4.7%，收入上升 11% 至 39.96 亿元人民币，毛利率由 2016 年同期的 46.7% 提升 14% 至期内的 47.7%，一个百分点的增幅主要来自毛利率较高的直营业务（包括自营零售及电商）占比上升，批发渠道的新品销售占比提升，以及自营店铺新品折扣改善，运营资金状况持续显著改善。

就销售渠道而言，李宁电商业务持续扩展，收入占总收入的比重持续上升，于李宁品牌收入占比达 10%。订货会订单方面，以吊牌价计算，来自特许经销商的李宁品牌产品连续 15 个季度录得按年增长，最近一期订货会签订的 2018 年第一季度继续执行集团订货会订单精准化的策略，按年录得高单位数增长。李宁牌电商业务保持较高效的运营效率，收入同比增长 58%。李宁集团继续在电子商务的精准数字运营上加大投入，逐步建立与完善销售趋势预测体系，同时将趋势预测体系应用到商品规划与组货、供应链提速的协调与整合、更精细化的精准运营等前后端工作版块中，并取得不错的成效。

11.3.3　积极承担社会责任

李宁公司作为国内体育用品行业的领跑者，在自身发展壮大的同时，更积极承担企业的社会责任，资助希望小学、援建灾区、关爱艾滋孤儿、长期支持旨在提高贫困地区体育教育事业的"一起运动"公益培训项目，同时李宁公司作为中国妇女发展基金会的战略合作伙伴，通过参与妇基会主导的"母亲健康快车""母亲邮包"等慈善活动积极推进女性公益慈善事业。李宁公司利用自身体育资源优势，持续为共建和谐社会贡献力量。公司创始人李宁先生热心公益，并将这种社会责任感贯彻到企业管理中，引领企业整体公益价值观，诠释本公司积极投身全球公益事业的视野（图11-4）。

李宁作为中国运动服饰的领军品牌，一直高度重视公司成长与环境保护的协调平衡，并且从2009年已经开始对供应商进行社会责任和环境管控。时至今日，李宁已经在社会责任、职业健康安全、环境保护、化学品管控等方面开展了多层次的项目工作，并且与ZDHC的22缔约品牌和9家联盟成员一同努力，致力于达到有害化学物质零排放的终极目标。在这个合作框架下，李宁发布了"ZDHC年报""有害物质

图11-4　李宁：母亲邮包·腾讯网友新疆行暨李宁公司关爱贫困家庭探访活动

零排放联合路线图""生产工艺受限物质清单（MRSL）""待研究物质清单""MRSL问题及合规性指导""数据管理与披露"等多个项目成果。李宁公司以实际行动在供应链中积极推广企业社会责任理念，协助供应商推进企业社会责任进程，促进更负责任感的商业社会环境。

11.4 综述

　　李宁公司意在成为面向中国大众的体育用品品牌。作为一家体育用品公司，李宁公司秉承着用运动燃烧激情的使命，致力于专业体育用品的创造，努力让运动改变生活，追求更高境界的突破。品牌继续秉持"赢得梦想""消费者导向""我们文化"与"突破"的核心价值观，力求将李宁公司打造成为全球领先的体育用品公司。

12 靓诺：用智慧打造中国式的优雅

12.1 品牌概述

北京靓诺派时装有限公司创建于1997年，是以独创之"立裁百号"技术领行国际、屡获殊荣的现代化时装集团。设计、打版、制作、销售诸多环节，始终以"完美"作为自己孜孜以求的目标，主要致力于知性女性服装的研究、开发和创意设计，现已发展为集设计、生产、销售为一体的现代服装企业。

创建之初，主品牌"靓诺"，即成为特供中国政商与文化界女性精英的"御用"定制衣品。后在靓诺创立者兼总设计师苑永萍女士倡导下，逐步针对特定阶层知性女性，设立独立家人体数据追踪研究与设计分析中心，将"气质修身"作为品牌设计核心关键词、将"智慧优雅"作为品牌服务DNA，进行了长达十数载的持续性演进与发扬。使穿用者得到和谐美感的同时，更有一份尽显苗条的喜悦（图12-1）。

图 12-1 靓诺：女装设计宣传片1

靓诺拥有一支强干的技术专业队伍。目前，公司在北京开设了近40家专卖店及商场专柜，拥有数万人的VIP顾客，在外埠拥有几十家授权经销商。靓诺营销网络覆盖北京、山西、吉林、内蒙古、天津、山东、青海、甘肃八个省市及自治区。

靓诺时装设计以高雅、简洁、显瘦为主要内容，优雅的经典线和打破常规的分割线的结合，调整修饰身材，重塑人体形象。服装特点为"让胖显瘦、立体剪裁、每款百号、因人套款、量体套号"；服装面料力求高品质、易洗涤，追求流行与色彩的完美搭配，携同国内外面料生产厂家，开发属于自己的特色产品。凭借不懈追求，靓诺成为中国服装行业唯一一家"每款百号"的企业，被誉为有"量身定制"之妙的服装品牌。

作为领军人苑永萍任北京市政协委员、全国妇联第十一届委员、北京市女企业家协会副会长、北京市服装纺织行业协会副会长、北京妇女商会副会长；先后荣获"中国十大经济女性年度人物""优秀创业女性""杰出创业女性""环渤海区域杰出创业女性""纺织服装行业十大风云人物"等殊荣；曾作为中国杰出女企业家代表受意大利外贸部邀请赴意参加时装交流高峰论坛；与国家代表团一行代表中国时装界访问韩国；与中国设计师协会主席一同考察研修欧洲三大时装之都——巴黎、米兰、佛罗伦萨并与Ferragamo、Gucci高层会晤，向国际同行学习的同时也向他们发出了中国气质的时尚声音。

12.2 品牌发展历程

12.2.1 艰辛与感恩的成长期

1997~2011年，是靓诺充满艰辛与感恩的成长期。靓诺借助质量与创新的羽翼一路向前，用良心品质呵护着每一位顾客。无论是北京市质量监督大抽查，还是全国性质量大检查，靓诺服装均全方位达标。靓诺的产品质量，在行业内一直是有口皆碑。公司还建立了自己完善而优质的服务体系，为每一位顾客提供具有高附加值的优质服务，同时还提供高级成衣个人定制服务，以满足顾客穿着个性化的追求。在这15年中，靓诺获得了大量的企业荣誉，成为北京市服装纺织行业协会会员单位，被评为北京市著名商标，这是政府管理部门及消费者对靓诺十年来秉承良心品质、信守承诺的又一次认可。

靓诺获得的荣誉还包括：

2006年新装过大年服装设计大赛获最佳设计奖。

2007新版女装十大人气品牌。

2007、2008、2009、2010北京时装之都十大热销服装品牌（女装类）。

2007北京国际品牌时装周——最佳设计奖、最具品牌形象奖。

2008年9月靓诺荣获北京纺织行业协会时装之都建设"设计创新奖"。

2010年2月年荣获北京商业信息咨询中心，北京服装纺织行业协会颁发的"2009年北京十大热销服装品牌"（女装类）。

2010年品牌再度蝉联（2009~2010年度）北京市著名商标称号。

2010年9月由北京服装纺织行业协会主办的"2010北京十大时装品牌颁奖"典礼上，靓诺被评为"2010北京十大时装品牌最具潜力奖"。

2010年品牌再度蝉联（2009~2010年度）北京市著名商标称号。

2010年9月由北京服装纺织行业协会主办的"2010北京十大时装品牌颁奖"典礼上，靓诺被评为"2010北京十大时装品牌最具潜力奖"。

2010年11月25日苑永萍当选中国新势力纺织服装行业十大风云人物。

2010年12月17日第六届中国女性消费高层论坛举行，经调查"靓诺"被评为最受消费者熟悉和喜爱品牌，全国妇联副主席、书记处书记、洪天慧亲自为苑永萍颁发最受消费者熟悉和喜爱品牌荣誉证书。

在近年全球性后金融时代风暴冲击下，尤其行业风云迭起的2011~2012年，在同行业绩普遍下滑40%的大环境下，靓诺主品牌市场战绩逆势上扬40%。通过苦修内功赢得的稳健成长能力，支持靓诺女装保持高速成长态势，业内鲜见、独"秀"市场。截至目前，品牌专卖覆盖京畿核心商圈的赛特、当代、翠微、奥莱等几十家优质商业平台，快植"天津海信""兰州国芳"等华北、西北、西南区域的中高端SHOPPING MALL；并于新年伊始，针对国内外精准市场进行闪电式圈地开发。

基于"靓诺"女装的稳健利好，公司于2012年8月为贺北京成为世界城市，开发了一份独特的献礼："时尚北京榜样工程"优雅会所。这是苑永萍女士针对中国政商与文艺界名流，真情特供的泛公益性项目。旨在打造优雅女人，打造北京、中国最靓的名片。通过衣服的载体，把中国女人的优雅传达给世界。项目通过风格诊断、优雅解决方案与快"塑"体验三部曲，42分钟即可达成"走进就体验、走出即改变"的效果。仅2013年3月，该项目题为"我爱北京时尚北京"的主题演讲，即定向授课千余人。截至目前，时尚北京榜样工程联手全国妇联、北京市政协等权威机构，接待了近万域内外成功女性，获得一致认可、引发媒体热议。正如项目创立者苑永萍所说：衣服是无声的语言，衣服是女人的第一张名片，衣是形象，仪是魅力。中国成功女性让世界感动，靓诺一定让中国的成功女性感动。请相信靓诺，只要您知道向哪里去，世界就会为您让一条路。

12.2.2 创新与蜕变的成熟期

靓诺公司针对全品系的多类型化市场攻势，也在缜密的策划执行中。2012年12月，代表新一代时尚、知性、成功女性的领导品牌LN（LACONIC）首发式，在位于CBD核心地带的温特莱中心盛大开幕。而LN的设计核心,由靓诺公司第二代风云人物、靓诺首席设计师David CHEN(陈宸)顺利"接棒"。作为16年政界"御用"女装品牌靓诺旗下新主力,LN是陈宸个人精神层面的追求,也是应需而生的一类灵魂产品。其与靓诺一脉相承的是:以人为本做设计、更偏爱知性群族及如男装般考究的面料与工艺。初登时尚T台,LN的不凡气韵,已得到《悦己》《瑞丽》等高端行业媒体名流的青睐。

"L":来自靓诺品牌字母缩写,也是一种继承、也是更好的汇聚精髓再次提升;"N":New Look,新视觉、新定位、新高度、新的出发。"LN"的目标受众是具有高档消费能力、注重品质的职场白领、高档职业女性、政府公务员、文艺人员、都市新贵等,她们懂得生活、注重品质、具有一定的文化内涵、艺术素养,追求时尚、自由、舒适,展示自我。

"LN"在原有靓诺寓意之中,更具对穿着"LN"的每位顾客"穿出自我!穿出靓丽!"承诺的更高提升、更具魅力。"LN"是为每位顾客的靓丽定制而产生,是将全新理念的定制,为每位顾客精雕细琢出的华服,是为成为每位顾客的"高级私人定制衣橱"而存在。我们有为顾客一款百号的特色,我们有为顾客定制修身的产品,我们有为顾客"穿出自我!穿出漂亮!"的承诺,我们就是为顾客定制高品质的您而存在的"LN"。

"LN"简洁、大气、高雅、时尚并具有清新稳重的独特个性,拥有着一份欣然、一份优雅、一份低调的奢华、一份内聚的儒雅,关注自然、关注生活,自由的释放情感,并有当今潮流的时尚之原味,又有随性怡人的优雅和知性深情下的妩媚动人,希望带给穿者自由快乐平和的心态(图12-2)。

同时,靓诺公司针对特种男装市场的谋动,也在紧密筹划中。定名为LNP的靓诺派男装,以其特供面料、考究品质和独家设计风格特立独行。让35岁以上成功男士一经穿用,立显绅士气派。其特种织造面料的弹力舒适、可供水洗与抗褶皱能力,与立裁版型、精细工艺等核心卖点,为特定人群提供了轻松选择、成功塑造自我的新生活方式。绅士、潇洒,一件衣服就能体现(图12-3)。

2011年,靓诺公司由北京金隅国际总部,全面进驻顺义工业园区后,拥有了方圆2万平方米的、集设计、制造、仓储、物流、会所、管理一体六面的规模化成衣基地。基地的高效运转,为全品系的生发,提供了健康的营养根系。靓诺生产中心,日产达十件精品成衣。高级蓝领占生产类人员总数的40%以上,管理人员本科率达80%。靓诺人才战略的日益成熟,为公司稳定运营和可持续化发展,提供了坚实保障(图12-4)。

2012年靓诺被评为北京时装之都热销品牌。

图 12-2 靓诺：女装设计宣传片 2

图 12-3 靓诺：男装设计宣传片

图 12-4 靓诺：靓诺厂区图

2012年10月28日北京市人大常委领导参观靓诺公司，指导榜样工程建设，与董事长苑永萍女士深入沟通，了解榜样工程的宗旨及目的，并亲身体会榜样工程所带来的革命性全方位服务。

2013年法国艺术学院奢侈品设计师在法国使馆商务专员的陪同下，一行30余人拜访靓诺，参观和学习，靓诺公司首席设计总监陈宸及外联经理刘美丽接待来宾，陈宸就靓诺的发展和品牌发展定位及国际发展方向做了介绍，带国际友人参观了厂区及生产车间。

靓诺荣获2013年北京最具文化创意十大时装品牌。

靓诺"三大品系、一大工程"所坚持的圈内知名的质量体系保证、靓诺企业令人神往的品牌文化，靓诺培训学院的欣欣养成，全员职业自培的蔚然成风，都为实现一个"成为世界级品牌"的靓诺愿景，而默默努力着。

靓诺荣获中国市场监测中心、中国市场研究中心颁发的"中国质量服务信誉AAA级企业"。

12.3　营销策略

12.3.1　卓越实力铸就量身定制神话

不少媒体喜欢把靓诺的成功概括为"稀有物种的意外存活"，无论是中国，还是在世界，靓诺的立裁百号都算得上是一种奇迹。其实，早在国际时装品牌还没有大规模进入中国，私人定制概念还没有风靡北京时，靓诺就通过对3000多名女性的人体数据研究，开始了最为前沿的立裁百号、因人套款、量体套号的穿衣理念。经历十余年的归纳整理，创建了独特的时装人体结构比例数据库，先于美国、日本、意大利等时尚大国完成了高精确度号型细分的工程，彻底颠覆了时装界一直以来只有成衣与定制两大概念版块的格局，使成衣产品在工艺尺寸精准度上达到了量身定制的高度。尤其针对体胖女性，靓诺顽强攻克行业最难点，金点子结出金苹果。"精确、细节、以数字说话"的企业文化无处不在。企业拥有独立的人体数据研究室及版型数据库研发中心，经过十多年的摸索与实践，追踪和分析了数万名体胖女性顾客的身高、胸围、腰围和臀围数据，积累并自创了一套独特的服装型号。率先实践成功并取得应用，申报多项国家发明专利，成为全国服装行业唯一一家制作每款百号、立体剪裁、胖显瘦服装的企业，被誉为中国第一个让量产服装有量身定制之妙的服装品牌，添补了我国的空白，为我国时尚产业实现了零的突破。靓诺至今始终固守曾经的信念：苦练内功，设计原创。依据靓诺多年来"女装特体特制及高技术含量服务"的经验累积，经北京、中央有关部门推荐，国家发改委出于保护、扶持民族自主品牌，已针对该服务立项，给予扶植保护，得到专家、评委的认可与好评。靓诺让盛年知性女性穿上了无须花特制费的特殊定制服装（图12-5）。

以"百号、显瘦"专利时装版型，让量产服装有量身定制之妙的靓诺品牌，产品无不体现了外观时尚、功能强大、合体显瘦的高品质。最挑剔身材的羽绒服，靓诺也能点石成金，使其独具时尚风采。靓诺羽绒服生产有200多道工序，原创设计外加立裁板型，通过特殊优雅顺条科技处理，让每个尺寸精确到0.1厘米，使羽绒服不再臃肿、型好、工细，不但再现了年轻、显瘦功效，更使女性身材有效对抗岁月流逝，轻暖、顺滑，宛如填上一层条顺的屏障，使人瞬间条顺、提气、一穿新感觉。

12.3.2 深度服务赢得优雅女性市场

与领先、时尚、贴心的产品设计理念相匹配，靓诺的客户服务体系也深得人心。靓诺终端店面统一打造的"搭配顾问与时尚买手"式深度服务模式，毫无意外地赢得了国内近十万35岁以上知性优雅女性群族的品牌追随。在"高雅、简洁、修身"著称的靓诺时装店里，那些不期而遇的知名女作家、著名女演员、商界女名流、政界女强人是靓诺最为形象的代言人。靓诺女装"优雅的经典线、结合非常规的分割线"绝妙地调整修饰身材、重塑人体形象，使成功女性本人与服装融为一体，在合体的服装中体现成熟的魅力与广博的文化内涵（图12-6）。

12.4 综述

靓诺女装面向社会各界知性女性，悄悄改变了女人的生活，让知性优雅和高贵弥补了岁月的痕迹，运用"一款百号"的领先专利技术在修正身形的同时，提升女人的优雅内涵，使人看上去挺拔高挑，气质不凡。

靓诺本身也在进行着一场华丽的改变，面对风云变幻的市场大环境，靓诺感受到

图 12-5 靓诺：靓诺女装设计宣传片

图 12-6 靓诺：品牌终端展示

了变化的市场与顾客的呼声，在延续传统制造工艺的基础上，从设计构思上加入新鲜而时尚的元素，通过优良的手工制作，严格的品控把关，苛刻的检验过程，为市场奉献出一个全新的靓诺。

靓诺售卖的不只是一件衣服，是时尚，是优雅，是一种生活方式。

靓诺给予的不只是简单穿着，而是乐观自信积极向上的态度。

二十年的发展，靓诺凭着先进的设计理念、科学的企业管理、完善的营销体系和开拓创新的企业精神，尽情演绎着时尚知性女性的独特气质和人格魅力。【资料提供：陈宸】

13 罗马世家：打造品位"装园"

13.1 品牌概述

罗马世家品牌是一家北京港资企业，自1992年进入北京，并致力于商务男装的生产及经营。通过不断努力，"罗马世家"在北京及全国服装制作行业中拥有良好的声誉。是国内第一家沿袭意大利罗马帝政风格的高级商务男装品牌。秉承"服装，思想的镜子"的品牌理念，曾连续五年蝉联男装销售第一。

罗马世家（ROMASTER）及商标（罗马战士头）在世界众多国家注册经营，声誉卓著。其英文前四个字母ROMA意译及音译为"罗马"，后六个字母MASTER，意译为硕士、家主、主宰者、领袖，译为"罗马世家"（图13-1）。

罗马世家拥有极高水平的服装设计和研发团队，既有给中国第一代领导人量体制作的服装的元老级裁缝，又有世界裁缝界的"奥斯卡"——金剪刀获得者。旗下拥有的品牌及产品线包括："罗马世家"（ROMASTER）、"皇家裁缝"（Imperial

图13-1 罗马世家：品牌终端店面

Tailering）、"金剪刀定制"（ROMASTER Bespoke）、ROMASTER Uniform（团体制装）、"伯爵勃朗"（BozBrown）、"法都"（Friendsco）、"马尔豪斯"（MARHSs）、"欧罗仕达"（U·ROSTAR）。罗马世家的西装采用自然面料和高科技材料，结合传统和创新方法的裁剪，形成了古朴而时尚，高贵且奢华的风格（图13-2）。

图 13-2 罗马世家：品牌商务装系列

罗马世家自1992年开始在中国大陆的投资和发展，经过二十多年的发展，现已成为大陆全系列高级男装成衣直营系统最大投资集团；不仅是全球顶级男装全系列定专家，还是美国常春藤名校服饰大中华总代理。在中国市场上，罗马世家是"代理国际男装品牌"规模最大、渠道最广的集团之一。

13.2　品牌发展历程

"ROMASTER"这个名字有其历史渊源。1901年意大利有名的裁缝罗伯特·奥塔为出席爱德华七世继位典礼的威灵顿公爵设计制作了一系列服装，精心的设计和精湛的工艺使该系列服装征服了当地的贵族，罗伯特因此而名声大噪。后来在小儿子的帮助下，罗伯特创建了制衣工坊，并命名其设计的系列服装为"ROMASTER"，"ROMASTER"的名字从此诞生。罗马世家从1992年进入中国，经过二十几年的发展，取得了卓越的成就。

13.2.1 起步阶段

1992年，北京市政府前往中国香港招商引资，同年罗马世家入驻北京，成立了罗马世家服装服饰（北京）有限公司，从事西装的生产、销售服务。此时的国内处在改革开放的初期，国家的快速发展刚刚起步，国内的需求旺盛。罗马世家抓住时机，迅速扩张在大陆的业务。1993年，罗马世家只用了七天就出色完成了东南亚残运会700多名裁判员特殊体型的量体定制，这让罗马世家得到了社会广泛的认可。1994年，荣获全国最高级别、七大部委联合颁发的最畅销商品奖——"金桥奖"，这是国家对罗马世家的肯定。此后罗马世家连续五年销量第一，成为国内服装界的领头羊。1997年香港回归祖国，罗马世家作为香港唯一代表在北京大钟寺敲响零时回归大钟。起步阶段，罗马世家积累了丰富的经营经验和营销经验，同时也积累了大量的资本，这为罗马世家以后的发展奠定了良好的基础。

13.2.2 快速发展阶段

经过几年的经验积累和市场拓展，罗马世家越来越多的承接了团体制衣业务。团体制衣业务量大，相对利润高，也是最能体现其制衣水平的业务。在团体制装方面，罗马世家展现了其精湛的工艺和高效的管理。1999年，新中国成立50周年华诞，在42家投标企业的角逐中，夺得群众游行方阵的绝大部分服装定制业务，获得了广泛的好评。随着罗马世家的品牌声誉进一步提升，其承接和赞助的各项活动的规格也越来越高，难度也越来越大。2001年，为了助力北京申办奥运会，罗马世家作为五大赞助商之一，赞助了紫禁城广场音乐会，并承制世界著名三大男高音歌唱家的演出服装。同时，被指定为唯一的服装形象供应商，授权使用此活动的经典图文以及"三高"标志。正是因为这次为世界级歌唱家的定制经历，奠定了罗马世家在世界服装舞台上的地位。2005年，世界男高音王帕瓦罗蒂再次找到罗马世家，专门指定其旗下伯爵勃朗品牌为其告别音乐会定制演出战袍。在此阶段，罗马世家得到了快速发展，制衣水平和业务能力已经达到了一个新的高度。

13.2.3 迈向高级定制阶段

2006年，罗马世家推出"高级定制"服务，这是全国第一家提供该服务的企业。"高级定制"将西方经典的礼服、晚礼服、燕尾服等顶级服装推向社会的精英阶层。这标志着让罗马世家的业务逐渐转向高级定制。在此期间，吸引了许多影视明星作为罗马世家的会员，同时罗马世家也为一些影视的定制演出服装。例如，在2007年，同中国移动共同赞助了电影《命运呼叫转移》。这一阶段，罗马世家更加注重宣传和品牌维护。在2010年，获得了"北京十大品牌奖"。在2011年，作为颁奖嘉宾出席《名车志》的年度十佳颁奖盛典，并为获奖嘉宾颁奖。此时，罗马世家已经作为成功者的角色进入社会的视线，成为社会名流展现身份和品位的标志性品牌。2012年罗马世家应邀前往英国伦敦奥运会，带领一群明日之星，参加"激励一代人"的奥运终极项目。可见罗马世家已经在世界上享有了一定的声誉（图13-3）。

图 13-3　罗马世家：高级定制宣传大片

13.2.4　品牌提升阶段

在服装产业下行压力较大的情况下，罗马世家开始探索新的商业模式。2013年罗马世家联手《男人风尚》和意大利文化中心，于世博意大利馆举办全球男装顶级时尚盛宴——"风尚领袖2013年度盛典"，发布2014全球男装流行趋势，主动引领市场潮流，并且推出了更加时尚化、年轻化的西装（图13-4）。

2014年，罗马世家在北京朝阳CBD建立的一家私人会所式的庄园——"罗马装园"全满投入使用，开启了男装全系列定制综合服务。这是一个集茶艺、书画、花园、烟吧、名酒、鞋定制、马术等服务为一体的庄园，更是社会的精英阶层交流的场所，让顾客在享受到高级定制的衣服的同时，也享受到顶级的增值服务。同时，罗马世家签约来自意大利的"金剪刀"卡里斯图·朱塞佩（Caristo Giuseppe）先生，推出顶级定制"ROMASTER Bespoke"系列并入驻"罗马装园"。"金剪刀"的加入，吸引了国内许多名人前往试穿顶级金剪技艺，这让罗马世家的品牌价值得到了很大的

提升。在社会影响上，正如卡里斯图大师说的那样，同罗马世家的合作，能够把意大利的工艺技术带到中国来，共同推动服装行业的进步，同时对西装文化在中国的传播有积极的推动作用。2016年，罗马世家出资1.527亿元重组福建诺奇股份有限公司。控股诺奇，就意味罗马世家可以拥有诺奇的渠道、市场等资源。这种资源的整合，更加提升了罗马世家的品牌影响力（图13-5）。

图 13-4 罗马世家：男装发布会

图 13-5 罗马世家：品牌签约意大利"金剪刀"克里斯图·朱塞佩

13.3 营销策略

13.3.1 坚持产品的高质量

产品质量的把控，是实施一切发展策略的基础。首先，在量体上，罗马世家采用世界先进的量体技术。随着科技的发展，传统的量体方法已经显现出其局限性，因此，罗马世家皇家裁缝高级海外定制运用先进的计算科技数据处理技术，将"量体数据"与近 1000 万个体型数据进行对比分析，对最吻合的体型数据进行局部修正，从而最大限度地降低了"量体误差"。皇家裁缝高级海外定制由精通面料、版型、设计与制作的、素有"服装灵魂人物"的量体师为客户量体，使制作的服装"合身""修身"两全其美。其次，在设计上，罗马世家有着世界顶级的服装设计师、量体师和裁缝大师。特别是意大利"金剪刀"获得者卡里斯图·朱塞佩的加入，罗马世家高级定制的设计制作团队的实力有了很大提升。同时在设计和剪裁上，既有给中国第一代领导人量体制作的服装的元老级裁缝，又有世界裁缝界的"奥斯卡"——金剪刀获得者。而这些大师的加入，让罗马世家向国际高级定制的巅峰又近了一步。最后，罗马世家选用制作服装材料的标准近乎苛刻。千余种精挑细选的顶级男装面料供客户选择，这些面料几乎全部来自意大利、英国、日本等国家。先进的量体技术，精湛的制作工艺，考究的服装面料共同打造出罗马世家高品质的定制西装。

13.3.2 坚持以顾客为中心

罗马世家的成功，得益于其始终以消费者为中心。在 2013 年下半年，中国服装产业下行压力很大，有许多服装企业由于顶不住压力而消失。罗马世家经过对市场仔细地研究发现，市场下行的压力主要是因为服装行业的产品同质化严重，消费者越来越追求个性化。为此，罗马世家尝试改变其设计风格，并重新定义其市场定位。例如，罗马世家曾经的高端客户大部分都是成功人士，他们大都已经步入中年，甚至中老年。因此，服装的设计款式突出成熟、稳重。然而，现在的成功人士越来越呈现年轻化的趋势，他们追求个性，思想前卫，对于服装要求更加时尚化。罗马世家的设计团队开始设计更加适合新一代成功人士的款式，风格更加年轻化、时尚化、舒适化。凭借其丰富的定制经验，罗马世家开始尝试设计新的款式，并取得了一定的成效。就 2014 年秋冬新模式订货会上来看，罗马世家设计的新款得到了众多销售人员的青睐，在一定程度上说明了顾客偏好的变化。因此，设计符合市场需求的服装，是永远立于不败之地的秘诀（图 13-6）。

13.3.3 坚持多渠道宣传品牌

重视塑造品牌形象的多渠道宣传，也是罗马世家成功的重要因素。罗马世家通过投标和赞助一些大型活动，特别是国家级或世界级的活动，来进行品牌宣传。1993

图 13-6 罗马世家:时尚化的西装款式

年,高效地制作东南亚残运会裁判员的服装,罗马世家的品牌逐渐被熟知。在香港回归的时候,作为香港唯一企业代表在北京大钟寺敲响零时回归时钟,更加提升了其品牌形象。此后,团体制衣成为其重要的收入来源,让罗马世家积累了后续发展所需的资本。进入 21 世纪以来,罗马世家为强化其品牌形象,赞助许多大型活动甚至是影视,例如世界三大男高音的紫禁城广场音乐会,电影《爱情呼叫转移》,电视剧《离婚律师》、作为《名车志》的颁奖嘉宾等,这一系列活动让罗马世家一次次站在时尚和品位的前沿,同时也大大提高了其品牌价值。

13.3.4 坚持产品和商业模式的创新

罗马世家的创新主要体现在产品的创新和商业模式创新两个方面。首先,在服装行业中,西装的款式多少年来千篇一律,同质化很严重,而随着消费者偏好的改变,产品创新势在必行。自 2013 年以来,罗马世家每年都会发布下一年的流行趋势。这些新品中,既承袭了经典的意大利风格,同时又会根据下一年流行趋势的预测而进行改良。在 2017 年春季新品发布会上,罗马世家将其经典的西装上衣进行了改良,采用商务休闲全新非结构化轮廓设计,明晰的层次感与醒目的几何结构,让整体线条更偏于柔软,让西装上衣更适合春夏季穿着。同时,在裁剪上更新了传统意式版型的比例规则,从而以合理的设计打造能完美修饰身长和身形的款型。面料采用纯天然羊毛、羊绒和真丝等材质，让套装穿着起来更加的舒适与透气。承袭传统又不断创新，让经典与时尚融合，使罗马世家引领和抓住了流行趋势，其成功也成为必然。

其次，是商业模式的创新。罗马世家在发展过程中，逐渐形成了服务于社会的精英人士，成为全球顶级男装全系列定制专家的宗旨。为了适应高级定制的市场定位和产品特点，罗马世家在北京建立了罗马装园，一种以会所形式，集茶艺、书画、花园、烟吧、名酒、鞋定制、马术等服务为一体的装园。在装园中，除了为顾客裁衣，完成商业环节之外，还提供高附加值的服务。这不仅在衣着上体现顾客的品位，在服务上更能体现出顾客的尊贵，而且还能提高罗马世家会员的忠诚度。这种新的服务模式一改传统服装的店铺模式，吸引了不同行业的翘楚前往，其中就有国内著名书法家赵长青先生。这种体验式营销，让量体裁衣的过程变成一种有品位的生活方式，而不仅仅是一种买卖行为。

13.4 综述

一个好的品牌形成，需要好的产品质量、良好的宣传，再利用合适的营销方式将品牌形象传递给消费者，同时要具备一个好的商业模式，更好地为消费者服务。罗马世家经过二十几年的发展，形成自己的特色。一直走高端路线，也意味着罗马世家不能墨守成规，必须经过不断地创新，才能保持不断前进。在发展的同时，不盲目跟风，坚持自己的发展理念，形成了自己的品牌。有人说，品牌是企业发展的金钥匙。而罗马世家经过二十几年的锻造，掌握了这把金钥匙，这正是其成功的秘诀所在。罗马世家通过对服装的各个环节的把控，成为国内高级定制的翘楚。当前，服装产业正面临着转型升级的困境，有很多企业在苦苦寻找新的发展思路。也许罗马世家的经验对当前服装企业的转型升级有一定的借鉴意义。【资料提供：司红军】

14 绿典：把自然带进生活

14.1 品牌概述

"绿典"创立于 2003 年，距今有 14 年的历史，但相对于同行业一些品牌而言，依旧是一个较为年轻的品牌。品牌服饰的主要材料为彩棉，彩棉具有天然色彩，织成的面料不经染色，就可直接剪裁成服装，不染色意味着节省大量的水，意味着减排大量污染物，还意味着不会残留有害化学品，这样省去了中间很多的浪费及污染环节，更加的安全、环保、健康，因此深受消费者的喜爱。而"绿典"正是抓住了这个机会，并且在这一领域有着先进的生产技术，凭着这一技术优势，一跃成为彩棉行业的领军企业（图 14-1）。

图 14-1 绿典：品牌 LOGO

绿典坚持绿色、环保、生态、健康的设计理念，从婴儿出生起就为孩子们提供健康、舒适、环保的纯天然彩棉制品，呵护宝宝的健康为其品牌使命。天然彩棉未经任何染色和化学工艺处理，以健康、环保、生态为特点，它从种植、纺织到成衣整个过程都严格遵循绿色生产标准，符合清洁生产的要求，体现其回归自然的感觉，符合现代消费者追求天然环保的时尚理念。产品形象体现温馨舒适而又给人以返璞归真的感受。品牌以为 0~12 岁不同阶段的儿童的服饰为核心产品。对于免疫系统尚未发育成熟的宝宝来说，对过敏物质、化学残留物的反应要比成年人更强烈，娇嫩的肌肤十分容易过敏，彩棉并不仅仅是柔软舒适，抗静电、透汗性好、抗虫性强、无污染、绿色生态的优点特别适用于婴幼儿童。绿典彩棉采用 100% 天然棉工艺，不含有害化学物质，未通过任何化学印染，完全依靠天然彩棉的颜色织造而成，拥有棉的柔软和天然的色彩，能够呵护宝宝娇嫩的肌肤。彩棉材质特有的健康属性，受到越来越多的消费者推崇。

14.2 品牌发展历程

天彩公司始终重视技术创新，正是凭着不断的技术创新，掌握了彩棉纺织加工的核心技术，并取得了优秀业绩。绿典品牌天然彩色棉服装及其制品获得了"北京市名牌产品"称号，"绿典"商标被北京市工商局评定为北京市著名商标。

2002年，公司通过 ISO 9001 和 ISO 14001 认证。2003年，公司参与的北京纺控"绿色环保技术（彩棉）的研究与产品开发"成果，通过了北京市技术创新服务中心的新产品鉴定，同时也通过了北京市经委的项目验收，获得了2004年北京市科学技术奖二等奖。2005年，公司被北京市知识产权局列为北京市第二批百家专利试点企业。试点期间，在北京市知识产权局和北京纺控的支持下，公司的一项发明及四项外观设计获国家专利申请受理通知书，当年即有两项外观设计专利申请被国家知识产权局授予外观设计专利权及办理登记手续。2006年以来，天彩公司共有13项外观设计获国家专利，而这些专利技术，都一一用在了"绿典"的系列产品中，打造了经久不衰的绿典品牌。2007年公司天然彩色棉针织和梭织面料均通过瑞士 Oeko-Tex Standard 100 生态纺织品认证，并且是最严格的一级（婴儿级）认证。这些认证的基本要求就是管理严格高标准，质量安全无污染。公司被第29届奥林匹克组织委员会授权为北京2008年奥运会特许生产商和特许零售商，被南京青奥组委授权为2014年南京青奥会特许生产商和零售商。2015年绿典彩棉被北京市科委授予新技术、新产品证书。

创新，在"绿典"品牌中与环保并重。作为北京名牌产品，满足消费者需求多样化是"绿典"的重要使命。现在，每年都有几十款新面料上市，产品花色多，服装品种全，不管是童装、女装还是内衣，"绿典"总能满足消费者的不同需求（图14-2）。

图 14-2 绿典：品牌形象宣传片1

绿典以 0~10 岁婴幼童装为核心产品，提供内衣、外出服、家纺等系列产品。2003~2008 年，主要经营结构童装和成人装各占 50%，2009~2012 年开始更加偏重童装，比重上升到 70%，成人装占 30%。2013~2017 年，市场更加细分，婴幼装占比达 60%，童装占比 35%，成人内衣床品类占 5%。

14.3 营销策略

14.3.1 绿典彩棉，诠释自然之美

绿典采用绿色环保的天然彩棉面料，以清爽透气的针织孔洞布、彩条纹理提花布为特色，色彩上运用彩棉的棕色、绿色和白色的天然色彩，分别象征大地、植物和孩子幼小纯洁的心灵。在图案设计上，创作了森林中各种动物形象，与天空星星、大地森林、花朵、叶子等元素相结合，宣扬一种回归大自然的生活状态。9 月 25 日下午，北京光华纺织集团有限公司旗下童装品牌"gretton 绿典"闪亮登场 2016 北京时装周，凭借健康、安全、舒适的天然彩棉材质和灵感采撷于原始森林的清新设计，完成了一场与自然的完美对话。本次新品发布，绿典使用了椰壳扣、贝壳扣、天然木扣等绿色元素。"不仅面料使用天然彩棉材质，坚持用天然的工艺打造童装，在辅料上也不忽视细节，尽可能贴近自然。"雷学志表示（绿典品牌所属北京天彩纺织服装有限公司副总经理）。

本次通过 2016 北京时装周的平台，绿典力求对品牌进行全面展示，以一种人与自然和谐一体、爱护生态环境、珍惜人类家园的生命态度，全新阐述了健康童装的新概念，传递出"绿色、生态、环保"的品牌理念。

雷学志表示，绿典关注并调查研究市场流行趋势，深入了解客户需求并通过对老客户进行回访，做出真正令顾客满意的童装。并且在童装质量标准上，也力求高于国标，做到同类产品中最高。

14.3.2 环保产品，简约而不简单

"绿典"品牌产品最大特点就是环保。由于不经染色，服装成品中不含可分解芳香胺、重金属等有害物质，是一种比较安全的产品。通常情况下，纺织品和印染品与消费者的需求关联度极大，生产过程往往产生较大的污染。纺织、印染都属于污染很大的行业。有数据表明，每染 1 吨纱要耗费 150~200 吨水，还要排放包括重金属在内的大量污染物，而天然彩棉的生产过程中则省掉了染色这一工序，自然也减少了污染物的排放。

面对环境危机的出现，公司凭借雄厚的研发实力，转危为机，研发出了以天然彩棉为新型纺织原料，天彩公司打通了天然彩棉产业从研发、设计、生产到市场推广的整个产业链，成为加快企业提升发展的新突破口。旗下拥有的北京市名牌产品"绿

典"更以"健康""环保"的独特优势成为服装市场的宠儿。特别是"绿典"品牌的天然彩棉童装，以其健康环保的时代特色，为孩子们的健康成长提供了最贴身的"绿色"屏障，产品均采用绿色环保天然彩棉面料，版型剪裁适合儿童身体发育特征，自然成为千万妈妈怦然心动的理想选择。

公司的彩棉产品在国内同行中率先获得了国际有机作物改良协会（OCIA）有机认证、美国国家有机标准（NOP）认证、符合欧盟 EV 2092/91 等同认证，等等。这些荣誉无不标志着主打环保产品的"绿典"，看似简单，其实却经历严格的把关才会投入市场。简约而不简单（图 14-3）。

图 14-3　绿典：品牌形象宣传片 2

14.3.3　细分市场，专注优质服饰

北京天彩纺织服装有限公司在行业内较早进行了彩棉纺织品的研究开发，经过多年的深度探索和研究实践，公司的彩棉产品已经形成了从原料、纱线、面料到成衣，从针织产品到梭织产品，从服装、服饰到床品、家居、巾被等完善的品类。特别是作为第 29 届奥林匹克运动会的特许商品经营商和特许商品零售商企业，绿典彩棉纺织品还走进了奥运会。随着企业的不断发展，北京天彩纺织服装公司高管领导越来越意识到品牌形象的提升对企业发展的重要性，特别是产品设计在品牌提升中的重要作用，公司进行了重大战略性调整，聘请著名设计师、奥运会福娃设计者之一的清华大学工艺美术学院副教授陈楠担任公司设计总监，强化设计力量，引进全新设计观念，建立面料和服装合理的设计流程与有效的作业模式，以绿典彩棉生活观作为设计主导思想，确定了全新的公司品牌形象和产品定位。

品牌的受众定位是具有一定经济能力和消费水平、有健康环保意识和追求的消费群体。就婴幼童市场而言，由于目前消费人群主体是 80 后、90 后年轻一代的父母，那么年龄定位的优势就变得不甚明显。他们大都已经步入工作岗位，有独立的经济能力，并正在成为中国时尚消费的中流砥柱。大部分 80 后主动消费的意识和消费欲望都很强。他们无法认同父辈那种拿了工资就存银行的消费态度，坚信"钱不是省出来的，而是赚出来的"，崇尚"钱挣来就是为了花的"，他们是具备品牌意识的一代，他们对品牌有一种强烈的归属感，对产品追求高品质、高档次、个性化。天然彩棉的高品质、新理念、个性化、差异化等特点正符合年轻一代父母的需求。

80 后、90 后年轻的父母们思维开阔，对流行与时尚都有着自己的见解和追求，所以他们乐于将自己的时尚诉求延伸到宝宝的服饰选择当中，以此彰显个性品位。天然彩棉产品颜色相对单一，无法呈现丰富的色彩，因此应根据自身特有的特性，塑造典雅、素朴、清新的另类时尚，凸显出彩棉绿色、健康的本色（图 14-4）。

图 14-4　绿典：品牌形象宣传片 3

对于成人服饰产品来说，人们往往更注重其美学功能，一件衣服、一双鞋是否与自己的身量和肤色搭配，通常是成人服饰选择的出发点。然而，对于宝宝们来说，婴幼儿阶段是其身体发育、生长的最关键时期。而此时婴幼儿服饰是否具备保护、助力孩子成长的功用对于品牌的市场定位至关重要。婴幼儿时期孩子的成长是最为复杂多变的，每个不同阶段都呈现婴幼儿生长发育的新特点。最主要的就是针对目标年龄段的细分，由于0~12岁儿童生长发育快，身高、体型、生长速度等每个阶段都不一样，因此要按各个阶段儿童的体貌特点、对服装的设计需求和消费特点来设计。将服装分类为0~3岁婴幼装、4~6岁小童装、7~9岁中童装和10~12岁大童装。另外，0~3岁婴幼儿的体质、身体承受能力、免疫能力变化也很快，因而还可以按照3或者6个月细分。对于婴幼装，父母在选择时会主要考量舒适性和对婴儿皮肤的安全性，对色彩、图案要求较少；小童装，父母会依据自己对服装的偏好为孩子进行选择，对品牌的归属感决定着其对服装的选择；中童和大童装的选择，这时孩子已经对自己的服装会有所偏好上的判断，因此一般会对色彩鲜艳、图案可爱等因素有所侧重。天然彩棉因色彩较单一，具有舒适性、安全性等特性，因此将婴幼装作为核心的目标市场，延伸至小童装细分市场（图14-5）。

14.3.4 渠道升级，提升品牌形象

品质方面的定位是产品的主要衡量标准。产品是品牌的核心，一件产品若无质量的保证，其他的品牌优势也就无从谈起，尤其是针对直接接触宝宝皮肤的婴幼儿服饰类产品。婴幼儿从各个方面来讲都是需要特殊保护的弱势群体，他们体质柔弱，皮肤敏感细嫩，所用服饰在材质的选择和印染加工方面的质量要求都要比成人更加严格。购买产品的父母们为了更好地保护孩子健康成长，通常都会选择纯天然、环保的无害面料。所以，高质量的产品定位是使产品立于不败之地的首要条件。天然彩棉具有天然、生态、绿色的特性，在产品品质方面毫无疑问要做到高标准。整个品牌的运营都围绕着订货制展开。订货制需要企业工作的每一个环节更加的细化，能够有效地控制库存风险。经营链条，设计开发新一季的产品，召开订货会，每个加盟商、每个自营店针对每一家店铺进行订货，汇总分析订货数据，制订生产计划，组织生产，生产完毕后配送到店，进入终端销售环节，最后通过销售数据、顾客反馈等进行总结分析，设计根据分析开展新一季产品的开发工作，整个运营形成一个闭环。绿典品牌商品在其直营店、天猫、京东等都有售，从正规渠道购买的产品其品质都可信赖。

就婴幼童服装市场来讲，一个明显的现象就是：不存在"质优价廉"这种说法。从消费者的角度看，即使自己本身的消费能力并不十分高，但依然会为孩子挑选高价的、甚至多为名牌的服饰产品。因为，消费者普遍相信品牌的保证，更相信"一分钱一分货"的道理；并且坚守"再苦不能苦孩子"的传统之谈。所以，低档价格在目

图 14-5 绿典：品牌形象宣传片 4

前，尤其是未来国内婴童服饰市场很难有更大的发展。自然，定价在中高档，消费者既能接受也愿购买。天然彩棉相比普通棉来讲，无论是原材料成本还是加工环节成本都要高出很多，自然服装成品成本会比普通材质服装要高。另外，其还具有绿色、生态、健康等高附加值的特点，因此理应定位于中高档价格水平。

绿典品牌与其他品牌童装相比，有很大的不同，其他品牌大都是色彩艳丽为特点，而绿典品牌色彩单一，风格典雅素朴，可以说是一个小众品牌。小众品牌顾客群体在体量上没有大众品牌的广度，但消费群体的忠诚度更高，因此在营销上也要采用差异化的策略。提高目标顾客群体的品牌忠诚度，力争做一个为粉丝而生的品牌，不只是把产品作为品牌的核心，同时要把粉丝需求作为品牌的核心，不断地为目标顾客群体提供满足其需求的产品和服务。

14.4 综述

绿典品牌始终坚持把发展环保、绿色、生态产品，推广绿色营销作为品牌理念，提倡的是人与大自然的和谐一体，一种爱护生态环境、珍惜人类家园的生命态度，力求为婴幼儿童的健康成长保驾护航。绿典品牌顺应首都发展定位，从原有的传统制造业中脱离，大力发展具有科技含量的绿色生态纺织品，用"绿色环保、健康生态"的另一种模式走进时尚。【资料提供：刘臣】

15 玫瑰坊：以完美品质的高级定制，传承中华民族的经典文化

"我热爱高级时装，因为它是一种生命的停驻。它不像成衣那样简单地流行，再迅速地被遗忘。我希望我的高级时装成为馆藏级的精品，殿堂级的珍宝，成为传世杰作。因为真正的高级时装能够历久弥新，经得起考验。多少年后，它的存在就是时光的回眸。到那个时候，它能再现逝去的辉煌和残留的光彩，能重新演绎我曾经拥有过的幸福，以及我曾经创造过的美好。"——郭培

15.1 品牌概述

玫瑰坊，英文名"rose studio"，成立于1997年5月，它是北京玫瑰坊时装定制有限责任公司旗下一个时装定制品牌，致力于时装界纯高级手工定制，二十年来，玫瑰坊以其独有的魅力——奢华、唯美、雅致、细腻，感染世界时尚，并成为中国高级定制领域的一面旗帜，也是迄今中国最具权威性、专业性、设计性的高级定制品牌，开启了中国高级定制的先河。作为中国唯一的高级定制殿堂，它定义着中国人的时尚、尊贵与奢华。公司拥有100多名业内顶级的工艺技师，300多位专业工人。在京津地区开设了两间刺绣工厂，拥有500多名专业的刺绣技师。玫瑰坊倡导手工技艺的极致与完美，强调对传统工艺的挖掘与继承。有着中国高级定制最全面且最精湛的工艺，包括刺绣、首饰、制包、流苏、盘扣、手工花朵等。玫瑰坊的详细组成包括设计部、制版部、样衣部、裁剪部、装饰部、整烫部、工艺部、图案部、刺绣部、首饰部、扣子设计部、鞋包设计部等。品牌的创始人郭培在二十年中，带领玫瑰坊刺绣团队，恢复了几近失传的"宫绣"工艺，并使"宫绣"技艺在时装中得以发扬、传承，走向世界。此外，她还是演艺名人的御用服装师、北京奥运会颁奖礼服的设计师、是外国媒体眼中了不起的中国服装设计师、更是中国高级定制梦工厂的掌门人，十几年来坚守着对于完美的追求。

品牌定位高端消费群体，玫瑰坊作为中国最顶尖的高级定制工作室，早已成为了国家政要、明星名媛、商界精英以及注重品位与设计感的时尚先驱们出席重要活动时的着装首选。

2010年，纽约时报的权威时尚评论家Cathy Horyn在参观了玫瑰坊之后，赞扬郭培的作品"同巴黎时装的工艺不相上下，甚至有时超越巴黎时装的工艺"，赞美了郭培的成就——她对自然、美丽和中国已逝去却十分重要的过往的体味。2011年，美国《快速公司》在其六月刊中评选郭培为全球"100位2011年最具创意的商界人士"之一。2015年郭培的设计登上《纽约时报》的头版头条。2016年，郭培更是被《时代周刊》评选为年度百位最具影响力人物榜单。随后，郭培被联合国贸发会创新与企业家精神世界峰会颁发"创新与企业家精神奖"。2017年，意大利佛罗伦萨市市长里奥·纳尔德拉授予她能开启守城大门的"冷翠翡之钥"荣誉勋章（图5-1）。

图15-1　玫瑰坊：2017年，意大利佛罗伦萨市市长授予郭培"翡冷翠之钥"荣誉勋章

15.2　品牌发展历程

作为第一代中国服装设计师，郭培自1986年参加工作以来于专业领域不断探索，1990年成为北京天马服装公司的首席设计师，之后在1997年创立北京玫瑰坊时装定制有限责任公司，开创了中国高级定制时装的先河。而从全球范围来讲，高级定制时装的产生时期则在19世纪60年代末期，高级时装定制被称之为"沃斯的时代"。欧洲在服装和时尚方面取得的地位，是在上百年的历史发展中由许多代设计师付出了辛劳、贡献了才智甚至牺牲才取得的。我国高级时装定制本身起步也比欧洲晚很多，发展较慢，当时并没有完善和成熟的模板和标准以供参考，只能是一边做一边积累经验。

通过不断地摸索积累，郭培也不断成长开始收获各种荣誉。1995年荣获首届"中国十佳设计师"提名，并被日本《朝日新闻》评为"中国五佳设计师"之一。郭培的作品在澳大利亚博物馆展出并被收藏。1996年，同样作为首席设计师，郭培加入了米兰诺时装有限公司，首次成功举办了个人时装发布会"走进1997"。同年被上海时装节邀请参加"国际学术研讨会"，发表论文，并在东华大学举办了个人发布会。1998年4月与百福来时装公司合作参加国际服装服饰博览会，获最佳设计、最佳工艺等五项金奖一项银奖。其作品被收入《中国21世纪著名设计师》一书，成为当今中国服装界的代表人物。在2008年北京奥运会上，由玫瑰坊团队打造，郭培设计的"宝蓝色""国槐绿""玉脂白"3个系列共285套礼服获得了北京奥运会颁奖礼仪服饰一等奖。这些礼服历时了一年的设计修订，11万个小时的制作工时，它们在奥运会的302场和残奥会的472场颁奖仪式上亮相774次（图15-2）。

图15-2　玫瑰坊：为北京奥运会设计的"宝蓝色""国槐绿""玉脂白"3个系列的礼服

　　2012年玫瑰坊旗下的"GUOPEI·囍"品牌成立。由总设计师郭培亲自设计、打造。品牌主打系列"中国嫁衣"的设计理念源自于中国传统婚嫁服饰，并采用国际化的设计理念加以创新，使五千年的服饰文化在嫁衣中得以充分体现。中国嫁衣系列开创了传统嫁衣的先河，并成功引领了中国传统婚礼的风潮，为恢复中华传统婚庆习俗作出突出的贡献。

　　2013年5月29日，北京市工贸技师学院服装系与北京玫瑰坊合作"刺绣工艺培训"计划正式启动。郭培一直致力于倡导中国的传统手工技术的培训和教育。玫瑰坊不仅为刺绣培训班提供师资,并且为学生们提供实习和就业的机会。

2016年1月郭培成为中国第一个且唯一法国高定公会正式受邀会员,在巴黎高定时装周官方日程内进行作品发布。2016年4月,郭培荣登《时代周刊》(*TIME*)时代周刊全球100位最具影响力人物榜单。同样获得此殊荣的还有国家主席习近平、诺贝尔奖获得者屠呦呦。2016年5月,郭培获得"三八红旗手"的荣誉称号。

15.3 营销策略

15.3.1 结合设计与商业优势,不断优化产品结构,推动传统工艺发展

秉承着对传统中华文化的热爱,郭培带领着玫瑰坊致力于对传统服饰工艺的研究与创新,将传统青花瓷釉之美与水墨画艺术运用于服装设计,不断地推陈出新,赋予中式礼服新的生命;2012年范冰冰身穿郭培设计的青花瓷礼服,拍摄了国家宣传片,梳理了新的古韵时尚的国家形象。同时她还致力于传统民间刺绣工艺的保护和创新工作,让刺绣艺术从高级定制中获得全新的表现力。她带领团队研究"宫绣技法",在恢复了老的传统刺绣工艺的同时,更是创新的运用在时尚服饰的设计中。玫瑰坊的产品少而精,发挥传统工艺上的优势,优化产品结构。

玫瑰坊不仅在设计与商业方面积极的推动刺绣工艺的发展与保护工作,同时也参与到培养刺绣人才,创办各种提高手工技艺的培训。玫瑰坊所创新的"宫绣"技法,屡次在北京文化创意产业博览会工艺美术展中获得殊荣。

在郭培的带领下,玫瑰坊的手工艺充分的发展和运用在高级定制服装的设计和制作中,取得了难以逾越的高度,并使之走向世界,成为弘扬民族文化的新亮点。郭培和她的玫瑰坊为中国的高级定制贡献着自己的力量,让高级时装成为民族文化的象征,成为时代的缩影,成为追求美丽的共同语言。郭培与她的玫瑰坊共同缔造恒久的时装之美,见证永恒的时装魅力(图15-3)。

15.3.2 深度挖掘传统文化,做民族文化的传播者

郭培的玫瑰坊的作品帮助中国人认识时尚,帮助世界更了解中国。怀着对时尚的热爱和旺盛的创作热情,品牌自2006年起,举办了"轮回""童梦奇缘""一千零二夜""龙的故事"等一系列作品发布(图15-4)。

郭培在她的高级时装作品中无拘无束地表现着她自己对美的理解、想象与创造,展现着极致的完美与震撼人心的魅力。她的作品"大金"耗时5万个小时制作而成,并于2015年在纽约大都会博物馆"镜花水月"中国特展中展出(图15-5)。

玫瑰坊作为民族文化的传播者,中国当代时尚的引领者,传统工艺的保护者,为树立新的民族形象,展现当代中国的风貌作出了不可磨灭的贡献。正是这种精益求精的精神,郭培的设计打动了世界,也获得世界时装界的瞩目。郭培带领玫瑰坊团队创

图 15-3 玫瑰坊：郭培在联合国大会堂演讲，分享传统文化里"天人合一"的艺术理念在新时代时尚设计中的意义

图 15-4 玫瑰坊：2010年"一千零二夜"系列发布会上，郭培邀请不老神话 Carmen 走秀

图 15-5 玫瑰坊：2006年"轮回"系列发布的"大金"

作的作品展现着浓郁的中国底蕴，不需要任何广告宣传，通过每位客户的口碑而推广传播，并且作为中国顶级时尚的代表受邀参与各类重要的国际交流活动。2016年1月，郭培成为中国历史上第一个获得巴法国高定公会邀请，并在巴黎高级定制周的发布作品的设计师。她运用中国传统的文化作为自己带到巴黎的第一个设计主题，将宫廷刺绣和凤的图案大量运用在设计之中，"庭院"系列震惊了巴黎和整个国际时装界。之后，郭培的"遇见""传说""高定年代"系列再次展现出她深厚的中华文化底蕴与功底（图15-6、图15-7）。

图 15-6　玫瑰坊：2016年7月巴黎高定周作品"遇见"系列

图 15-7　玫瑰坊：2017年7月巴黎高定周作品"高定年代"系列

2017年，受美国萨凡纳艺术与设计学院（SCAD）之邀，郭培在SCAD Fash时尚电影博物馆举办了自己在美国的首次个展。展出的近50件作品，涵盖了郭培这二十年来对传统工艺的探索与创新。而在展览之初，本次个展就被Elle Deco的排在全球12个最值得观看的艺术时尚展览榜首。榜单中包括了大都会的川久保玲个展、为庆祝Dior 70周年而在巴黎举办的盛大回顾展等。在30年的设计生涯中，郭培推动了中国高级定制的"诞生"，并成为高定时装领域最权威的艺术家。

15.3.3 将设计与经营范围控制在高级定制领域,紧紧锁定财富圈层

随着消费者消费意识和美学意识的逐渐觉醒,以及高端消费群体对不同场合着装的要求,国内本土或引进的外国诸多成衣品牌无法满足这部分群体的需求,有审美追求的消费者的出现间接推动了更高要求的品牌的升级,也带来了服装定制的需求和市场。玫瑰坊的经营设计都围绕着服装定制的领域,采用会员制和专属会员沙龙销售方式,在品牌发展中不断围绕品牌进行宣传培养消费者,增加黏性。实行更私人化、更人性化的服务,更多地从消费者的角度去更加细化地考虑问题和感受,使他们能够借助服装更好地表达自己的个性,彰显自己的品位(图15-8)。

图 15-8 玫瑰坊:2016年巴黎高定周作品"庭院"系列

玫瑰坊作为高级定制的权威代表，政府要员、电影明星、社会名流、商业精英等有名望、地位、财富的权贵，都是她最忠实的顾客。很多出席重要的场合的人士都穿着过玫瑰坊制作的礼服，春节晚会 90% 以上的服装来自玫瑰坊，连续十多年提供中央电视台春节联欢晚会的重要主持人与歌手的服装设计，打造了周涛、董卿、李思思、朱迅等一代优秀主持人形象。范冰冰拍摄国家宣传片穿着的"青花礼服"以青花瓷为设计灵感，获得了 2016 年工美设计银奖。

玫瑰坊还先后接待了包括丹麦王储夫妇、联合国教科文组织文化总干事博科娃女士、法国高级时装公会前主席戈巴赫先生、苹果公司 CEO 蒂姆·库克在内的许多文化名人、政要，成为传播中华文化的新窗口。

15.4 综述

作为高级定制在中国最早的推动者之一，郭培的玫瑰坊无疑代表着中国高级定制的最高水准。玫瑰坊依靠其至高品质、完美创意、奢华理念以及优质服务赢得了中国高端时尚消费顾客群的认可与青睐。另一方面，玫瑰坊在国际化和创新的道路上锐意创新，不仅开创了中国高级定制的先河，并被世界所认知，所认可。2016 年，玫瑰坊成为第一个被法国高定公会邀请，登上巴黎高级定制时装周舞台的中国自主品牌，成为民族的骄傲，中国高级定制的标杆。

虽然"高级定制"时装被称为时装界"皇冠上的明珠"，一些时装设计师将其看作是事业的最高追求和理想，它的利润却不像表面那么光鲜。"高定不赚钱"也不是秘密。但是玫瑰坊的设计师及工艺师运用独创的设计、严谨的制作、精湛的工艺，致力为高端客户提供高品质的服务，凭着对服装艺术的热爱，也将秉承坚韧、优雅、唯美、懂得牺牲与放下的品质与态度，继续在高级时装定制的王国中盛放。

16 木真了：以文化为根，忠于品牌之魂

16.1 品牌概述

"木真了"品牌诞生于 1996 年 8 月 16 日，注册于北京。品牌主营中高档中式服装、中式家居用品，产品价格在 2000~8000 元之间，部分高端定制产品在数万元以上，目标群体定位在为 30~45 岁之间的女性服装，同时也生产新娘喜服、男士中式服装。品牌致力于打造中式服装领军品牌，为广大知性高端女性群体提供更好的服装，满足其日常及重要场合穿着（图 16-1）。

木真了作为中式品牌中的佼佼者，创建至今一直保持平稳的增速发展。2016 年，木真了员工 341 人，同比增长 27%；总资产 1.9 亿元，木真了以直营为主，目前全国

图 16-1 木真了：木真了 2017 春夏系列

有54家直营专卖店，北方大中型城市已全部覆盖。以北上广深的直营店铺为主，包含百货店、购物中心生活馆和机场高铁渠道。现已在北京新世界、中友百货、新燕莎MALL、当代商城、北京南站等二十余家商场开设木真了专卖店；外埠市场分布哈尔滨、兰州、西安、青岛、长春、沈阳、厦门、武汉等多个大中城市。2016年，木真了营销网络覆盖的省份已达23个，销售总额达到1亿4168万元，销售量26万件（套），利润1134万元，利润增长20.8%。近几年，木真了也开始注重网络销售渠道，2016年网络销售总额1582万元，增长160%。

木真了以线下生活方式集合店为载体，围绕"中式服饰"而展开一系列空间陈列、场景营造及体验式消费和服务。重视品牌与消费者的交流和对话，通过精致的装修、陈列，融入衍生产品及服务（饰品/家居用品/婚庆用品/传统节庆用品/非遗衍生品/高级定制等），将零售店变为中国传统文化传承的载体及倡导中式生活方式的社交场所。以电商平台为结合点，线上线下销售互动，发挥线上销售区域覆盖度广和消费者层次年轻化的特点，结合线下体验和服务的优势，线上线下共享品牌资源和客源，扩大现有顾客群体，培养锁定未来的消费用户。

木真了集设计、研发、生产、销售一体化，垂直整合型供应链，能最有效、最快速的得到反应。生产方式以小批量、短周期为主，有效地减少了库存和加速产品的流通性。在物流配送上采取本市自配送方式、外埠第三方物流的配送方式，保证了产品第一时间配发到店面。

16.2 品牌发展历程

16.2.1 首开中国民族时装品牌化先河

木真了创始伊始，就以弘扬传统文化、创新中式服装为企业宗旨。

1997年9月，公司董事长应邀进入人民大会堂，为香港回归祖国设计上百套中式服装。2000年12月，被北京市市政府评为北京市外地来京百优青年。2000年12月，所属公司新东安专卖店被评为北京市消费者满意、信得过单位，木真了工会被评为先进集体。2001年8月，木真了品牌被中国服装协会、上海中国国际服装服饰博览会组委会推荐为2001年高级成衣著名女装品牌。2002年11月，董事长兼首席设计师王晓琳在中国国际时装周上，荣获多项大奖和荣誉。2002年12月，公司被北京服装纺织行业协会授予"建设北京国际时装之都"最佳品牌企业荣誉称号。这是中国中式时装设计师首次被评为十佳设计师，也是中国服装协会、中国设计师协会给予王晓琳这位开创了中国民族时装品牌化先河、在消费者心目中具有相当高声望的实力派设计师的、另一种形式的肯定。时任北京市副市长林文漪为王晓琳等优秀设计师颁发证书，并合影留念。同月北京服装纺织行业协会召开了全体会员大会。大会对王晓琳在中国国际时装周全国设计师服装设计大赛中，荣获两项大奖，为北京赢得荣誉，增添光彩，给予表扬，并接纳王晓琳为北京服装纺织行业协会理事。

16.2.2 坚守文化之根，终成"国服之旗"

木真了对中华传统文化的坚守，使其成为国内女装最具特色的品牌。木真了以出色的技艺和独到的创意把中式服装提升到一个新的高度，逐渐赢得了行业内外的一致认可，"大写意服装""国服之旗"成为木真了的标签。

2003年03月，公司成功地参加了北京国际服装服饰博览会，同年9月，"木真了"品牌在上海成衣展上又引起强烈反响。2004年10月，公司荣获"总部基地杯第12届世界顶尖超级模特大赛中国总决赛指定旗袍提供商"。2004年11月，公司被指定为"2004'世界顶尖超级模特大赛世界总冠军旗袍提供商"。2006年8月，参加"2006'北京结婚博览会"同时木真了礼服荣获"最受新人喜欢奖"，并接受东南亚电视台、中国台湾电视台采访。2006年12月，在北京大观园酒店由北京电视台召开新闻发布会，宣布"木真了"品牌为红楼梦中人指定服装，董事长王晓琳参加了与北京电视台台长张强的签约仪式，并接受北京电视台等多家媒体的采访。2007年2月，"木真了"品牌被国家信息中心信息资源开发部评为北京·2006中国时尚品牌个性魅力大奖最佳品牌原创奖。2007年2月，"木真了"品牌获得中国服装协会主办的2005~2006中国服装品牌年度大奖创新奖提名奖。2008年3月，"木真了"品牌获得了北京市工商行政管理局颁发的"北京市著名商标"称号。2009年7月，木真了为中南海设计并制作礼仪服装。2009年8月，为庆祝中华人民共和国成立60周年大庆群众游行方队设计并制作游行服装上万套，董事长王晓琳受邀在观礼台参加阅兵仪式。

16.2.3 以民族魂征服世界

2010年，木真了注册"MOZEN"英文商标，将深蕴中华传统文化、凝聚民族传统技艺的新中式服装推向世界，逐步打开国际市场，开始品牌的国际化之路。木真了在北美地区建立了工作站，与当地非遗文化进行了深入地交流，尝试以文化之名打开新中式服装的世界之门。

2014年10月，公司成功设计并制作2014年APEC宴会礼仪人员服装。同年11月，公司为中南海瀛台外事接待设计制作系列家纺产品。2015年11月，被北京市巧娘手工艺发展促进会认定为"北京巧娘研发基地"。2016年3月，在文化部的支持下，公司在湖南设立第一个"非遗工作站"。

16.3 营销策略

16.3.1 一个有灵魂的品牌——木真了的品牌文化

木真了主要产品为旗袍、礼服、生活休闲、新娘装等。继承了华夏文明的服饰文化，传承创新，以唐装为载体，独树一帜，把"木真了"打造成具有文化力的品牌，这是"木真了"的品牌理念。

木真了创始人、董事长兼设计总监、时尚与高级定制分会常务副会长王晓琳女士，秉承对中华传统文化的深厚体验，以艺术家的无惧、无畏、无欲和无嗔，大胆游走于品牌、文化与艺术的交错之间，大开大合的舞动传统与现代的破立。她率先打破了传统中装的对称形式，率先实行了传统面料与现代面料的巧妙搭配，把中国传统服装时装化，使中国传统服饰真正步入国际时尚舞台。在王晓琳心中，木真了一直以来就是一个典型的艺术品牌。她说，"最初的时候在我的心目里有一种叛逆，我还是喜欢人有我无、我有人无的感觉。于是创建这个品牌的最初期，这个品牌名字的确立，以及在产品定位上，也希望有一种个性的时尚感觉"。作为一位忠于初心的艺术家，王晓琳始终悉心呵护木真了这份最初的艺术美，紧紧抓住中国元素这根生命线，立志把木真了做成传播美、传播艺术的百年品牌。

木——本色、纯粹，它意味着本质及无限的可塑与创造性，体现在我们的创造中；真——透明，对生命的信仰与执着，它体现在我们的做人准则和企业管理及产品的品质中；了——对生命的轮回、大自然的生生不息肃然而生的敬畏，它体现在我们对精神上的不懈求索。

以"民族美、个性美、人文美、服饰艺术美"为诉求理念，以传承中式传统文化、弘扬民族服饰文化，树立国服之旗为发展方向。彰显千年文化底蕴，凸显个性创意，实现了古典与现代，高雅与时尚的完美融合。主张"不为任何时尚形式而时尚，不为任何传统形式而传统，而为生命自由快乐的本性或时尚着，或传统着。"

经过二十年的不懈努力，"木真了"已发展成为中式服装中最具有代表性的品牌，义不容辞地担当起连接华服与国际服装服饰文化交流的平台。

16.3.2 传承经典、演绎中式时尚——木真了的产品设计

木真了首开中国民族时装品牌化先河。1997年9月，木真了为香港回归祖国设计上百套中式服装，一举打响品牌。2002年11月，董事长兼首席设计师王晓琳成为首位在中国国际时装周上被评为十佳设计师的中式时装设计师（图16-2）。

木真了以出色的技艺和独到的创意把中式服装提升到一个新的高度，逐渐赢得了行业内外的一致认可，"大写意服装""国服之旗"成为木真了的标签。2006年12月，成为红楼梦中人指定服装。2009年7月，木真了为中南海设计并制作礼仪服装。

图 16-2　木真了：木真了服饰产品展示

2009 年 8 月，为庆祝中华人民共和国成立 60 周年大庆群众游行方队设计并制作游行服装上万套。

以民族魂征服世界。2010 年，木真了注册"MOZEN"英文商标，将深蕴中华传统文化、凝聚民族传统技艺的新中式服装推向世界。木真了成为国人走出国门的身份名片，行囊中一两件木真了，仿佛挽住了祖国的臂膀。木真了连续多年赞助加拿大春晚、加中贸促会、欧美同学会的大使夫人晚宴等国际交流活动。2014 年 10 月，公司成功设计并制作 2014 年 APEC 宴会礼仪人员服装。同年 11 月，公司为中南海瀛台外事接待设计制作系列家纺产品。

16.3.3　心手相传的卓越手艺——木真了的产品特色

木真了的产品设计风格以传统和时尚相结合，将中国特色文化元素及传统手工技艺融入其中。木真了的设计团队精研传统文化的内涵，结合自己对文化的理解，提炼出有代表性的传统文化元素，并将其注入每年推出的成衣系列，使每件衣服都展示出传统文化灵魂之魅。木真了 2016 年秋冬以"回"作为本季主题，体现出产品强大的生命力与可塑性。"回"归本心，演绎着木真了 20 年始终坚守的原创与匠心（图 16-3）。

木真了坚持弘扬以传统手工技艺为代表的非物质文化遗产，将京绣、苏绣、湘绣、苗绣等融入每件服装的设计中，从而形成了具有木真了特色的新中式服装。2015年11月，被北京市巧娘手工艺发展促进会认定为"北京巧娘研发基地"。2016年3月，木真了发掘了源自湖南湘西苗家的传统手工艺踏虎凿花，并设立了以踏虎凿花为保护对象的"非遗工作站"。踏虎凿花被誉为"绣在衣服上的文明"，苗家师傅用磨砺在手中多年的刻刀凿出昌盛的花样，繁茂的生命力从衣面喷薄而出，绚烂夺目（图16-4）！

木真了在传统文化的继承和创新中，为其博大精深和崇高的价值所折服，以卓尔不凡、品格高尚的古代贵族精神为内涵推出了中式高级定制产品。木真了的高级定制产品，主要以礼服和新娘装等仪式服装为主，追求内在与形式的完美结合，通过精湛的技艺、精致的面料和精美的设计展示了儒雅、气度、节制与尚德的高贵修养，赢得了各界社会名流的敬慕与信任，也是各国政要在中国出席各种活动的指定服装（图16-5）。

图16-3 木真了：木真了手工服饰设计展示图

16.3.4 中式文化生活代言者：木真了的未来规划

未来，"木真了"不再仅是售卖服饰的服装品牌，而成为一种中式文化生活方式的标签。品牌渠道拓展方面，坚持选择一二线城市，尤其是北、上、广、深等理念开放、思想前卫、消费需求多元化的城市，以品牌结构多元化，具有吸引家庭客流、年轻客流和休闲客流的购物中心为主导，打造品牌生活馆。在产品研发方面关注消费者的生活方式和需求的研究，在传承中式文化元素的基础上，引入时尚化和生活化的元素，满足顾客实用化和个性化的需求。在品牌推广方面借助"木真了中式文化生活馆"将单一的服装店转化为品类和服务多元复合的"木真了中式生活"。"木真了中式文化生活馆"是一群懂情趣，喜爱传统文化和中式生活方式的人聚会、交流的场所，实现消费者"社交需求、尊重需求和自我实现需求"的满足。无论是商品还是场所都会迎合这种需求，给予人群标签的心理暗示，与目标客群在"价值观"上形成共鸣（图16-6）。

图 16-4　木真了：木真了 2016 年秋冬"回"主题设计大片

图16-5 木真了：木真了新中式礼服设计大片

图 16-6 木真了：品牌艺术生活馆

16.4 综述

二十年来，木真了凭借精湛的品质与独具创意的设计理念被国内外消费者熟知，被媒体称之为"大写意服装""国服之旗"。20年中品牌坚持将传统与时尚相结合，使中式元素得到了广泛的应用和延伸。木真了设计的礼品多次作为国礼赠送，更有众多政府官员、领导将木真了作为外事访问的首选服装。通过50家直营店铺的销售推广，线下VIP会员可达10万人次。近年，公司开通微信订阅号、公众号、天猫商城、京东商城等途径宣传推广，网络粉丝数量达20万人。木真了逐渐成为国民心目中民族文化的标志之一。

木真了的服装不是纯粹的元素堆砌，而是通过对传统文化的认识，将现代元素与传统元素结合在一起，实现功能、美观、文化内涵的和谐统一，以现代人的审美需求来打造富有传统韵味的着装风格。"不为任何时尚形式而时尚，不为任何传统形式而传统，而为生命自由快乐的本性或时尚着，或传统着"的木真了，彰显千年文化底蕴，凸显个性创意，实现了古典与现代、高雅与时尚的完美融合。

木真了，中式服装最有代表性的品牌，致力于为中国消费者打造东方雅致生活，并将这种理念用充满文化底蕴、审美魅力和设计智慧的中式服装推向世界！【资料提供：王迎肖】

17 南丁格尔：为中国护理事业的进步发展而服务奉献

17.1 品牌简介

北京南丁格尔科技发展有限公司前身创立于 20 世纪 90 年代初，创始人姜景惠女士因与《弗洛伦斯·南丁格尔传记》的结缘，深受南丁格尔无私无畏的奉献精神打动，于是创立了南丁格尔医院职业装品牌，也定下了传承弗洛伦斯·南丁格尔深厚的人性关怀、不断寻求生命的意义与价值和以帮助苦难的人为责任的使命感。企业创立之初，在姜景惠女士为北京大学人民医院设计和制作的职业服装得到认可后，慢慢将经营目光聚焦于医护人员职业服装。随后，姜景惠女士为新建的北大妇儿医院设计护士服装获得成功，增强了她集中精力做好医院职业装的信心，毅然调整企业经营方向。伴随着企业快速发展的脚步，以及愈加清晰"可持续发展、做百年品牌"的企业宗旨，面对困难与阻挠时的坚忍不拔精神渐渐融入了企业的成长道路，也融入了这份不断发展壮大的事业。经过二十多年的精心经营，北京南丁格尔科技发展有限公司现已发展成为拥有多项自主知识产权及医用纺织品，医用服装服饰品研发、设计、制造、销售于一体的企业。企业客户遍布全国各省市、自治区，服务客户多达 6000 余家，活跃客户 2000 余家。年销售额从 1995 年时 100 万元，发展到 2007 年突破 2000 万元，再到 2013 年跃升至 7000 万元。南丁格尔人将一如既往地秉承南丁格尔的崇高精神，致力于支持和帮助护理界优秀人才，为构筑和谐人文社会，奉献自己的爱心和力量。

17.2 品牌发展历史

17.2.1 品牌创立初始：聚焦医护职业服装，确立行业中心地位

1990 年，通过与北京市曙光学校联营，成立了北京市曙光服装厂，产品从单纯市售时装扩展到医院职业装。姜景惠开始接触到了医院职业制服的设计，由于为人民医院设计和制作职业服装得到了认可，她敏感地看到了自己感兴趣的产品方向与愿意为之服务的客户群体。

1991 年，为北大医院新成立的妇儿医院设计的护士服装，打破了新中国成立以来医院护士服装的款式设计，被中华护理学会科技开发组吸收为会员单位。这也促使姜景惠女士明确了公司未来的产品方向与客户群体定位。

1994年，在对服装市场进行了认真的分析和比较后，姜景惠做出了一个大胆的决定：将20多万元的时装库存一次清掉，今后企业完全取消时装经营，集中精力做好医院职业装。调整好了经营方向，接下来的是具体的战略实施。姜景惠同当时卫生部护理中心的张平老师一起策划未来企业的发展。首先实施公司改制，将工厂改为公司，创立自己的品牌，构建自己的营销网络体系，以利于将来在同一市场中的产品延伸。由于被卫生部护理中心定为唯一北京市定点生产医院职业服装企业，走向了专业生产医院职业服装的道路，公司就此确立了行业中心的地位。

在公司的命名上，姜景惠同卫生部护理中心的张平老师不约而同地想到了"南丁格尔"这个光辉的名字。为了更多地了解南丁格尔和南丁格尔精神，姜景惠以一种无比崇敬的心情，深夜里静静地一个人独自看了两遍《南丁格尔传》。在这部英国人拍的电影里，她让自己随着南丁格尔的脚步，走进19世纪的英国，去感悟她的精神境界。后来谈到当时的感受时，姜景惠说："每一次，我都被士兵们亲吻她的身影感动得流泪；而她在战后，带着英国女王授勋的荣誉，却不愿意接受国内人民对她的隆重欢迎，悄悄地独自一人出现在她惊喜的父母面前的举动令我震撼，她的这种无私无畏的奉献精神，是无法用现代人的标准去衡量和理解的，这就是我对南丁格尔的感悟。"从此，南丁格尔融入了姜景惠的内心世界。她常常说："南丁格尔就是我的信仰。"这份信仰与情怀也体现在品牌的方方面面。

1995年2月7日，姜景惠怀着一种惊喜交加的心情从海淀工商局取回"北京南丁格尔服装服饰有限责任公司"的营业执照。公司正式更名为北京南丁格尔服装服饰有限责任公司。手捧着属于自己的"南丁格尔"公司执照，姜景惠感到身上多了一种社会责任，"南丁格尔"是一种属于世界的高尚精神。

同时，在市场竞争与商品的同质化不断加剧的态势中，南丁格尔公司注册了与公司名号谐音的系列商标，对于提升自己的产品与服务形象，使消费者印象深刻，从而提高产品的竞争能力起到了关键性作用。

品牌在成立初始，便确立了"为中国的护理事业服务，奉献"的使命。这个使命更是铭刻在了公司最醒目的位置，时刻提醒着南丁格尔人。

17.2.2 品牌发展成熟：科技与设计并行发展，奉献精神伴随左右

进入新的发展时期，世界规模的职业装正在越来越为人们所重视，中国各大医院的领导者们在内强素质、外塑形象的理念指引下，对于医院文化建设中医务工作者形象塑造方面重视程度也提升到了更高层次。此时，品牌的主要医院客户已经逐渐开始形成规模，市场网络更加完善，品牌影响力也很快地得到了提高。公司看准新世纪医院着装多元化、个性化的趋势，认为内外兼修才能走到竞争对手的前面。对内，在企业管理、科学技术、款式设计、人员培训等方面必须引进人才，不断加强企业实力。

对外，宣传企业文化，提升企业形象，践行"为中国的护理事业服务、奉献"的企业使命。

管理方面，1999年品牌经历了一次企业内部的巨大考验，开始走向以"企业内部精细化管理"为目标的成长进程。2004年开始自主开发公司的ERP管理软件。2006年参与门头沟国企改制，收购了北京市平西服装厂，安置全部的国企下岗员工，成为门头沟区第一个民营企业完整购买国企成功的企业。

科技方面，2000年申请注册《医用服装面料及其生产方法》发明专利。2002年公司与美国伊士曼公司联合开发并申报医用专利面料。同年公司在同行业中率先通过ISO 9001质量管理体系认证。为更好地适应消费需求的转变，品牌将自主培养与人才引进相结合，于2002年、2003年先后成立了产品研发中心、北京南丁格尔国际文化咨询有限公司、北京南丁格尔纺织品科技研究所。在产品原材料研制、服装款式、工艺造型、规格结构上狠下功夫。并且推出针对VIP客户具有特色的个性化需求解决方案及医院整体换装解决方案，在差异化竞争的道路上赢得了市场与客户的肯定，使企业的发展迈上了新台阶。

社会公益活动方面，品牌坚持已身，推动中国护理事业的进步和发展。2000年国际护士节开始，公司对员工进行"品格第一"的培训，2001年向护理界免费推出"品格第一"的培训，医院近2万名医护工作者参加了此项培训并受益。公司秉承"推进医院文化建设，提高医院管理及护理水平，奉献社会健康事业"的宗旨，为国内医疗机构和护理工作者搭建起交流平台。2003年非典期间，公司向多家医院捐赠防护服装，并坚持不涨价。2006年8月北京南丁格尔国际咨询文化公司与加拿大及国外的机构合作，培训中国的护士；与加拿大安大略省专业护士协会签署了合作协议。

这一时期，品牌牢牢抓住了自身优势，坚定品牌精神，获得了市场与口碑的双丰收。

17.2.3 品牌精神践行：大浪淘沙始于真金璀璨，沧海横流方显英雄本色

为了更好地满足市场需求，顺应企业多元化发展的需要，2008年公司正式更名为北京南丁格尔科技发展有限公司。如何让品牌与企业保持活力，立于不败之地。姜景惠女士认为"让公司成为受社会尊重的企业；探索员工成长的新模式；为社会和客户提供更多好的产品和服务；最重要的是，努力发展文化产业，把南丁格尔精神和文化的传播作为企业的责任，把博爱和奉献精神更好、更长远地传播下去！"践行企业文化与精神成为品牌行为准则。

2007年正式与中国红十字总会合作出资签约成立中国南丁格尔志愿护理服务总队，号召历届南丁格尔奖获得者组织起来带领护校学生，在职护士及退休护士一起向社区群众提供志愿护理服务和健康咨询服务。在为全民提供健康服务的同时，让

公众更多的了解护理工作，提高护理人员在公众心中的地位，为提高中国护理人员的地位而努力。中国红十字总会名誉会长彭佩云对此事给予了很高的评价和肯定，在医院和护理界也引起了极大的反响。至今总队已经发展了180多支分队，护理专业的志愿者有10多万人。获得国际红十字会颁发的"志愿队伍发展奖"。十年中，总队活动资金全部由品牌提供。同时，品牌为中国国际南丁格尔奖章获得者、在职护士、退休护士、护校学生们搭建平台，在中国社区里探讨居家养老模式，在社区传播健康的生活理念，为家庭护理进行咨询和帮助。2008年在汶川"5·12"特大自然灾害后，为灾区捐赠120万元的防护服装。工会被北京市总工会评为抗震救灾、重建家园工人先锋号称号。2017年公司秉承南丁格尔"奉献"社会的精神，创办了北京安仁公益基金会。

17.3　营销策略

17.3.1　品牌精神与文化贯穿始终

这是一个从名称到标志再到社会责任展现，方方面面无一不体现着"传承南丁格尔'爱'的崇高精神，致力于支持帮助和推动人类健康与中国护理事业的进步发展而服务奉献！"这一精神的品牌。

南丁格尔品牌的命名，源于国际著名护士、护理事业的先驱——弗洛伦斯·南丁格尔（Florence Nightingale）那种对伤员至真至诚、关爱备至、无私奉献的崇高精神信仰，作为企业精神与追求的一种表达和传递，确立了企业"博爱、责任、奉献"的核心价值观，以"南丁格尔"名字命名的"北京南丁格尔集团公司"，成为南丁格尔精神的追随者和传播者，承载着南丁格尔的精神延续与"爱心"传递为中国的护理事业服务奉献的神圣使命，积极践行企业文化与社会责任，让南丁格尔精神在人类健康发展中更好地发挥作用，实现"南丁格尔精神在中国再现"的庄严承诺。

冠名"南丁格尔"的中文译音和"NIGHTINGALE"英文字母，其中包含了南丁格尔（NIGHTINGALE）、护士（NURSE）、护理（NURSING）、新（NEW）四个方面相互联系的概念与内涵，其动画创意是，取首位英文字母"N"，以4个"N"的变化环绕组合成"十"字，形成南丁格尔品牌的标识。南丁格尔品牌的商标图案的设计，形象地体现了南丁格尔公司弘扬人道、博爱、奉献的十字精神，尊重、关爱、保护人的生命与健康，将为医护界服务奉献的信念作为奋斗目标的崇高使命感，象征着公司将传承并弘扬南丁格尔精神，成为在中国的南丁格尔精神和健康文化的传播使者，并寓意着在新的时代和未来的世纪中，南丁格尔集团公司将继续求新求变、不断创新与超越、国际化发展的坚强决心与意志（图17-1）。南丁格尔人以奉献社会的责任和精神作为理念，精心呵护这个品牌，不断践行着品牌精神与文化。2007年品

图 17-1 南丁格尔：品牌标识及品牌形象

牌出资与中国红十字总会签署协议合作成立了中国南丁格尔志愿护理服务总队。号召历届南丁格尔奖获得者组织起来带领护校学生、在职护士及退休护士一起向社区群众提供志愿护理服务和健康咨询服务，包括：健康讲座、急救技能培训、专家义诊、临终关怀等。在为公民提供健康服务的同时，让公众更多地了解护理公众，提高护理人员在公众心中的地位，为提高中国护理人员的地位而努力。中国红十字总会名誉会长彭珮云对此事给予很高的评价和肯定，在医院和护理界也引起极大的反响。

企业的不断发展和壮大，使品牌有能力秉承弗洛伦斯·南丁格尔毕生为改善公共健康环境、帮助贫穷及落后地区的人们提高改善居住环境，提高健康意识所努力的精神。品牌将慈善作为一个长期的、可持续发展的项目，于2017年初创立了北京安仁公益基金会，不以赢利为目的开展公共卫生健康知识宣传、关爱和帮助社会弱势群体等公益活动，让更多弱势人群获得应有的帮助。

17.3.2 提高科技含量打造拳头产品

二十多年的企业发展，一直秉承"创新、智慧、团队"的理念，不断适应行业市场需求。2001年开始申请伊士格尔产品专利，奠定了南丁格尔的产品从单一的白衣产品逐步发展到具有科技含量的多个高端系列产品的开端。

在2007年品牌就开始与全国防护服研究会、青岛大学纺织材料国家重点实验室、加拿大阿尔伯塔大学纺织学院等多家专业机构合作，对医护服装面料进行研讨，更多地了解到医疗用纺织品的国际最新科技成果与国际市场的需求趋势。

品牌技术人员与外协合作，经过变革与研发，相继研制出具有更好防护功能的"伊士格尔""伊新格尔""奥丝格尔"面料，使产品拥有更多的科技含量（图17-2）。高端防护型手术服等新型面料具有如下产品优势：①阻隔防护性强，水冲击渗透性检测"0"渗透，优异的防水性能有效地防止液体渗透污染、防血液喷溅、阻隔微生物穿透，在高达90℃的洗涤消毒50次后仍具有防水性能；②耐用性强，在高温高压蒸汽灭菌条件下，保持尺寸稳定不变形、色泽持久，污渍易清除、快干、易打理；面料强力好，坚固耐用，经医用洗涤100次无破损，仍保持良好的物理性能，产品使用寿命比普通手术服长4倍左右，循环使用更加经济；③舒适性好，面料质地柔软、亲肤、轻薄，并能透气、透湿，穿着无闷热感；④环保性强，生产环节达到国家基本安全技术规范GB 18401-2010B类，产品循环使用可降低废弃物排放。

迄今为止，品牌累计取得国家专利达13项，包括发明专利2项、实用新型5项、外观专利6项。产品研发更是迈上一个新的台阶。公司下属北京南丁格尔纺织品科技研究所在医疗行业纺织品的产品设计、材料研发、标准制订等研究工作一直作为引领同行业的风向标，促进并推动了医疗职业装的不断发展。

图 17-2 南丁格尔：品牌形象宣传片

17.3.3 积极拓宽营销思路

2003年的非典疫情使医疗行业对医用纺织品的需求不断提升,南丁格尔品牌也借此契机深挖客户需求,建立了以北医三院为代表的合作模式,满足客户零库存需求,做到及时反应,促进经营模式的改进。

随着医疗行业客户越来越重视医护形象对医疗机构整体形象的影响,品牌抓住契机,结合医疗职业装作为客户形象识别系统的重要组成部分,推出针对VIP客户具有特色的个性化需求解决方案及医院整体换装解决方案,成功为北大国际医院、华西医院等客户提供整体解决方案,在差异化竞争的道路上赢得了市场与客户的肯定,使企业发展迈上新台阶。

不仅如此,医护整体形象的打造也为品牌宣传及形象提升开辟了一个新的渠道。南丁格尔品牌产品作为多部医疗行业剧选用服装多次登上大小荧屏,引起了各大医疗机构关注。例如《外科风云》热播后,引起了强烈讨论,也带来了广泛好评(图17-3)。

近年来医疗职业装细分市场竞争愈加激烈,品牌在原有产品和市场的不断渗透基础上,更加注重新产品与高端产品的推出,提高产品和服务质量,增加市场份额。同时也在着手开展OEM生产模式转型,以适应外部环境变化,增强市场竞争力。

17.4 综述

光荣与梦想同在,责任与使命同行。南丁格尔品牌致力于科研、服务与管理的科技创新与发展,从医护服装服饰生产到多系列产品研发和医务领域的产业合作开发,坚持"可持续发展、做百年品牌"的企业经营宗旨,追求卓越品质,倾力成长为一个生命力强劲的国际化专业品牌。

图17-3 南丁格尔:医疗行业剧选用服装

18 派克兰帝：自信的小鱼，缤纷的世界

18.1 品牌简介

派克兰帝（PacLantic）是美国与我国台湾投资者于1994年在美国纽约创立的专业儿童服饰品牌。作为国内童装领域一流的专业品牌商，派克兰帝致力于儿童、婴儿服装和相关领域产品，集设计、研发、生产、销售一体化的运作模式，涵盖多品牌商品的开发和销售，拥有很强的国际化童装品牌设计开发能力及市场运作能力。前瞻性、创新性和国际性，共同铸就了派克兰帝的品牌优势。派克兰帝最早将品牌概念和美式运动、休闲的设计元素引入中国。23年来，她一直用其无穷的设计灵感改变着中国童装的传统格局，并以创新的设计和高端的品质时刻与欧美潮流并驾齐驱。

品牌文化。PacLantic是Pacific（太平洋）与Atlantic（大西洋）的合音，她的LOGO形象是一条微笑的小鱼，穿越太平洋和大西洋将美国与中国紧紧相连。她寓意要有海洋一样宽广的心灵和激情的生命力，为每个孩子创建一个五彩缤纷的快乐世界，这也反映了派克兰帝品牌立足于中国、放眼世界的国际视野。自创建以来，PacLantic不断将欧美的时尚元素融入童装的设计理念。她在中国的出现，打破了"陆军绿"和"海军蓝"一统天下的童装色彩，孩子们换上了格子裙与背带裤，还有带领结的小西服，从色彩与款式上在童装界引起一场轩然革命。她见证了一个全新的色彩时代的崛起，并成为新时代家庭生活方式的象征（图18-1）。

图 18-1 派克兰帝：品牌LOGO

主要产品线。派克兰帝的产品线包括了"玩转色彩""挑战极限"和"玩乐Style"等主打系列，几乎包括了儿童服饰的所有品类，如T恤、羽绒服、帽衫、长裤、功能套装、连衣裙等，满足从南到北不同地域的穿着需要。同时，每个季度也会推出很多服饰用品，如帽子、内衣、围巾、袜子等。派克兰帝童装适用于2~15岁的少年，fashion、Active、Outdoor等几个系列，完美地诠释了"轻时尚"和"泛户外"的设计理念。同时，百分裤子、二奶裙、彩条毛衣、毛呢大衣、超轻羽绒服和节日连衣裙等产品深受广大家长的好评，在童装市场上常年保持热销的势态。

销售渠道。派克兰帝公司一直立足于国内市场，放眼国际市场，深度融合线上和线下两个销售渠道。当前传统市场经济普遍不景气，派克兰帝正积极转向购物中心 SHOPPING MALL 等。与此同时，凭借在中国的童装市场积累的良好口碑和影响力，派克兰帝积极进军电子商务领域。2016 年，公司在全国范围内实现了线下和线上两条销售渠道的全覆盖，形成了优势互补、互相促进的发展态势。线下业务在一二线城市具备广泛的客户基础，覆盖 180 个城市近 500 家零售店铺及门店专柜，多年来一直处于行业领先位置。派克兰帝的电子商务部门与天猫、京东、当当、唯品会、亚马逊等各大电商平台开展战略合作，积极开拓三线、四线城市的童装市场的中高端领域。借助多年积累的线下品牌效应，线上业务抓住"互联网+"的市场机遇实现了后发优势，营业额环比年增速高达 75%（图 18-2）。

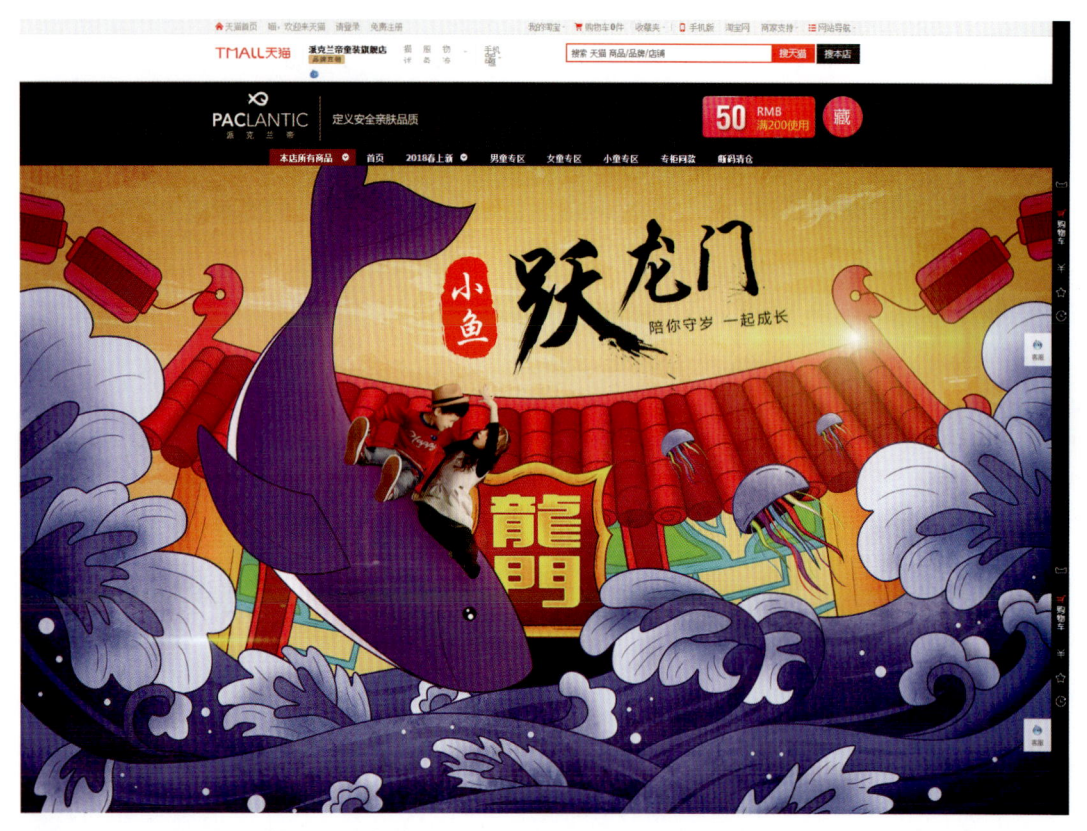

图 18-2　派克兰帝：品牌天猫旗舰店

18.2　品牌发展历程

18.2.1　从服装店到产业圈，派克兰帝铸就童装品牌

派克兰帝童装作为创业品牌，始终追求卓越的国际化品质，长期以来凭借专业的设计和可靠的质量，深受都市年轻消费者的喜爱，保持童装市场的领先地位。从北京

西单华威大厦启程，派克兰帝以连锁加盟的形式进军全国童装市场，派克兰帝小鱼家族一路走向西安、太原、郑州……销售网点覆盖全国 180 余个重点城市的近五百家门店及零售卖场。2016 年 4 月，派克兰帝童装在新三板挂牌，成为"童装电商破冰股"，借力资本支持进一步拓展童装及儿童相关市场，构筑以派克兰帝品牌为核心的儿童产业生态圈。派克兰帝作为北京童创童欣网络科技股份有限公司的核心品牌，在国内拥有极高的品牌知名度及美誉度（图 18-3）。

图 18-3　派克兰帝：品牌终端店面

18.2.2　从经典款到流行风，派克兰帝引领时尚生活

23 年来，派克兰帝的产品始终注重设计与品质，通过不断进行产品创新，始终坚守在时尚童装的前沿阵地。设计总监蔡玉翠曾经留学英国和美国，具有丰富的国际产品经验。派克兰帝与欧美设计师团队深入合作，将国际流行趋势与传统的民族风格相结合，把全新的设计理念融入派克兰帝四季产品中，推出了一系列简单实用而又个性飞扬的时尚童装。派克兰帝优选棉纱、亚麻等天然面料，确保为儿童提供安全、舒适的高品质服装。近年来，随着户外运动越来越受欢迎，就像广告词里唱的那样，"坐在海滩上凝视波涛汹涌，躺在帐篷里仰望灿烂星空……"，中国的家长们都开始鼓励孩子走进大自然、亲近大自然。为迎合这一流行趋势，派克兰帝更多地运用了运动元素与功能面料，进一步提升了产品的形象和顾客的忠诚度（图 18-4）。

图 18-4　派克兰帝：引领时尚生活

18.3　营销策略

随着童装市场的竞争越来越激烈，派克兰帝不断在进行着流行设计、生产方式、销售渠道等方面的转型创新，努力打造以顾客为中心的企业品牌生态圈。创立之初，派克兰帝选择把主要精力放在品牌的关键业务——产品设计和销售上，以适应快速发展的市场和不断变化的顾客需求，而面料生产、服装制作则交给保持长期稳定合作关系的生产加工工厂完成。"质量第一"是派克兰帝永远的追求，设计不仅追求产品的美观效果，还要保证产品的质量。质量中心采取质检人员驻厂和订单出场检验等方式，来消除服装的质量隐患。通过不断调整供应商、生产商和销售商的关系，实现供应链上的优势互补，派克兰帝获得了企业可持续发展的核心竞争优势。

18.3.1　多管齐下，提升消费体验

做品牌产品的根本是为消费者服务，提升消费者体验，这是派克兰帝童装一直关注的重点。在会员粉丝管理方面，建立会员管理及粉丝营销系统，使会员获得更佳的购物及服务体验；在店铺装修方面注重细节感、品质感和高尚感，营造舒适的购物环境；在渠道管理方面，打通线上和线下两个销售渠道，实现便捷购买；在品牌营销方面，不断进行跨界合作，为消费者带去丰富多彩的活动，也为新一代的家庭带来更好的消费体验。

18.3.2 产品创新，打造核心 IP

派克兰帝将投入更多的人力资源和研发资金，通过加强和国际设计师的合作来提升产品设计方面的竞争力，将"微笑的小鱼"图案提升为派克兰帝的 IP（Intellectual Property），以可爱的卡通形象一路伴随中国儿童健康快乐地成长。为激发消费者的购买兴趣，2016 年公司还与"麦兜大电影"进行了合作，联合推出了"麦兜"系列童装。未来派克兰帝将继续拓展与影视圈知名 IP 形象的合作关系，充分挖掘 IP 衍生品的市场价值（图 18-5）。

图 18-5　派克兰帝：赞助飞行唱跳会

派克兰帝通过赞助众多电影和电视节目，KOL 代言和自媒体宣传等方式，进行全方位的品牌推广活动，有效地扩大品牌的影响力。先后冠名了金鹰卡通卫视《飞行唱跳会》，巡回全国八大城市与目标消费群体亲密接触。赞助凤凰网《锵锵锵》栏目、北京电视台《职场帮帮团》等节目，植入电影《小神来了》和电视剧《亮色人生》。派克兰帝又与旅游卫视签约合作，拍摄纪录片《别叫我宝贝——纵穿南美到南极》。这样将派克兰帝巧妙地植入影视剧和舞台剧，在消费者心中建立了良好的品牌形象，也提高了派克兰帝的社会知名度。

18.3.3 运营创新,实现合作共赢

派克兰帝奉行以顾客为中心的服务文化,尊重顾客,理解顾客,持续提供超越顾客期望的产品与服务。最近几年派克兰帝实行会员营销策略,借助移动互联网、多媒体、虚拟社群等各种方式,吸引了接近 50 多万的新媒体粉丝。通过丰富多彩的文化交流活动,密切了企业与会员、粉丝之间的联系,为年轻的都市家庭带来更多健康快乐的生活理念。

派克兰帝不断加强品牌营销方式的创新,积极寻求与相关行业进行联动合作,先后与动吧体育、e 袋洗、爱大厨等互联网公司;驴皮网、绿野网等户外网站;摇篮网、宝宝地带等母婴行业网站;爱江山、卡卡萝萝等户外机构;奔驰、三星等知名国际品牌进行了跨界合作,共同推出一系列亲子体验活动。如此多样化的营销渠道,有效扩大了品牌的认知度和顾客的忠诚度。

18.4 综述

从初出茅庐到成就行业典范,派克兰帝已经奠定了童装品牌坚实的发展道路。2017 年,派克兰帝提出了"时尚、科技、安全"的品牌理念,在发挥原有品牌优势的基础上,决心以新思路拓展产品和服务的新领域——以新材料、新科技和新工艺为抓手,开发智能化的童装产品,优化网络化的销售终端,加强会员化的顾客管理。目前的派克兰帝,主营业务快速扩张,品牌优势逐渐凸显。派克兰帝未来将继续精心布局周边产业,与童装业务良性互动,形成可持续发展的儿童产业生态圈,努力成长为中国儿童产业市场中的领头羊。

19 赛斯特：服务姐妹，奉献社会

19.1 品牌概述

"赛斯特"品牌创建于1992年，是糅合典雅、精致、尊贵、时尚为一体的中国高级女装品牌，隶属于北京赛斯特服装有限公司，1997年正式成为注册商标。"赛斯特"源于英文"SISTER"的音译，蕴含着"来自姐妹的关爱，给予姐妹的关怀"的品牌理念。品牌创始人薄成书女士以关注中国职业知识女性的生活为根本出发点，以国际先进的研发模式和设计思想为核心，成功地将民族传统文化元素与现代国际时尚精粹巧妙融合在一起，开创了自己特有的企业文化，真正让文化融入服饰，使服饰体现文化。在二十多年的发展历程中，赛斯特始终秉承"关怀姐妹生活，引领时尚人生，塑造完美女性"的不懈追求，以"树民族品牌、做百年老店"为目标，用感情铸造品牌，用文化传播品牌（图19-1、图19-2）。

图 19-1　赛斯特：LOGO图示

图 19-2　赛斯特：品牌设计片1

"赛斯特"定位于中高端成熟职业女装，力求为心理年龄在 25~45 岁，成熟、成功、自信、高雅的知识女性女士打造高品质服饰，深刻把握职场女性的工作特点和职业习惯，始终追求个性与人性化的设计，使服装在美感的基础上更加舒适得体，全方位展现当代中国职场女性风范。赛斯特拥有服装界资深的设计队伍，坚持以市场为导向，走集中唯美设计，自我生产的道路，主要产品线包括职业女装、时尚女装、商务休闲装、针织产品、皮装等，所有产品均剪裁层次分明，简约随意，并有多款服装设计申报了专利（图 19-3）。

图 19-3　赛斯特：品牌设计片 2

"赛斯特"销售网络遍及全国，目前在东北、华北、西北、华东、华中等地区的 20 多个省市发展了 100 多家专卖店（专柜），直营店占比 90% 以上，此外还有数十家代理商。除了遍布全国一线和省会城市的实体店，公司还采用"互联网+"营销模式，搭建网上店铺，方便网上购买，拓展和丰富了营销模式和销售渠道。此外，赛斯特还拥有直接面对大型企事业单位职业装的团体定购业务，并为此专门设立了专业的职业装服务团队和量体裁衣队伍（图 19-4、图 19-5）。

多年来，赛斯特遵循"质量是生命、时间是效益、信誉是根本、顾客是上帝"的原则，生产规模日益扩展，经营管理不断完善，营销网络逐步扩大，品牌知名度和美誉度稳健上升，多次被国家工商总局、工业和信息化部、中国纺织工业联合会、中国

图 19-4　赛斯特：品牌设计片 3

图 19-5　赛斯特：品牌设计片 4

服装协会、国家信息中心、中国保护消费者基金会、北京市商业委员会、北京市服装协会等授予"中国驰名商标""重点跟踪培育服装家纺自主品牌企业""中国女装50强""优质产品""消费者信得过产品""影响中国服装市场十大女装""北京市亿元商场市场人均占有率十大畅销品牌""北京市著名商标""北京市信得过职业装企业"等荣誉称号,品牌形象深受社会和广大消费的认可。2014~2016年在整个市场比较低迷的情况下,赛斯特品牌市场表现良好,市场布局更加完善,市场占有率进一步提高。

19.2 品牌发展历程

19.2.1 起步

赛斯特品牌创始人薄成书女士是中国服装行业的一名"老兵",又是一位极具胆识和谋略的企业家。1987年,薄成书女士临危受命,出任北京市正阳服装厂厂长。上任伊始的她深知计划经济已转为市场经济,"等、靠、要"的时代一去不复返了,必须以全新的思维面对风起云涌的改革之潮。她迅速确立了"以市场为导向,以设计为核心"的理念,决心闯出一条产品的自产自销之路。《渴望》的热播带给她灵感,她带头设计生产的"惠芳衫"和"夹克服"创造了销售奇迹,职工的工资得以全额发放,一个濒临绝境的厂子有了回转之力。与此同时,她着手健全企业制度,规范各项管理,正阳服装厂一下成为当时北京商业服装公司中的明星企业,薄成书本人成为当时业界知名的明星厂长。

19.2.2 初创

1991年,北京市商业服装公司解散,它下属的所有服装公司解体。薄成书和她的200多名员工走到了人生的十字路口。按照当时组织安排,薄成书被任命到一个国有单位担任领导工作。可是这些下岗职工怎么办?薄成书决定走一条创业之路,带领职工开始新的人生。中国的服饰文化博大精深,中国的女性勤劳美丽,但是,那时的中国职业女装还处于空白。薄成书决心闯出一条自有服装品牌之路,做职业女装!她要让中国女性美丽而自信。

1992年,北京赛斯特服装公司正式成立,"赛斯特"服装品牌正式亮相北京。"赛斯特"源于英文"SISTER"的音译,意为姐妹。命名"赛斯特",一是表明这个服装专门服务于中国广大姐妹;二是这个品牌是由一批情同姐妹的人创造的;三是在提供服装和服务的同时,更是把姐妹般的情感和关爱带给广大的女性朋友们。品牌创立伊始,薄成书女士担纲设计师的角色,每次推出的新款式,总能在市场上大受欢迎,供不应求,甚至被其他服装公司争相模仿。1993年,赛斯特自己研发出了格子面料,一组热销的四件套产品,被同行追仿了数万米的面料。这是一个足以使一家企业起死回生的数字。

　　随着企业的不断壮大，赛斯特有了自己的设计师团队，其中不乏国内和国际知名设计师。他们都对薄成书女士尊重有加，这不仅是因为她深谙职业知识女性的服装诉求，更是因为她在中国职业知识女性服装特殊设计上濡染多年的丰富经验，倾注了独特的情感。常常是一个纸上谈兵的作品，只要经过薄成书的改动立刻就有了神采，在市场上大受欢迎。设计师们纷纷赞叹她的设计天分，也不断追问其中的奥秘。薄成书回答：1%的灵感加99%的汗水。她说：一个人做事不动脑子，没有灵感是不行的，这叫傻干；但是不勤奋，再聪明的人也不会有成就。

　　为了使赛斯特更能体现东方女性的含蓄优雅之美，她密切关注职业女性的工作状态和生存特点，潜心研究中国女性的身材特点和结构比例，对服装的肩、胸、腰部等位置进行特殊设计，服装穿上后不仅舒适，而且有修身的效果。为保护消费者的利益，从1993年开始赛斯特每年都将一些经典款式申请专利（图19-6）。

图19-6　赛斯特·外观设计专利证书

19.2.3　发展

　　1995年，赛斯特成为北京服装纺织协会最早的团体会员之一，被北京服装协会评选为"优秀西服"，获得北京亿元商场服装销售额第一名。1997年，"赛斯特"正式成为注册商标，成为最早注册商标的服装品牌之一。薄成书认为中国职业女性是一个具有特殊意义的群体，她们在职场和家庭角色中的转换穿梭，她们对传统与时尚的兼容并蓄，使得她们对服装的要求更加挑剔也更有眼光。因此赛斯特的品牌文化必须要精准定位，只有这样，其变化和创意才有根基。多年来"赛斯特"始终保持着自己的统一风格，却也一直在统一的风格中不断变化。正是把"来自姐妹的关怀"做到极致入微，才培育出经得住岁月考验的赛斯特品牌。

随着中国加入世贸组织和 2005 年 ATC 协议的解除，纺织服装业进入全球自由贸易时代。

这些年赛斯特快速发展，国际视野也越来越开阔，不断加强了与国际同行的深度合作，与韩国、日本、法国、美国等国家的纺织服装企业、行业协会都建立了良好的合作关系，推动了赛斯特产品的国际化发展。

赛斯特以独特的产品和专业的服务赢得了消费者、行业及社会各界的一致认可和好评。原全国妇联主席、全国人大常委会副委员长顾秀莲高度肯定赛斯特品牌文化，并于 2008 年欣然为企业题词"服务姐妹，奉献社会"。

目前，赛斯特已经成为一家集设计研发、品牌孵化、生产加工、人员培训、市场推广及产品销售为一体的现代化服装企业集团，企业妥善安置下岗职工就业，较好地解决了外来务工人员的工作和生活，让更多的人实现了梦想。在薄成书的发展蓝图中，赛斯特是一个不断发展的品牌家族，继成功推出"SISTER"品牌后，她再次创建了高级定制时装"雪·卡露莎"、时尚休闲装"伟士"和童装 CAF 三个著名品牌。她说，"赛斯特"的目标就是"树民族品牌，做百年老店"。

19.3 营销策略

"赛斯特"品牌历经二十多年的发展，从白手起家艰辛创业，到今天中国高级女装品牌中的佼佼者，赢得社会各界和消费者一致认可与交口称赞。赛斯特的成功自然与时代背景无法分开，但其多年坚守与创新并举的经营策略也在其中起到了举足轻重的作用。

19.3.1 尊崇品质第一

从"赛斯特"创立的那一天起，品质就成为赛斯特人的追求。在设计上，"赛斯特"坚持创意是产品的灵魂，在国内率先成立了企业专属的设计团队，坚持"设计有神、制作出神、穿着传神"的理念，从款式轮廓到细节结构，从面料研发到款式设计，形成了独特的风格。赛斯特品牌丰富而平和，时尚而不张扬，轻松而不随便，适合于职场和社交等各种场合，让消费者时刻感受到来自"姐妹的关怀"。在选料上，"赛斯特"注重世界品质，选用了意大利、韩国等高品质、高性能的面料，面料选择整体强调精致的工艺、自然漂亮的外观和舒适的手感，便于活动和舒展身体的功能性。在生产上，每一道工序、每一个环节，生产人员都是精益求精，先进的设备和熟练的技术相结合将设计师的梦想和考究的工艺生产出一件件高质量的产品。

19.3.2 融合两个渠道

赛斯特公司在终端销售上主要采取商场直营店和购物中心店的经营模式，同时网上商城全部采取公司本部运营方式。直接面对消费者进行终端销售，最大限度地减少中间环节，降低运营成本并确保了品牌在形象、价格、服务等方面的统一性和规范性，使消费者得到更大的实惠和更优质的产品及服务。未来五年赛斯特品牌进一步融合线下线上两个渠道，紧跟新零售的发展趋势，完善线下市场布局，并通过更多的线下活动和服务升级提升顾客的消费体验。同时，赛斯特还将重点推出职业装，为窗口行业如航空公司、银行等提供时尚、优质的产品和服务。

19.3.3　承担社会责任

赛斯特公司长期以来致力于社会公益事业和慈善事业，积极参加各项社会慈善公益活动。多年来赛斯特公司把企业的社会责任作为企业的使命之一，对顾客、员工和社会负责，积极参与到各项社会公益活动中，尤其当国家或地方发生性重大灾害时，赛斯特公司干部员工更是积极支援，包括2003年东南亚海啸捐款活动、2007年牵手三峡库区慈善活动、2008年：“5·12”汶川大地震捐款活动、汶川地震支援灾区赶制帐篷、2010年玉树地震及时捐款捐物、2013年北京"7·21"特大洪涝灾害第一时间为受灾乡镇捐赠物资等。

19.3.4　加强宣传推广

赛斯特不仅注重销售渠道的建立，积极参加社会慈善事业，热情投身于社会公益活动，使品牌价值充分体现在企业的社会价值上，还通过报纸、杂志、国际展览会、洽谈联谊会、网站、户外、车体、电视访谈等广告形式进行全方位、多角度的宣传报道，有效地扩大了品牌影响力，提升了品牌形象，赛斯特品牌得到了行业及社会各界的认可，在社会各界享有盛誉。2016年，赛斯特冠名赞助了北京时装周新闻大奖颁奖盛典。

19.3.5　注重企业文化

赛斯特非常重视企业的文化建设，并形成了特有的赛斯特文化，这就是以人为本的服务与管理和奉献社会的责任意识。赛斯特将员工视为企业最宝贵的财富，不仅创造了大量的就业岗位，为外地进城务工人员提供良好的工作环境和生活条件，还将员工个人的职业生涯与企业的发展紧密结合进行人才培育。多次邀请专家学者来企业讲座，先后派送30余人次到国内外大学进修深造，为员工创造一个实现人生梦想的舞台。

19.4　综述

从"远香的玫瑰"到"引领时尚潮流"，从"来自姐妹的关怀"到"服务姐妹、奉献社会"，赛斯特走过的不仅仅是一个中国职业女装的成长之路，它还见证和参与了中国服装行业的荣辱兴衰与顽强拼搏，成功地演绎了一个企业的跨越式发展。在北京市大力发展创意产业和建设时尚之都之际，赛斯特将在董事长薄成书女士的领导下，不忘初心、砥砺前行，以更优异的成绩为中国服装的腾飞、为建设更加美好的生活作出更大的贡献。【资料提供：王宝斌】

20　水孩儿：水文化

20.1　品牌概述

"水孩儿"童装品牌，1995年创立于中国北京。法文品牌名"SOUHAIT"，是中国本土最早的童装品牌。中文品牌名"水孩儿"，品牌取意于"孩子像水一样的纯净透彻、活泼灵动"；法文品牌名"SOUHAIT"，源自法语，取"希望、美好的祝愿"之意，意指"孩子就是世界的希望，是我们美好的明天"。中法文字组合既像水的波浪，也是以"手牵手"的形式体现我们相亲相融的团队精神。

早期LOGO娃娃头的描绘运用了中国书法的笔触，融入了东方神韵，暗含"水孩儿"品牌弘扬民族文化的精神。2016年"水孩儿"新VI首次正式亮相，以水文化内涵升级品牌形象。水孩儿童装顺应儿童时尚发展，让儿童穿着回归"本真"。水孩儿新LOGO使用简单几何图形组合，清晰表达了水孩儿回归简约主义（图20-1）。新

图20-1　水孩儿：品牌全新VI形象

LOGO 主色调使用海洋蓝，充分体现了水孩儿地中海海洋水手风的品牌理念。本真、极简又充满想象，缝织着对童年无限的畅想。

20.2 品牌发展历程

20.2.1 品牌认知期

20 世纪 90 年代，当时，市场上品牌童装屈指可数，相对于经济的迅速发展，品牌的数量和层次都是初级的。1995 年，水孩儿童装作为中国本土较早的童装品牌之一，进入了人们的视野。从北京百盛、燕莎起步，快速得到了北京市场的认可，其实这得益于水孩儿童装保持至今的最大优势，那就是高品质的产品。而这恰恰是当时消费者对品牌认知的最重要的因素。水孩儿童装便在这样的环境下进入了快速发展的 10 年。

2000 年左右，大型综合商场数量迅速增加，大量涌现本土童装品牌中，已经有数个童装品牌初具规模。由于当时国外知名品牌尚未进入中国，市场进入了长达 4~5 年的温和竞争期。2004 年，水孩儿童装也发展到了百余个城市的 300 家商场专柜，并取得"北京十大热销服装品牌"荣誉。在这个时期，人们对于品牌的消费逐渐成为常态，但是对品牌的需求尚在感性认知阶段，大家在选择品牌时随机性很强，品牌忠诚度不够。为了得到更好的发展，水孩儿童装提出了"品质是生命，顾客是朋友"的"品质＋服务"的核心品牌理念。并在 2003 年，进行了品牌 CIS 体系的导入，并率先通过了"ISO 9001 国际质量管理体系认证"和"ISO 14001 国际环境管理体系认证"。

20.2.2 品牌定位期

2005 年前后，随着中国经济增速，市场对外不断开放，国际知名品牌开始陆续进入高端童装市场，水孩儿童装的母公司也引入了 Catimini 等法国顶级童装品牌，众多的本土童装便在国际品牌独特的产品风格、成熟品牌运作和团队的对阵下，开始意识到自我的不足，寻求突破。这个时期，有的品牌执着于迅速扩大市场。而这时的水孩儿童装并没有执着于大量开店，而是在进行了大量的市场调研之后，针对产品的设计研发进行了新的调整，并开始借鉴和引入欧洲童装的品牌研发理念，在如水洗、印花、新材料等具体的工艺进行提升，并在产品质量的生产与检验环节设定了新的标准。凭借其高品质的设计与质量，水孩儿童装获得"北京市场销量第一"的傲人成绩。

2010 年，众多高举"快时尚＋大店"理念的欧美品牌已在中国大量开店。在争夺市场份额的同时，将全球同步的时尚流行和理念带给了中国大众。众多受到挤压的本土服装集团便将业绩的期望转到了童装板块，国内童装行业的竞争已经趋于白热化。各阶层的消费者对品牌的需求逐步清晰，从燥热慢慢回归到理性。原本的卖方市场已经悄然转向买方市场。而以水孩儿童装为代表的专业童装团队，在二十年的市场摸索中，也逐渐找到了自己的定位：做"款式简约、色彩绚丽"的儿童时尚休闲童装。并从2010年起连续数年获得了"中国十大童装品牌""北京市著名商标"等称号。除此之外，根据国家信息中心统计，水孩儿童装已连续八年北京市场销量第一。这也说明只有能在竞争中坚持品牌特质、在抗衡中完善品牌核心，在发展中清晰品牌目标，品牌才能经得住时间和市场的历练，成为有生命力、影响力的国际性童装品牌。

20.2.3 品牌成熟期

电子商务平台的完善，为品牌童装的发展拓展了思路和机会。2012年4月儿童装的电子商务项目正式启动，目前已经入驻京东商城、淘宝、当当网、天猫等大型电商平台，并且自有电商平台正在建设中。这样便形成了水孩儿童装直营店、加盟商、B2C三种零售经营模式。

经过二十多年的发展，"水孩儿"童装已具备一套完善且工作效率极高的供应链系统。从源头上说，水孩儿童装拥有数十人的专业设计团队，设计师及相关配合人员全部由资深专业人士担任。品牌还配有独立的品牌版师团队，掌握着经二十多年积累而成的、适合中国儿童体型的版型数据库。生产采购上，公司自成立起就一直严格把控产品质量，大量的业务人员都是有着10年以上甚至20年以上从业经验的技术精英，掌握了大量的工艺生产技能以及面辅料和成衣加工资源。采用的面料都需要经过生产厂商和公司的双重质量检验，保证给孩子的是最安全、最舒适、最美观的服装。物流配送方面，水孩儿童装目前采用集中物流模式，产品由公司物流中心统一仓储调配。

20.3　营销策略

20.3.1　经营理念

"水孩儿"的品牌核心是"善行"，善行的最高境界像水。品牌致力于通过自己简洁大方的设计，让儿童通过着装展现出落落大方的感觉与亲和力。以传统文化为依托，贯穿中国的水文化理念，以国际成功品牌为榜样，形成了独特的企业文化和经营理念"水润泽万物而不争，水以忘我的精神赋予万物以生命，水用相融的胸襟达成了世间万物的共生共荣"，基于此种精神，"水孩儿"真诚地服务每一名顾客，用相融的生活方式来实现品牌与产品、品牌与市场、品牌与文化的相融，用不断拼搏的工作精神来发展和提升品牌。品牌与文化生生相息、休戚与共。"水孩儿"把文化理念从纲领落到了实处，并在日常运营的一举一动中融会贯通。在这种理念的指导下，"水孩儿"步步为营，攀上了一个又一个的高峰。

水孩儿童装致力于打造"款式简约、色彩绚丽"的儿童时尚休闲，款式具备大众消费特点，色彩时尚且个性突出，做工精细，色彩缤纷，设计多元化。凭借多年的市场经验,精准的研究中国儿童的地域性差异需求,力求让孩子穿着更舒适,更漂亮、更时尚。不仅要带给孩子时尚,而且要通过时尚带给孩子快乐及快乐的生活(图 20-2、图 20-3)。

图 20-2　水孩儿:品牌代表性产品 1

图 20-3　水孩儿:品牌代表性产品 2

20.3.2 品牌策略

水孩儿未来将继续走"多品牌，国际化"的品牌建设之路。水孩儿品牌计划将本企业建设成为一个以一两个核心自有品牌为主，二十多个国际代理品牌为辅，直营、代理加电商模式并存的专业童装运营航母。为达到这个目标，公司计划进一步引进一批专业化人才，加大自有品牌的设计开发投入，运用信息化技术提高企业管理运营能力。在运营渠道上让线上线下产生联动，在全国一二线市场进一步布局规划，增加实体店的网店数量，使电商的体验度进一步加强，产生线上线下的联动，全方位提高品牌和企业的市场竞争能力。

"水孩儿"品牌主要服务于2~15岁少年儿童，开发以简约时尚为特色，结合休闲、运动风格的各种系列服装产品，"水孩儿"服饰产品的面料以环保舒适的棉、麻、丝等天然纺织品为主，全面呵护孩子的健康。品牌以独到的设计、环保的面料、精致的做工和适中的价位赢得了广大消费者的认可和喜爱。销售采用线上线下相结合的方式给消费者提供便捷的购买渠道。销售区域覆盖了京津、华北、华东、华中、东北五大区域，营销网络遍及全国。

"水孩儿"品牌当初从北京百盛、燕莎起步，发展到今天营销网络遍及全国300多个城市，数百家重点高档商场，每一步靠的都是品牌深厚的积累和对精益求精的苛求。品牌的直接分销渠道有直营店铺及电子商务两种形式，间接分销渠道有加盟店铺的形式，其中电商渠道的业绩更是以加速度在蓬勃发展。2001年，北京申奥小天使，身穿水孩儿童装在莫斯科的完美演绎，令人记忆犹新。2012年第四季度企业开始开展电子商务活动，经过这几年的发展取得了卓越的成绩。

"水孩儿"童装采取线上线下产生联动的经营模式，线上线下都取得了不斐的业绩。线下一直保持着蓬勃的活力，线上随着电子商务的发展业绩也越发突出。

品牌推广方面早期企业主要局限在地面活动和专业媒体推广方面；后来，企业加大了品牌推广的投入，开始参加一些公益活动，并且从专业媒体推广扩大到了社会媒体的推广；近年来，企业品牌推广的范围和力度进一步扩大，品牌的效应也得到了进一步放大。

20.4 综述

水孩儿作为中国本土最早的童装品牌，每年的植树节、节水日、低碳日、六一、春节等节庆日，公司都会组织品牌的VIP参加环保童装派对，扩大品牌美誉度；在公益活动方面，水孩儿品牌更进行着持续的投入。多年来水孩儿童装一直不忘捐助贫困地区，让水文化洒遍全国各地。为可可西里藏羚羊保护区的孩子们捐新款童装、为玉树的孩子们捐新款童装及书包、和濮存昕基金会合作参加"让孩子笑起来"活动、和文基会合作支持"关爱留守儿童"系列活动等，都已成为企业赞助支持的常项。"水孩儿"的口碑和美誉度保持着持续的增长。

21 顺美：成就服装之美

21.1 品牌概述

顺美品牌诞生于1985年，是北京市顺义区仁和地区农工商联合总公司与新加坡美都纺织品有限公司共同创办的首都第一家中外合资服装企业，其英文名字为"SMART GARMENTS"。公司主营中高档男正装、商务休闲装，同时经营功能性面料服装及各类服装服饰产品。公司一直秉持优雅尊贵、亲和诚信的品牌理念。公司"顺美"商标被认定为"中国驰名商标"，同时连年被评为"北京市著名商标""北京时装之都十大热销服装品牌金奖""北京最具文化创意十大时装品牌""北京影响力十大品牌"，被世界品牌实验室评入中国最具价值品牌排行榜（图21-1、图21-2）。

公司业务范围覆盖品牌零售、量身定制（团体制装、高级量身定制）、外贸出口、电子商务四大领域。公司的品牌零售业务，在北京、郑州、太原、昆明、成都等

图21-1 顺美：品牌终端店面1

图 21-2　顺美：品牌终端店面 2

地，创建了便捷的国内销售网络。公司量身定制业务定位于满足个人、国家机关、企事业单位的个性化需求，贴心的服务、精良的品质，赢得了诸多为名人名企制装的机会（图 21-3）。

公司的外贸出口业务与 THEORY、BURBERRY、Calvin Klein、GIVENCHY、Versace 等多家客户建立了长期的贸易关系。如今的顺美公司，每年出口百万件套服装，产品包括男女商务正装、休闲时尚服饰等种类，出口的国家或地区主要有美国、法国、意大利、德国、加拿大、澳大利亚、日本、新加坡、韩国、中国香港、以色列、叙利亚、智利等地。公司的电子商务业务致力于网上渠道销售，开设了天猫、京东、淘宝店铺，呈现了良好的发展趋势。

经过三十多年的发展，顺美积淀了卓越的产品服务能力。标准化的管理流程、严格的管理制度，保证了为客户提供统一而可靠的产品和服务。顺美曾率先获得 ISO 9001 质量管理体系认证、ISO 14001 环境管理体系认证，荣获"卓越管理组织证书""北京质量奖""全国五一劳动奖状""信用管理 AA 企业""优秀外商投资企业""信得过的职业装品牌""国家贸促会战略合作伙伴"等多项荣誉。公司追求股东、员工、社会共同发展的理念，注重在实现企业发展目标的同时不忘履行社会责任，建立了"顺美希望"小学，积极参与社会慈善事业，使顺美成为一个令社会信赖和尊重的企业公民（图 21-4）。

图 21-3　顺美：产品宣传大片 1

图 21-4 顺美：产品宣传大片 2

21.2 品牌发展历程

21.2.1 品牌初创阶段

1984年11月28日，北京市顺义县顺义镇农工商联合总公司、新加坡美都纺织品有限公司、中国纺织品进出口北京市分公司三方代表张宝坤、黄绍基、周允中，在南京签署合同，决定合资600万元人民币创办首都第一家中外合资服装企业——顺美服装有限公司。1985年7月31日，顺美服装有限公司正式成立。同年12月，位于顺义南关、占地35亩、引进了美国、德国、意大利、日本等国家的服装制造设备的顺美厂区建成并投入生产。顺美生产的西服风格不同于当时中国以黑、白、灰为主要色调的着装习惯，使西服迅速推广开来。1987年9月30日，顺美第一个商标"ROMA"向国家工商局成功注册。顺美成为中国服装界最早有品牌意识的企业之一。

顺美从1986~1988年，先后开业三家门店。门店的管理采用国外先进的店堂文化，即统一的门店形象，统一的服务规范，使北京的消费者耳目一新。先进的管理理念，让顺美摆脱了当时互相压价的恶性竞争、树立了良好的品牌形象。1988年11月，顺美正式成为国际羊毛局的注册会员，获得国际羊毛局授予的纯羊毛标志使用权，标志着顺美的男装产品已向高端品质挺进。从开业试工至1988年的初创阶段，国内销售收入达到1263万元，实现利润259万元，员工总人数增至530人。

21.2.2 品牌成长阶段

在不断拓展国内业务的同时，转型后的顺美又提出"扩大外贸"的战略构想。1989年3月，顺美取得了进出口权，为公司外贸出口创造了条件。同年9月，顺美与日本三菱商事株式会社签订外贸出口合同。此后，又与三井物产、恩田、丸红、住友等商社建立了长期贸易合作关系，各家在顺美设有生产专线，派遣专家长期指导。通过对外贸易OEM的加工，逐渐在技术、生产、管理及物流上积累了成功的经验，既规避了创业的风险，又为国内贸易的自主品牌创新积蓄了后劲。公司经营格局由内销为主转为外贸出口为主的外向型企业，享受国家外贸出口优惠政策。1992年，产值突破1亿元，利润达到1200多万元，出口创汇1380万美元，成为当时首都合资企业三个创汇大户之一。

为更好地拓展国内外业务，1992年10月30日，顺美公司总部正式迁往亮马河大厦，将以产定销的生产经营转为以贸易为主体的贸工集团。自1992年起，顺美先后在成都、郑州、昆明、大同、沈阳、青岛、石家庄、大连、贵阳等地建立了分公司，率先实现了跨地区的统一管理、统一识别、统一商品、统一联保的经营思路。

21.2.3 品牌塑造阶段

品牌是企业的生命，是企业的一面旗帜，是产品走向国际市场的通行证。为了塑造良好的品牌形象，顺美特别注重企业文化的树立。1994年，顺美全面导入CI计划，在"形象策略"上成为国内服装行业的佼佼者。顺美的CI战略不仅规划出公司的企业理念、战略目标、公司口号、经营理念，还规范了公司标识的设计与应用体系，实现了企业精神和员工行为规范的统一化。今天，顺美的CIS企业总体设计方案，仍然被管理学界视为最早、最具个性化的标准教案在大学课堂里使用。为努力营建高档次国内品牌形象，顺美每年都会斥资600多万元用于广告宣传，宣传媒介遍及电视、户外、平面等媒体，斥巨资进行每季全国联营店的店面形象维护。

管理技术上，率先启动ERP管理系统，强化了数据采集的及时性与公正性。目前，公司又启动了POS国内联营店店面管理系统和OA电子办公信息平台，为企业管理、物流、设计研发、市场营销获取了可靠的一线信息，为企业决策提供了科学的依据，为传统的服装产业实现了现代化管理。

21.2.4 品牌国际化阶段

顺美自2003年起，开展了"国际制装业务"和"全手针加工业务"。几年来，顺美的加工贸易在贴牌加工（OEM）的基础上，开始向设计加工（ODM）和品牌出口（OBM）转化，订单量不断增加。为缓解贸易订单的压力，公司于2006年11月建立了顺美制造部四厂，引进顶尖级的生产设备，产能大大提高了。承接来自美国伟创公司的订单，为顺美大力开拓欧美市场打下了坚实的基础。企业规模化的生产和管理，为顺美的不断壮大提供了有力保障。随着中国服装品牌"走出去"的呼声日益高涨，顺美也将目光转向国外高端市场。2007年10月，在法国巴黎布尔歇展览中心的中国服装品牌联展上，顺美作为代表中国服装界唯一男正装的自有品牌，正式出访海外，经典时尚的男装设计，在时尚创意空间展示了其独特的风格魅力。

为了达到国际标准，2007年1月，顺美通过ISO 14001环境管理体系认证，2008年12月又顺利通过SA 8000社会责任管理体系认证，将企业管理的高度提升至与国际接轨。在全体顺美人的共同努力下，2009年6月公司荣获国家出口免验企业称号。

21.2.5 升级转型阶段

近年来，随着北京市政府东迁，在产业政策上，污染及产能落后企业逐步成为淘汰对象，绿色环保和创新型企业逐步得到政策支持。为此，顺美公司积极响应政府号召，顺应大力提倡的绿色环保创新型企业发展趋势，由过去以加工出口贸易为主要的企业向突出营销、设计与研发的创新型企业进行重大战略转型。基于三十多年规范化的经营和合理发展的企业规划，顺美转移产能的信心十分坚定，战略十分周详，执行也十分得力。从 2012 年开始，顺美开始着手关闭其旗下四个工厂，同时将劳动密集型环节外包给专业的生产企业，与京外企业以生产专线形式的合作。顺美提供生产设备、技术力量和订单，为生产企业提供发展壮大的机会，实现合作双赢。凭借多年国际服装合作的经验，顺美还把订单转移到日企在东南亚的加工厂，借助日企严格的质量管理保障订单的顺利执行。不仅保证了稳定的产品质量，还降低了经营成本。摆脱劳动密集的生产环节，让顺美能更加专注于其擅长的领域，成为该领域的领军者。正如顺美总经理薛宝金女士所说的，顺美可以更深入地研究消费者的需求，研究市场的变化以及产品的设计研发，让顺美能为消费者提供符合需求的产品。

21.3 营销策略

21.3.1 重视品牌化经营

三十多年来，顺美一直秉承着品牌经营的策略，注重产品质量，从而树立良好的品牌形象。用心的设计和研发、考究的生产工艺、严格的质检以及周到的售后服务，每一个环节都注重打造品牌形象。在产品质量上，公司统一工艺标准，实行全程监控，确立了严格检验的制度。公司所提供的产品长期优良稳定，荣获国家质检总局授予的"出口免验企业""中国出口质量示范企业"等荣誉，在历次西服行业抽检中，均被评为"优等品"；在生产加工上，公司分别在北京、天津、盘锦建立了三个合作工厂，享有生产专线。由公司为专线提供生产设备、提供产品图板和工艺、提供技术指导、质量管理人员，从而保证产品质量。同时公司建立了丰富的供应链系统，保证快捷的提供符合客户需求的产品。这些让顺美的产品得到了广泛的赞誉。三十多年以来，顺美已经为上千个政府机关、企事业单位以及团体制作团体西装，专业化的设计、精湛的制造工艺和人性化的售后服务，一次又一次为顺美赢得赞誉，树立了良好地品牌形象（图 21-5）。

21.3.2 重视社会形象的塑造

大力支持中国体育事业、积极投身社会公益性活动以及赞助国内外的大型活动，为顺美树立了主动承担社会责任的良好社会形象。为了支持我国的体育事业，自 1990 年至 2000 年，顺美斥资百万元，先后为出席亚运会中国体育代表团，为中国申办 2000 年奥运会代表团和中国足协申办 2004 年亚洲杯代表团承制出访礼服，为中国男排、中国男足、中国女足承办团队着装设计。在公益活动方面，顺美南海慰问团一行 36 人曾飞抵南海舰队开展慰问活动；2000 年 1 月 14 日，顺美向"三江流域"洪灾地区捐赠 36 万元衣物；2005 年 3 月 19 日，顺美与中国新加坡商会慰问北京平谷敬老院与通州区关爱中心，为鳏寡老人与孤残儿童送去温暖。同年 9 月 21 日，顺美赞助北京市残疾人联合会，为构建和谐社会关爱弱势群体尽心尽责；建立"希望小学"、关

图 21-5 顺美：男装展示图

爱灾区儿童、帮助困难职工，顺美参与的诸如此类的公益活动不胜枚举。在国内外活动的赞助方面，顺美曾赞助在新加坡举办的世界男模大赛；先后为新加坡内阁资政李光耀、总统纳丹等新加坡历届政要承制出访礼服；曾为在上海大剧院举行的世界男模大赛提供了全部男模入赛西装类表演服。顺美这一系列举措，极大地提升了其知名度和美誉度，为企业做了良好地宣传，从而为企业树立了良好的社会形象（图21-6）。

图 21-6 顺美：顺美公司办公大楼

21.3.3 重视国际市场的开拓

中外合资的属性,给了顺美具有国际视野的基因。顺美在成立之初,为日本等国家进行 OEM 生产。1989 年 3 月,经过多方努力,顺美取得了进出口权,为公司外贸出口创造了条件。同年 9 月,顺美与日本三菱商事株式会社签订外贸出口合同。此后,又与三井物产、恩田、丸红、住友等商社建立了长期贸易合作关系,各家在顺美设有生产专线。在生产的过程中,积累了大量的经验,以及练就了过硬的生产技能。用严格的标准来要求自己,让顺美获得了更多来自海外的订单,推进了顺美的国际化步伐。此后,顺美逐渐与 THEORY、BURBERRY、CALVIN KLEIN、GIVENCHY、VERSACE 等多家国际客户建立了长期的贸易关系。产品远销日本、东南亚、欧洲、南北美洲等地。"国际制装业务"和"全手针加工业务"的开展,让顺美接到了更多来自国外的订单,实现了由贴牌加工(OEM)的基础上,向品牌出口(OBM)的转化。1996 年 4 月 1 日,总计一百万多字的顺美 ISO 9000 质量体系文件编制完成,并于同年的 10 月 17 日经中国商检质量认证中心评审部审核通过。获得体系的认证注册,标志着顺美的质量管理工作与国际正式接轨。2007 年 10 月,在法国巴黎布尔歇展览中国的中国服装品牌联展上,顺美作为代表中国服装界唯一男正装的自有品牌,正式出访海外,经典时尚的男装设计,在时尚创意空间展示了其独特的风格魅力。

21.3.4 重视技术创新和人才培养

随着服装市场竞争的日趋激烈,国内男装在版型、面料、设计上也日趋多样化,消费者挑剔的目光已不仅仅局限在品牌与知名度上。对此,顺美加大了设计领域的投入,聘请知名设计师组建了核心设计师团队,追求设计理念的创新,保持品牌原创风格。在技术研发上,由十年以上实践经验的版师和样衣师组成了技术研发团队,同时成立设计研发中心和技术开发中心,培育了一支具有国际水准的设计研发队伍,并获得了无垫肩西服、橡根调整装置及裤子等多项专利,大大拓展了男装相关产品线的延伸度。在版型的改良上,除保持原有的日系版型外,还开发出适合中国人体型的商务版、公检版,聘请意大利服装设计师开发出具有修身效果的欧版,为企业参与市场竞争奠定了稳定的基础。极其注重创新,让顺美这个原创品牌逐渐被国内消费者所认知,顺美也由"中国制造"向"中国创造"成功转型(图 21-7)。

顺美多年来坚持走"产、学、研"一体化之路。站在行业的高度,多次与行业协会、服装行业专业媒体召集相关男装生产企业,就"中国男装产业发展""国内外男装版型的设计与工艺"和"男装的国内外贸易"等课题进行研讨,为整个行业理论的提升提供了可靠依据。为培养服装行业的后续力量,顺美公司与北京知名服装院校联手建立服装教研基地。为推广男装服饰文化,2004 年 4 月,赞助对外经贸大学举办

图 21-7 顺美：系列男装展示

的"顺美时尚之夜"活动；同年 5 月为清华大学"紫荆之夜"服饰赛提供服装赞助。同时，顺美还积极组织服装设计、国际贸易等专业师生到生产制造部参观实习。

21.4 综述

经过三十多年的发展，顺美已经成为西装行业的领军者。顺美注重品牌的塑造，坚持走自己的路。坚持顾客之上的经营理念。从设计、研发、生产到售后，顺美都以消费者的需求为中心。顺美在自身发展的同时，还不忘主动承担社会责任，积极投身公益事业，让企业和社会共同发展。长期的对外合作，让顺美具有高度敏锐的国际化视野。顺美总是能站在国内服装行业的前沿，行业中第一个引入店堂文化、第一个采用 ERP 系统，等等，开创了多个行业先河。注重研发和设计，让顺美成功塑造了自己的品牌，实现了品牌化经营。创新经营模式，顺应国家政策和社会发展潮流，让企业成功转型。顺美成功的经验，对行业中每一个企业都有参考和借鉴意义。【资料提供：张春涛】

22 Snowimage：在飘雪的冬季，遇见最美的你

22.1 品牌概述

16年前，东尚服装股份有限公司（以下简称"东尚股份"）在北京CBD核心区域成立，旗下首个自主研发服装品牌Snowimage诞生。东尚股份以发展时尚典雅的自主品牌为己任，以科学规范的运营管理著称于京城服装行业界。目前公司员工300余人，其中包括一支顶级的设计、研发团队，他们凭借专业的眼光和专注的态度，准确把握国际流行趋势，全方位引领轻松优雅的时尚风潮。2016年，经过北京市科委一系列严格的评审和公示之后，东尚股份凭借自身设计创新优势正式成为"北京市设计创新中心"认定单位。公司着力于专业化品牌运营集团的建设，营销网络已经覆盖全球20多个国家，开设100多家海外专卖店以及1632家零售网点，在国际市场上自信地展现着中国自主品牌发展的实力与未来（图22-1）。

图22-1　Snowimage：品牌旗舰展厅

品牌文化。Snowimage 品牌的灵感，起源于美国文学家纳撒尼尔·霍桑（Nathaniel Hawthorne）1852 年发表的同名作品 The Snowimage。作品以童真的视角讲述了平凡人创造奇迹的人生旅程，启迪着一代又一代的读者，去探寻生命的本质与精彩，去聆听内心的激荡与回响！"探索未知世界，营造温暖生活"，这也正是 Snowimage 品牌的文化灵魂。16 年来，东尚人坚持用领先的时尚设计和精致的服装服饰满足客户的需求，传递着"轻松生活，轻松时尚"的产品理念（图 22-2）。

主要产品线。Snowimage 作为东尚股份推向国际市场的首个羽绒服品牌，秉承"探索未知世界，营造温暖生活"的品牌文化，已成为中国服装出口自主品牌的标杆。目前东尚股份的 Snowimage 品牌下面发展了 Snowimage Man、Snowimage Woman 和 Snowimage Junior 三个产品线，每个产品线都针对不同的消费群体，诠释不同的文化内涵（图 22-3）。

图 22-2　Snowimage：品牌 LOGO

图 22-3　Snowimage：品牌宣传片

Snowimage Man 和 Snowimage Woman，以丰富的色彩、时尚的设计元素、考究的版型工艺、精湛的制造技术，共同铸就了一个生活与艺术相结合的品牌，从而在俄罗斯和东欧的羽绒服装市场中确立了卓越的品牌地位和竞争优势。Snowimage Junior 则定位于俄罗斯、东欧以及中亚地区 0~15 岁之间的青少年消费群体，以"简约舒适，健康环保"的设计理念演绎着少年儿童的可爱、聪慧与梦想，已经赢得了都市青少年群体及其家长的普遍青睐。

22.2 品牌发展历程

22.2.1 真材实料，Snowimage 试水俄罗斯市场

20 世纪 90 年代初，很多中国商人做起出口俄罗斯以及东欧地区的服装生意。然而同期，中国大量的假冒羽绒服流入国外市场，有些羽绒服里填充的竟然是鸡毛和鹅毛，根本达不到保暖的效果。久而久之，中国制造在外国消费者眼中竟然沦落为假冒伪劣的代名词。2000 年的冬天，东尚股份创始人之一、现任东尚股份总经理周志海去俄罗斯考察服装市场，发现当地消费者穿的羽绒服虽然都是欧美品牌，但是其中很多是中国制造。当时中国的服装产品已经具备了过硬的品质，却因为缺乏高端研发能力和品牌营销网络，只能依靠为国际品牌代工而赚取一点微薄的利润。2001 年，东尚服装股份有限公司在北京雅宝路市场悄然成立，旗下首个服装品牌 Snowimage 诞生。从此，周志海决心培育中国人自己的羽绒服品牌，坚守做好一件衣服的初心，肩负起提升中国品牌国际形象的使命，一点一滴地赢得了俄罗斯客户对 Snowimage 品牌的认可，也让东尚股份的每一件衣服，都成为中国产品走向世界的名片（图 22-4）。

图 22-4　Snowimage：品牌专卖店

22.2.2 滴水穿石，Snowimage 征服中东欧地区

开业伊始，面对没有海外订单的困境，周志海采取了"六件一包装"的服装营销策略。这一招果然奏效，一些来自东欧的客商进行了少量的采购。由于产品质量好，

价格又低于欧美品牌，试销的羽绒服很受欢迎。东尚股份的分销商逐年增多，采购量也从几十件稳步增加到成百上千件。经过四五年的坚持和积累，Snowimage 终于在海外市场站稳了脚跟。现在，Snowimage 已经成为国内羽绒服第一出口品牌，在俄罗斯和东欧市场成为销售榜中稳居三甲的外套品牌，目前逐步进军西欧和北美的羽绒服市场（图 22-5）。

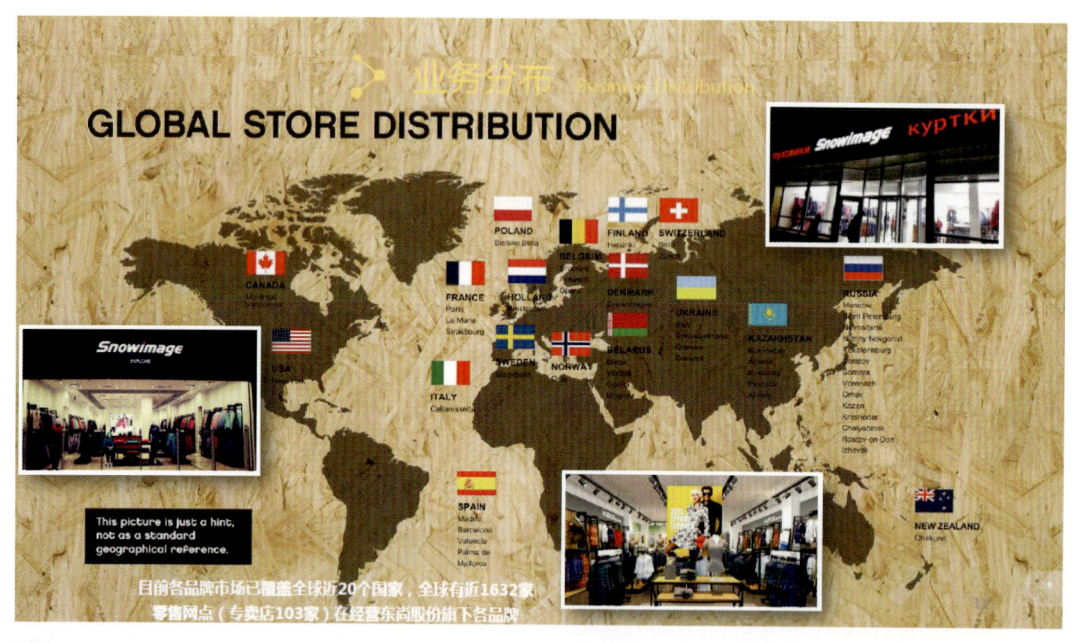

图 22-5　Snowimage：品牌海外市场

22.3　营销策略

2015 年以来，俄罗斯的经济形式萎靡不振。羽绒服作为我国对俄罗斯市场服装出口的传统品类之一，Snowimage 的销售也受到了严重影响。来自海关总署的统计数据显示，2015 年全年我国对俄罗斯纺织服装出口 88.86 亿美元，同比下降 32.6%，其中羽绒服出口 0.9 亿美元，同比下降 57.27%。与此同时，2016 年，国内经济进入"供给侧改革"的深入之年，当前国内面辅材料、皮草、羽绒的价格一路看涨，对于服装生产企业也提高了环保标准，国内服装行业面临更为严峻的考验。

面对不太乐观的市场形势，东尚股份在内部进行大胆改革，整合旗下品牌的研发、采购、生产和管理资源，以降低供应链的生产成本和经销商的沟通成本，激励员工发挥更多创造力和能动性，也为勇于闯荡的员工打造创业平台。在坚守俄罗斯和东欧传统出口市场基础上，东尚股份加大了对中国本土市场的推广力度，希望让中国消费者享受到 Snowimage 的优质品质，从而成长为一个真正国际化的品牌。

22.3.1 挖掘用户需求，强化创意设计

16 年的国际化品牌市场运作经验，Snowimage 拥有了非常高的海外品牌知名度。即使面对目前普遍低迷并充满动荡的市场形势，东尚股份毅然顶住产品成本上涨的压力，加大设计研发方面的资源投入。东尚股份经常派设计师前往欧洲开展深度调研，一方面，设计师团队足迹遍布米兰、巴黎、伦敦等各个时尚的发源地，不断寻找最新的流行趋势和设计理念，期望将流行时尚、传统经典与保暖功能一并融入整个设计过程。另一方面，增加了设计师和销售人员出差俄罗斯的频率，走进莫斯科、圣彼得堡和西伯利亚，切实了解消费者的真实需求。设计师每周至少在中商客服体验半天，研究客户穿着习惯；海外设计师加入店长微信群，及时与客户沟通款式需求信息。然后根据用户穿着场景和温度需求划分产品系列，每个系列款式最多设计 3~5 款；强化品牌的市场卖点：华丽典雅的 Snowimage Man 和 Snowimage Woman，安全健康的 Snowimage Junior。

22.3.2 提升品牌价值，拉动时尚消费

16 年，东尚股份"认真做好一件衣服"，成功的改变了泛俄语国家对中国服装产品的不良认知。Snowimage 每季产品从原创设计到面料选用再到加工工艺，每一个环节都倾注了对消费者体验的极大关注，自然也是赢得了消费者的深度认可。在东尚股份的海外专卖店里，主打四季外套的家庭馆，不同的品牌和产品线可以满足一家人一年四季的穿着需求（图 22-6）。

图 22-6　Snowimage：明星款

东尚股份总经理周志海表示,我们将延续海外16年的坚持,始终以专业的"匠人精神"做好每一件羽绒服,希望让全世界的消费者都能享受到东尚服装系列产品的优秀品质和时尚设计。为此,东尚股份在通过外部引进、内部培训的方式来打造品牌建设的专业化人才的基础上,努力强化品牌定位,稳固体现品牌定位的基因。加强品牌传播力度,发展明星定制业务,建设以明星效应为核心的营销体系,提升品牌知名度。各品牌每年必须梳理一次VI视觉体系,包括包装、辅料设计等,保证品牌视觉的完整呈现,深化品牌的视觉形象。

22.3.3 改革营销模式,开启电商时代

为了创造更多"走出去"的机会,东尚股份在2010年就开始大刀阔斧地进行改革,逐步实现了营销模式的转型升级——由传统的"东尚—批发商—零售商"的三级模式过渡到"东尚—零售商"的二级模式,在海外市场进一步确立了自主品牌的形象。从原有批发模式向零售模式的转型过程是长期而痛苦的,不但要舍去很多眼前利益,还需要大量的市场投入。东尚股份给予开设专卖店客户货架和装修资金支持,提供全套的店铺形象设计和装修施工方案,结合当地的消费习惯和购物心理给予零售商最全面的业务指导和陈列培训,把一些国内先进的零售理念逐步融入海外市场的店铺中(图22-7)。

东尚股份,将充分发挥专卖店和品牌角的辐射作用,深度耕耘俄罗斯和东欧的国际市场。将客户进行有针对性的分级管理,重点维护大客户的关系网络,加强小客户的销售辅导和售后跟踪。继续开发优质店铺,保持东尚股份在中国服装企业中海外

图 22-7　Snowimage:网络终端

零售店铺数量第一的地位。在互联网＋时代，年轻的顾客群体追求时尚、便利的消费体验，网络购物恰好满足了这一需求。2013年，东尚股份与跨境电商平台——阿里巴巴速卖通进行营销合作，打造了"北京总部接单——海外经销商发货"的电商模式，开始了试水跨境电商业务的新征程。

22.4 综述

东尚股份贯彻"内缩外长，资源重组"的管理理念，对内进行事业部改革，对外积极开拓市场版图。在未来发展中，东尚股份将充分发扬精益求精的"工匠精神"，坚持"继续做好一件衣服，提升中国品牌的国际形象"的公司使命，整合全球优秀的研发、生产和营销资源，在成长的道路上"放肆跑"，为消费者提供物超所值的时尚产品。

23 探路者：勇敢的心

23.1 品牌简介

探路者控股集团股份有限公司成立于1999年1月11日，创始人盛发强，是引领公司发展的灵魂人物。旗下主品牌探路者"追求科技创新，为勇敢进取的人提供安全舒适的户外运动装备"，2008年成为"北京奥运会特许供应商"，2009年成为"中国南（北）极考察队独家专用产品"。

探路者已经成为民族户外运动品牌的佼佼者，拥有良好的群众基础，是专业的、实用的、时尚的，同时也是具有自有科技特点的品牌。探路者通过自有科技平台，以及强大户外行业专业设计工程师阵容，产品越来越受大众好评和青睐，消费主力集中在60~90后人群，以北方消费者居多。户外爱好者可从线上和线下以及新推出的旅行服务、体育服务获得产品体验和消费。截至2015年底，探路者连续七年荣列中国市场同类产品销量第一，成为中国户外用品市场的领导者。

基于以用户为核心的互联网思维，2014年探路者公司进行战略升级，户外、旅行、体育三大事业群，构建互联网时代的社群生态系统，并正式将公司更名为"探路者控股集团股份有限公司"。户外事业群为集团基石业务，致力于为户外活动提供安全舒适的户外装备。旅行事业群是用户流量的重要入口，定位于"基于服务者展开的旅行服务"。体育事业群关注体育社区、体育赛事、体育传媒、体育培训、智能健身管理等领域，同时开展滑雪场及冰雪项目运营，通过专业运动服务促进全民健身落地。

在探路者分享共赢的文化内核下，公司不仅在内部建立了独特的员工福利分配制度，而且将此理念延伸到同合作伙伴及社会关系的处理中，将生态环境保护和社会公益责任作为企业文化的重要组成部分，从保护藏羚羊、保护滇金丝猴、珠峰5000米雪线以上垃圾清理，到"我要上学""母亲水窖"、汶川地震和青海玉树地震赈灾等，都有探路者积极履行企业社会责任的身影。2013年12月31日"北京探路者公益基金会"正式获北京市民政局批准成立，基金会以"支持极地科研发展，保护自然生态环境"为宗旨，公司承诺每年拿出企业净利润的1%捐赠给基金会，继续在公益之路上探索前行。

探路者将不断求变、勇敢突破。使命是品牌的终极理想：让每个人拥有健康的生活方式，让生命因超越而精彩；而愿景则是品牌实现使命的方式：为大众提供户外运动和体验式旅行的极致服务，成为引领健康生活方式的社群生态组织。探路者人将怀揣着十六年前的创业激情与梦想，勇敢迈出每一步，攀登探路者事业的下一座巅峰！

23.2 品牌发展历史

23.2.1 品牌创立：香山岁月承载的品牌梦想

20世纪80年代，上初中的盛发强和朋友们骑自行车出去玩，骑累了大家想在草地上休息，可是发现用床单和树枝做的帐篷很快就被蚊子占领了。这是盛发强第一次对帐篷的认知，也为十几年以后他与帐篷的缘分埋下了伏笔。

大学毕业后，学习工程测量的盛发强被分配到了铁道部第一勘测设计院，经常被派到野外作业和露营，盛发强心里对于帐篷的渴望滋生出来。自小不愿意被人领导的盛发强在工作了一个多月以后选择了跟随时代的潮流下海创业。

下海后的第一份工作，盛发强选择了在广西北海做销售业务。在半年的时间里，他的推销额达到了公司业绩的一半。"正是因为有着创业的激情，所以我快乐地接受这份工作带给我的一切。"盛发强回忆到，"这段经历锻炼了我的意志，尤其是锻炼自己被拒绝时的情绪控制，我们在推销的过程中可能会遇到闭门羹，或者是人家不愿意接待你，这个时候如何锲而不舍地达到自己的目标，这个很重要。"

机缘巧合，在北海的一次专利展览会上，盛发强看到了帐篷的技术转让，最终，他以5000元买下了该专利技术，经过3个月学习，他用所有的积蓄做了1000顶帐篷，正式开始了创业生涯。在随后的创业过程中，盛发强带着他的帐篷辗转各大展销会，在展销会上他的帐篷常常都是销售一光，连订货单都用没了，这给创业初期的盛发强带来极大的鼓舞，也为他未来的事业发展挖到了第一桶金。

为了给企业一个更好地发展平台，盛发强用自己全部存款在香山脚下租下了800平方米的两排小平房，这成为盛发强创业的第一站，后来也被他称为"香山岁月"。在这里，盛发强带领着员工开始勤俭节约、自力更生的生活。在盛发强的记忆中，有一段故事始终停留在他脑海里，"当时我们的资金紧张，因此，每一个员工既是推销员也是送货员，我也不例外。"盛发强回忆到，有一次他和一个推销员一起去送货，刚把箱子放在地上，推销员就介绍盛发强是他们的老总。"这让我感觉非常不好意思，自己公司的实力露馅了。"令盛发强没有想到的是，他创业的真诚态度感动了客户，并确立了长期的合作关系。盛发强以其执着精神和诚信品质感动着客户，一个个客户关系就这样逐渐建立了起来。"我们80%的客户都是在当年的'香山岁月'中建立起来的。"

1999年1月11日，北京探路者旅游用品有限公司在北京注册成立（图23-1）。次年，探路者荣获1999年度中国国内旅游交易会优秀旅游商品奖。

图23-1 探路者：品牌LOGO

2001年，探路者制定了国内第一份旅行帐篷技术工艺标准，企业标准号为Q/CPTL 200，后被认定为行业标准。探路者产品线迅速扩展，由单一的户外帐篷扩展至睡袋、背包等户外露营用品。

2002年，探路者产品首次延伸到户外服装和登山鞋。

23.2.2 品牌高速发展：创业激情谱写品牌传奇

矮小的平房承载了盛发强和他的创业团队大大的梦想，公司迅速成长起来，2004年春节，在员工的一片掌声和欢呼声中，盛发强和他的创业团队搬到了北京昌平区宏福科技园，同时经营产品也从原来生产帐篷、开发睡袋和防潮垫增加到包含户外服装和鞋品的全产业链服务。

接下来几年中，探路者品牌在盛发强的带领下，用更加饱满的创业激情谱写着传奇。2007年，探路者"重返可可西里"公益之旅，持续关注西部生态，并开启了品牌公益活动新时代。同年成为唯一入选"北京2008年奥运会特许生产商"的户外用品企业。2008年，公司自主研发中心建成。2009年10月30日，探路者成功登陆创业板，成为全国创业板首批28家企业，股票代码：300005，成功上市为公司持续、健康、快速发展奠定了坚实的基础。2011年，公司管理职业化及发展愿景展望，确立多品牌发展战略，产品连续三年为中国南极考察队贴身护航。

2013年户外用品行业零售额达到180.5亿元，同比增长24.3%，最近五年复合增速29.5%。2008~2013年探路者连续六年全国市场同类产品销量第一。

23.2.3 品牌升级：谱写户外生态圈的新篇章

基于以用户为核心的互联网思维，2014年探路者公司"构建户外生态圈"的战略全新升级，目前公司业务已扩展到户外、旅行、体育三大事业群，2015年6月公司正式更名为"探路者控股集团股份有限公司"。户外事业群定位为集团基石业务，以探路者、Discovery、阿肯诺等多品牌户外用品业务为主，致力于为户外活动提供安全舒适的户外装备。旅行事业群将是用户流量的入口，定位于"基于服务者来展开的旅行服务"，旗下拥有易游天下、绿野、极之美、探路者户外文化传播公司等多家企业，规划中的重点项目还包括露营滑雪多功能体验中心、装备规划师、户外安全救援体系等。体育事业群关注体育社区、体育赛事、体育传媒、体育培训、智能健身管理等领域，通过专业运动服务促进全民健身落地，是集团未来利润的重要增长点。

探路者未来的战略布局将紧紧围绕顾客，整合户外旅游资源，建立户外综合服务平台，一方面为户外爱好者提供从户外旅行信息获取和分享、户外旅行线路规划、产品推荐、行程服务、户外技能培训、户外活动评价到户外社区交流及保险金融服务的一站式综合服务。另一方面为顾客出行提供服装、鞋品、装备等产品，进而整合工厂、供应商、经销商等外围元素，打造属于户外爱好者和探路者的户外生态系统，形成品牌核心竞争壁垒。

23.3 品牌经营策略

23.3.1 科技为先

作为户外领军品牌，科技永远是第一生产力。品牌创立"探路者极地仿生科技"，以"取之自然，用之自然"的仿生灵感勇创户外新科技。它为极限安全而生，汲取自然生物在形态、结构、特质、功能等各种优异的进化特征，结合产品概念进行研发与设计创新，并运用高科技仿生技术，为消费者勇敢迈出的每一步给予极致安全的保护，并带来舒适体验，助消费者探路心中的极地！

品牌的自主研发主要集中在面料科技和功能大底科技两个方面。探路者产品90%以上采用自主研发的国内面料。2014年度"防水透湿涂层面料格栅印花技术"项目获得中国纺织工业联合会科学技术奖二等奖；2015年度"单向导湿快干图文针织面料研发"项目获得中国纺织工业联合会针织内衣创新贡献奖。2016年度集团再次荣获"产品开发贡献奖"殊荣。在近三年内，由探路者自主研发设计的"尼尔徒步鞋""TiEF徒步鞋""仿生中空发热棉服""TIEF COOL全无缝跑步T恤""多功能都市滑雪两用滑雪服"等多作品荣获户外行业最具权威性的ISPO全球设计奖。

截至目前，探路者集团共拥有自主知识产权35项，包括发明专利2项，外观专利7项，实用新型专利26项。注册商标达到312件。集团通过不断的自主研发科技创新，先后主导参与了3项国家标准的制定，6项行业标准的制定（图23-2）。

品牌拥有国内户外行业的首家风雨实验室。为了将行业内研发的新技术、新材料、新工艺更恰当地应用于冲锋衣等防水透湿产品中，对产品的防雨性、防风性进行等级划分，帮助分析原料、辅料、内里、胶条匹配、设计结构、加工工艺等对产品防雨防风性影响，同时加大对大货量产中的产品质量控制，品牌筹划建设了此实验室。同时，能够使消费者了解产品在户外环境中的功能性与科技性，更加直观的了解产品在不同环境下的实际使用情况，为科技创新和产品开发提供依据，并有针对性地选择购买产品。自投入运行以来，对探路者品牌商品进行了防雨防风性能的专业测试。2017年，为更好地进行研发，品牌将对风雨实验室和研发中心进行改造升级。

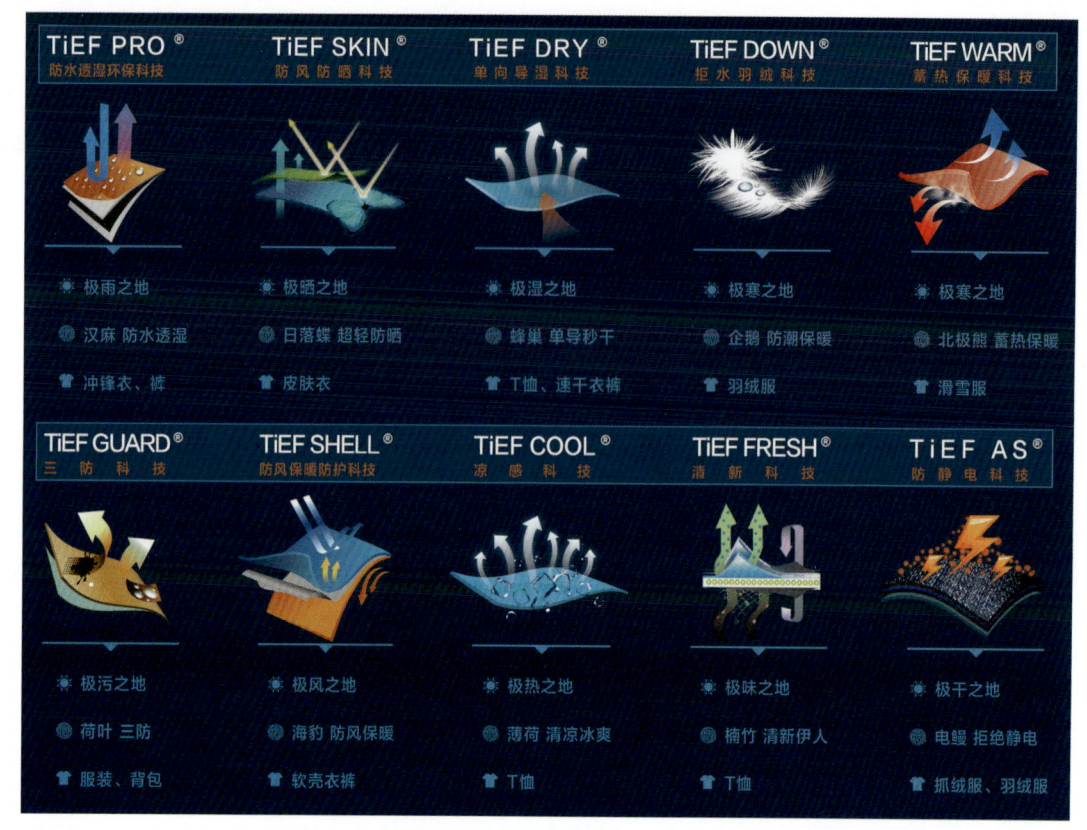

图 23-2　探路者：TiEF 自主研发 创新环保科技功能面料

23.3.2　责任为重

公益之路，没有终点。探路者把支持生态环境保护和社会公益责任当成企业文化和企业责任的重要组成部分。从保护藏羚羊、保护滇金丝猴、珠峰 5000 米雪线以上垃圾清理，到"我要上学""母亲水窖"、汶川地震、青海玉树地震赈灾等，都有探路者积极履行企业社会责任的身影。探路者成为世界自然基金会（WWF）认证的中国第一家《绿色办公室》。

为了更加持续、稳定地开展公益活动，品牌创始人盛发强先生和王静女士联合社会各界人士发起成立"北京探路者公益基金会"。探路者每年拿出集团净利润的 1% 捐赠公益基金。2013 年 12 月 31 日经北京市民政局登记注册成立的地方性非公募基金会，原始资金 200 万元，由探路者集团捐助，北京探路者公益基金会正式成立。

2008 年汶川地震发生当日，公司即派出两支救援队深入到一线参与救灾工作，并捐款捐物价值 260 余万元，被中华全国工商业联合会授予"抗震救灾先进集体"称号。2008 年，公司还积极支持中国航天事业，为"神七"相关人员提供户外服装及装备。2009 年，探路者成为"中国南北极考察队独家专用产品"。2010 年公司发起"寻找身边的探路者"年度主题活动，希望大家推荐或自荐我们身边看似平凡的，在探索、创新、公益、环保、梦想五个领域勇敢前行的独特人生体验，与大众共同分享与激励。生态环境保护和社会公益责任已经成为探路者文化的重要组成部分。2015年探路者捐赠给基金会294万元。捐赠极地研究中心150万元，用于设立"极地探路者人才基金"，集团联合创始人王静在尼泊尔地震期间通过基金会捐助价值100万元物资。

截至2016年底，探路者对公益基金会的累计捐赠已达921万元。未来，基金会将以"支持极地科研发展，保护自然生态环境"为宗旨，继续在公益之路上探索前行。

23.3.3 超越为强

★超越传统线下渠道。

2009年探路者开始涉足电子商务领域，借助线下业务强大的支撑力，在天猫、京东、当当、苏宁、唯品会等知名度高、影响力大的平台上开设旗舰店，目前由探路者集团电商子公司单独运营并管理。

2014年仅探路者天猫旗舰店网上个人注册用户就已高达78.9万人，并呈现83.52%的年增速；企业注册用户高达2.8万，年增速42.14%；日访问量高达33.34万人次，年增速达38.78%。2014年探路者线上累计订单量高达100多万笔，同比2013年订单量60万笔，增加了近42%，2014年营业收入达4.3亿元，同比2013年营业收入2.65亿元涨幅62%。

2015天猫"双11"购物节，探路者集团旗下两大品牌在24小时内，最终以1.73亿元的总交易额再次卫冕户外类目冠军。其中，探路者品牌淘宝大盘销售额1.38亿元，仅官方旗舰店单店销量便已破亿，美国高端户外品牌Discovery Expedition开场5分钟即破去年全天销售记录，最终成交额定格3400万元，较去年同期翻了三番。

在"双11"大促活动上，探路者从促销策划、备货、客服、物流都做到高效协作，全力备战，比如买2免1，全场5折之后9折的折上折以及1折秒杀外，还有探路者天猫旗舰店、Discovery Expedition天猫旗舰店各有2022个免单名额等待用户来抢，在晚上十点放出6666件免单的名额等活动，让消费者充分享受"双11"购物狂欢。

同时，探路者的微博微信还在"双11"前发起有奖互动，推出"探路者：#贝尔的礼物#1111件明星同款冲锋衣免费送"活动，即关注探路者官方服务号并邀请好友关注达到100人即送一件明星同款冲锋衣，给力的社交传播红利，吸引了众多粉丝参加，人数突破千万级。也得以在短短的一条之内，实现销售破亿。

★超越传统广告推广。

参与专业户外活动的节目推广。在品牌推广上，除了常规广告宣传和国际户外用品博览会之外，品牌热衷于参与专业户外活动电视节目的推广，比如《跟着贝尔去冒险》、《越野千里》、《我们的法则》之丛林家族的山海传奇以及一年一度的玄奘之路商学院戈壁徒步挑战赛等，也积极投入到2020年冬季运动会的赛前热身活动中。除此之外，集团内部也实时紧跟热点组织专业的或半专业的户外活动，如荧光跑活动、越野跑等活动，借此将品牌文化根植于户外运动爱好者和参与者的心中。同时，在旅行和体育事业版块中，也会植入定制装备服务，借此吸引粉丝和会员。

为主打产品签订代言人。与其他品牌不同的是，探路者为每一季主打产品分别聘请了代言人。主要分为单品代言人和系列产品代言人。2015年，探路者启用著名影视明星、专业滑雪爱好者夏雨，作为旗下全新冰雪产品的代言人（图23-3）。启用高圆圆作为探路者皮肤风衣代言人。2017年，启用江一燕作为越野跑代言人和2017夏季皮肤衣代言人（图23-4、图23-5）。

图23-3　探路者：高海拔极限系列

图 23-4 探路者：徒步系列

图 23-5 探路者：旅行系列

★超越一般赞助活动。

与南北极考察合作奠定户外品牌领军地位。探路者品牌作为中国南北极考察队独家专用产品，连续6年支持南北极科学考察队，并且，已连续5年为第26、27、28、29、30次中国南极科学考察，及第4次北极科学考察贴身护航，产品备受极地考察队员的好评。通过设立"探路者极地人才公益基金"，在全球范围内招聘极地研究核心人才，授予"极地探路者特聘研究员"称号，每年将捐赠公益金150万元，支持我国极地科研人才队伍建设，促进我国极地事业发展（图23-6）。

图23-6　探路者：品牌为极地考察活动定制服装

借助赞助专业赛事活动测试产品性能。探路者鼓励人们终结"勇而不敢"，用勇敢迈出自己从未敢迈出的那一步，无论是户外挑战，还是自己的人生路。2016年11月，探路者飞越队成立，这是探路者专注户外运动细分类目，追求专业化，引领全民参与户外健身的一种尝试。越野跑是探路者在跑步领域的重要拓展方向，品牌为所有参赛者量身定做全部训练和参赛装备。2017年1月15日下午14时，第七届Vibram® 香港100千米越野赛顺利落幕。飞越队首次代表探路者品牌参赛，最终成功揽获4金1银。飞越队队员本次港百全套越野跑装备均由探路者量身定做。服装方面完全依赖技术创新与科学突破，采用高弹力丝面料，速干、支撑性强、贴身舒适，人性化搭配适合日常健身，同时满足繁杂环境中长距离越野跑的要求。而新款越野跑鞋"峰越"，从鞋身、鞋底、鞋垫等多角度出发，集科技研发于一体，最大限度增大足底摩擦，减小阻力，做到防滑抗震，全方位为飞越队队员保驾护航。探路者供应链中心副总裁胡伟介绍，港百是探路者对产品的一次检验，探路者最新越野跑装备在这次考试中成绩优异，可以说在产品方面探路者向大体育、专业化目标迈出了更坚实的一步，同时在产品方面也是完成了一次成功超越（图23-7）。

图 23-7 探路者："飞跃队"的港百之行

近几年，探路者更是加强从服务、内容、社交等运营模式来建立健康生活服务平台模型，深度挖掘并搭建一系列会员服务体系，旨在传播不同的健康生活方式，极力为每一个人带来精彩、极致的户外人生。探路者品牌在飞越队成功挑战港百之后，成功向"大体育、大旅行、大品牌"的核心目标迈进，与此同时也正式为探路者越野时代拉开了序幕。

23.4 综述

探路者一直以为大众提供户外、运动和体验式旅行的极致服务，成为引领健康生活方式的社群生态组织为愿景，长期坚持以用户为中心，强化建设用户服务职能，以互联网结构重整经营业务，搭建社群生态系统，户外、旅行、体育三大事业群协同发展，以"超越"为品牌最强宗旨，坚持大体育大旅行，不断争创新高度新内涵。【资料提供：王博】

24 天坛：品牌价值回归之路

24.1 品牌概述

天坛品牌创立于1955年，以华夏文明六朝古都的标志建筑天坛祈年殿为商标的主图案，寓意着中华民族对几千年文明的传承和中华儿女对民生安康的期盼，也蕴含了企业追求天时、地利、人和，直到圆满的"天人合一"的文化精神。在不断发展中，"天坛"品牌又推出"天圆地方"和"回音"的理念。"天圆地方"，即智欲其圆道，行欲其方正，预示着智慧、圆满、言行一致的品格；"回音"取自天坛的回音壁，预示着一分耕耘一分收获。

天坛品牌以优雅、成熟、经典、永恒的大众精（京）品为定位，主营衬衫、西服、夹克和大衣等全品类商务男装。产品将62年积淀的经典传统工艺与现代化时尚创新元素相结合，形成融合精致的制作细节、合体的版型、简洁的款式和中国文化元素为一体的产品特色，展现现代商务男性追求舒适、自在、低调的生活方式（图24-1）。

图24-1 天坛：品牌产品形象

24.2 品牌发展历程

24.2.1 载誉前行

企业自成立以来，始终坚持科技领先、质量一流、精益求精、锻造名牌的质量方针。注册于1955年的"天坛"品牌曾先后获得"国家质量金质奖""国家著名商标""中国名牌产品""中国十大名牌服装""中华精品衬衫""北京市名牌产品""北京市优质产品""北京市好产品""北京市拳头产品""消费者信得过产品"等几百余项荣誉。

大华也曾为许多国家领导人及知名人士设计并量身订制服装，是北京2008年奥运特许经营商；2009年获选庆祝中华人民共和国成立60周年游行方阵服装制作企业；2010年被评为"北京市十大信息化应用典范企业"；2011年被评为"北京诚信经营企业"；2012年被评为"全国纺织劳动关系和谐企业"；2013年参加第九届北京国际园博会服装设计大赛，获得最受媒体关注奖，并经园博会组委会评审，成为园博会官员服装唯一指定设计团队；2016年被评为"2016诚信长城杯企业""北京市企业社会责任履行承诺单位"和"全国纺织行业先进党建工作示范单位"以及"节水型企业"。

24.2.2 创新而立

公司始终坚持诚信经营和创新理念。追求卓越品质，提供真诚服务的诚信经营为企业赢得了大批"天坛"品牌的忠实粉丝，有一位"粉丝"珍藏了500多件"天坛"衬衫，正是精益求精、服务客户的信念陪伴"天坛"走过62年；同时，"天坛"品牌积极推进产品创新和技术创新，不断开发各类生态环保和纳米光催化等高科技产品和专利产品，引进现代化RFID技术装备和信息系统，推动工业化和信息化的融合，提高产品的附加值和溢价能力（图24-2）。

图24-2　天坛：品牌店铺形象

面对消费环境的变化，大华将品牌传统文化和现代消费文化紧密结合。从产品设计方面，更加关注人性，挖掘人性化的东西，用心去了解和感悟消费者，读懂现代消费者的文化、价值观、审美观和生活方式，真诚、友善地为消费者创造打动人心的产品，只有打动人心才能培养品牌粉丝，延续品牌的生命力。从品牌运营方面，适应现代消费习惯，积极运用互联网+的理念，从渠道和宣传推广等方面，开发各类传统互联网平台和微信平台等，借助微商城打通线上线下渠道，实现O2O的模式，适应消费者的需求。

2016年9月28日下午，北京大华时尚科技发展有限公司（以下简称"大华时尚"）携"PURE TOUCH""天坛""无咎"三大品牌"集·和"亮相2016北京时装周。

此次品牌秀主题命名为"集·和"，寓意着大华时尚在品牌发展的进程中，将以宽广的眼界和博大的胸怀，博采众长，积极创新，在传统元素的运用中注入现代思潮，于经典设计的传承中融汇东西方气质之美，以和为贵，因和而爱，由和而合。三大品牌"PURE TOUCH""天坛""无咎"相互辉映，构成百花齐放、百鸟争鸣的繁荣局面。

发布会中"天坛"品牌发布理念为"吉"——取自"天坛"祭祀天地、祈求平安吉祥的寓意。整场发布会围绕水墨和丹青的意境，以白、灰、蓝、黑色系，搭配扇子和流苏等中式配件，将传统本土文化与现代商务需求深度结合，力求打造风格简约、儒雅内敛的"新中式"男装风格，突显"天坛"品牌在六十余年的积淀中焕发出的柔和祥瑞风采，在传承高品质和中国格调基础上的创新。

24.3 营销策略

24.3.1 产品内在价值的创新

正装品牌进行休闲化的延伸已经成为大势所趋。"天坛"品牌除衬衫外，现已开拓了西装、中山装和休闲服等男装系列。

★品牌的再定位和再拓展。

主要是针对传统目标客户的消费变化和消费者年龄结构的变化对品牌做再定位和再拓展。

再定位主要是天坛产品进行更新，在保持原有天坛品牌文化的基础上，推出各类版型和领型以及颜色的新产品，满足传统消费者的新要求，并在实体店推出定制服务。

再拓展主要是针对现在主力消费群体，"80后"和"90后"。推出了更加年轻化的品牌PURE TOUCH，针对人们对个性化的追求，推出了定制品牌——无咎，与"天坛"品牌形成了多品牌差异化运营格局。

PURE TOUCH（触摸生活），创立于2013年的年轻时尚品牌。致力于将无形的时尚风格转化为有形的服装服饰，通过衣着影响人的心境，运用色彩丰富的产品，唤起初入职场的年轻人勇于克服困难，走出内心迷茫，坚持自己信念的积极向上的阳光态度。PURE 既寓意纯净、专注，又寓意真实的自我和真正的生活。

"无咎"品牌是以追求真诚和自我价值的积极奢侈为目标的顶级男装定制品牌。通过三维量体、立体剪裁和符合国际化 TPO 规则的私人定制设计，为顾客提供最合适的真诚的专属服务，树立了以"合适"为核心的全新奢侈理念。

通过这些新品牌的推出和"天坛"品牌的创新发展，使大华这个具有63年历史积淀的企业也焕发出了"新"的风采。

★突出产品技术含量。

长期以来，"天坛"品牌并不将发展重点放在追求新奇的款式和华丽的色彩，而是将产品质量与科技含量放在首位。"天坛"正是凭借优质的面料，精致的剪裁以及经典的制作工艺受到消费者的青睐。

近些年，"天坛"品牌在不断提升产品内在价值方面表现更为突出。从 VP 衬衫到 YDP 衬衫，"天坛"始终坚持追求提高衬衫类产品的抗皱免熨性能。通过采用织物纱线的结构设计、织造密度设计等天然的物理抗皱技术，在获得优秀性能的同时，能够完全符合目标消费者对环保性的要求。"天坛"品牌正是凭借着不断加大产品科技含量的投入，逐步实现了产品档次和品牌形象的提升。

24.3.2 实体+虚拟的混合式渠道创新

战略营销不但要求企业有产品创新，又强调市场创新。尽管实体与虚拟渠道同存仍存在渠道冲突等现实的矛盾，但"实体+虚拟"渠道有机融合是未来的必然趋势。网络渠道不是要不要建的问题，而是怎么建的问题。

衬衫具有尺码规格较少、工序相对简单、面辅料构成简单、潮流变化缓慢、单价适中等多方面的特点，这也决定了衬衫是正装中最适合网络销售的品类。而恰恰在男装品类中，衬衫和领带也是需求量最大的品类。一个白领男士的衬衫保有量可以达到十几件，甚至几十件。PPG、凡客诚品等品牌的衬衫网络销售业绩也充分证实了衬衫市场的线上销售前景。对于众多以实体店铺作为销售主要渠道的正装品牌来说，实体店不应成为线上销售的障碍，相反，由于实体店能够为顾客带来消费体验和信赖感，应当成为正装企业实施网络销售的竞争优势所在。

"天坛"品牌正是充分利用其实体店的优势，让顾客在线下充分了解产品的面料工艺，并进行试穿，从而建立起顾客的信赖基础，再把这种信赖转化为未来在线上继续购物的机会。为顾客提供线上销售服务，其实质是降低顾客的购买时间成本和精力成本，这也是实现品牌价值回归的方式之一（图24-3）。

图 24-3 天坛品牌：产品形象 1

24.3.3 基于大规模定制的业务流程创新

"天坛"品牌在职业装定制方面具有非常丰富的经验和基础。随着互联网和制造技术的飞速发展，企业生产规模和生产效率得到了极大的提高，再加上现代网络的普及，大规模定制以满足消费者个性化需求为前提，机械化大生产为基础的生产模式被大华时尚运用到实际中，取得了较好的经济效益。大规模定制是把定制生产和大规模生产这两个矛盾统一在一起，结合了两者的优势，在满足消费者个性化需求的同时又保证了机械化大生产的质量、较低的生产成本和较短的交货周期。

在私人定制方面，"天坛"品牌通过企业网站和实体店铺，与客户交流获取相关资料。定制初期，客户可结合企业在网站或卖场中提供的资源库，选择确定服装的款式、面料、色彩等个性需求。"天坛"品牌通过终端人员的专业量体服务，精准获得的客户身体尺寸信息，快速准确完成对个性定制需求的确认，并将数据实时通过网络传送至公司总部。企业在预先针对各类体型设计的海量板型库中针对顾客情况调取符合顾客要求的纸样，在完成一定数量订单的收集后，把相近款式集中安排生产流程，较高的发挥生产系统的柔性，实现大规模生产，降低生产成本。从而既能实现在较短的时间内把衣服送到客户的手中，又能兼顾定制与大规模生产的结合。

大规模定制不但可以满足顾客个性化的需求，更重要的是可以降低正装行业普遍面临的成品库存压力过大的难题，大幅度降低库存成本。

面向未来，"天坛"品牌在实施大规模定制过程中，一方面可以让顾客获得品牌产品和服务的充分体验，另一方面也可在定制过程中获取到准确详细的顾客资料，这些都有助于品牌发掘顾客的终身价值，从而将品牌与顾客之间的角色定位由过去的交易型转变为关系型。

"天坛"品牌的大规模定制服务得到了京港地铁、中国联通、北京地铁、中国中铁等几十家公司的高度评价，同时"天坛"品牌还承担了2008奥运会、建国60周年等重要活动的服装定制服务。基于大规模定制的业务流程创新正成为"天坛"品牌在职业装行业价值竞争中的一把利剑（图24-4）。

图 24-4 天坛品牌：产品形象2

24.4 综述

经历了六十余年的风风雨雨，"天坛"品牌将会紧紧抓住时代的挑战和机遇，以创建北京百年品牌为目标，以推动民族品牌发展为己任，以时尚品牌的资本化发展为核心，为实现百年品牌企业的光荣与梦想而努力前行。【资料提供：孔海燕】

25 铜牛：真实为源，品行高远

25.1 品牌简介

铜牛品牌创立于1980年，品牌名称取自颐和园昆明湖畔的"镇水铜牛"之吉祥寓意，以"诚、实、韧、拓、雄"的"牛"文化为品格，铜牛以原创的设计和精湛的制造，带来"绿色、自然、健康"的高品质内衣。铜牛品牌的品牌理念是真实为源，品行高远。"真实"在于诚实做人，真实做事，真诚待客，真情服务。"真实"，既是铜牛品牌提升发展的源头活水，又是公司立业发展之基。"品"表示品质、品格。"品"，不仅表达了高品质的品牌诉求和理念，而且表达了铜牛人志存高远，不断迈向世纪品牌目标的高尚品格。铜牛品牌理念的字头相合为"真品"，表达了品牌诉求的高境界。

铜牛产品DNA是纯棉和大版型，"绿色、自然、健康"是铜牛的产品理念，秉持"真实为源，品行高远"的品牌理念和"顾客的期望永远是铜牛追寻的方向"的经营理念，服务大众高品质生活（图25-1）。

图25-1 铜牛：品牌家居服宣传片

品牌的消费群体定位在35~60岁及以上的中年及中老年大众消费群体、6~12岁的学生群体。价格在行业内属于中等价位。主要产品为内衣产品、居家产品及打底产品。铜牛品牌理念统一决定了公司的产品开发设计思想、市场营销理念、制造管理原则和品牌管理的准则等，涵盖了铜牛品牌涉及的各个环节的作业行为理念和规范。

25.2 品牌发展历程

25.2.1 1952~1997年：组团前发展

1952~1964年：北京市人民针织厂建厂到北京针织总厂成立。北京市人民针织厂是北京纺织行业第三个建厂企业。1952年开工建设，1953年11月建成投产。同时上海红叶针织厂迁京并入北京市人民针织厂，从上海调入部分技术人员和机器设备。当时是北京最大的针织企业，占全市针织内衣产品的80%以上。

1965~1975年：1965年3月成立北京针织总厂。当时的北京针织总厂以"六厂二校"之一而著称。企业经常接待国际友人和国家领导人。老一辈无产阶级革命家朱德同志、邓颖超同志、李先念同志、李春富同志多次到厂视察。1967年11月15日毛泽东主席在北京针织总厂的报喜信上批示："看过，很好，谢谢同志们！"1968年8月毛主席亲自派人为北京针织总厂职工送来"芒果"，极大鼓舞了全厂职工的工作热情。

1975~1997年：1975年按照专业化分工的原则，北京针织总厂体制改革，是当时北京最大的国有针织企业，成为在北京纺织行业广泛流传一句话："三棉四毛一根针"的重要组成部分。

北京针织一分厂改名为北京第一针织厂，专门生产纬编类内外衣，并于1980年3月注册"铜牛"商标。1980~1985年是北京第一针织厂经济效益辉煌的时期，年平均上交国家利税1000多万元，外贸收购值达到1000万美元。1980~1990年企业先后创出1个国家产品银质奖、10个部优产品和7个市优产品。

20世纪90年代特殊的经济背景使得大批国有企业出现亏损，主要针织企业先后陷入困境并进入了艰难调整阶段。在此过程中，通过转换经营机制，调整产品结构，实施名牌战略，孕育出了具有民族历史文化象征意义的"铜牛"等品牌。经过多年的精心培育，1995年，铜牛品牌获得"北京名牌"的称号。

25.2.2 1997~2012年：集团化重整组合

1997~2002年：1997年年底，根据北京市政府第66次常务会议通过的"纺织一条街开发建设和结构调整实施方案"等有关批示精神，经北京纺织控股（集团）有限责任公司决定，对北京针织工业实施重大调整，以铜牛品牌为龙头，以北京第一针织厂、北京第二针织厂、北京第三针织厂合并组建北京铜牛针织集团有限责任公司。

1997年12月18日，举行了隆重的铜牛集团挂牌成立大会。在"不分你我他，共同为铜牛"这面企业文化旗帜的引领下，参与组团的三家企业完成了从工厂制向公司制的转变，自1997年铜牛集团组团以来，始终坚持"品牌为根，文化为魂"的发展理念，积极推进名牌战略，先后实现了二十多家企业的重组整合，走上了一条稳健的品牌企业发展之路。

2002~2008年：集团坚持优化结构，优势重组，引进国内国际先进技术装备，在北京市级开发区（通州、密云）先后建成针织、机织服装、线业无纺布、高品质制衣四大生产基地；在北京CBD核心区建成了支持企业发展的研发、贸易、信息三大中心；通过引进国际先进水平的技术装备、高素质的研发和管理人才，为铜牛品牌的创新发展搭建了高起点的竞争平台。

2006年：2006年12月"北京铜牛针织集团有限责任公司"正式更名为"北京铜牛集团有限公司"，标志着铜牛集团的发展开启了新的篇章（图25-2）。

图25-2　铜牛：内衣系列

25.2.3　2012~2017年：转型升级发展

伴随着整个经营环境的变化及首都城市发展定位，2012年，铜牛集团在保持稳定发展的情况下，主动开始全力推进产业调整、企业转型升级的工作。首先注销退出北京铜牛制衣有限公司，加快推进品牌和贸易市场，构建铜牛信息化终端网络。北京月季红线业有限公司与北京铜牛服装有限公司生产环节相继退出，以全能型的北京铜牛股份有限公司生产环节退出为标志，产业调整的主体任务取得了阶段性成果。同时，以效益为目标，创新机制，整合资源，聚焦品牌和贸易市场，加快研发制造能力的转移，相继在山东平原、泰安、威海、河北东光以及孟加拉、缅甸等构筑了国际化的供应链。

为适应品牌运营发展的实际需要，建立了现代化的物流基地，配套 SCM 供需链系统，植入 WMS（无线仓储管理系统）系统，实现品牌运营全过程的信息化管理，满足了互联网时代下的线上线下营销的需要，实现了企业产品研发、制造、营销全过程的系统化管理。

铜牛信息持续创新发展 IT 数据中心和增值服务，致力于成为领先的高端 IT 技术系统服务商，铜牛信息科技股份公司并于 2013 年 7 月登陆"新三板"，成为众多国际国内知名企业的供应商，并于 2016 年 6 月 27 日入选新三板创新层。

2014 年 12 月 10 日，北京日报头版头条介绍铜牛集团转型之路，自此铜牛集团的转型升级踏上了新的征程。

在转型时尚上，2016 年 9 月 27 日，北京时装周 BLESS 铜牛品牌主题大秀在莱锦创意产业园倾情发布。作为北京时尚控股旗下的知名品牌，铜牛首次登上 2016 北京时装周秀台，展现了具有东方哲学美学理念和人文关怀的服装产品，更全面地宣传和展示出"真实为源，品行高远"的品牌理念以及品牌的新变化、新形象和对未来发展的诠释。

25.3　营销策略

25.3.1　以科技创新为核心，打造铜牛的品牌特色

北京铜牛集团从 2001 年起一直情系航天事业，与航天员中心建立合作关系。"神五""神六""神七""神九""神十"，以及这次的"神十一"发射任务中，铜牛为航天员设计研发了航天生理信号背心、航天员保暖内衣、航天内衣、航天手套、航天包等产品，为祖国的航天事业贡献着自己的力量。"铜牛内衣、航天品质"也成为铜牛品牌高端科技产品的特色传播符号。

为了达到航天内衣各项技术指标，铜牛研发团队从原材料筛选到面料织造再到成衣设计制作，经过不断的试验和检测，最终达到验收标准。铜牛人有着坚韧与执着的工匠精神，铜牛人心中的"工匠精神"是一种专注、精心、追求极致的精神。铜牛品牌一直秉承着这种工匠精神，专注内衣生产六十余年，为消费者提供绿色、自然、健康的产品。

铜牛集团采用新原料、新工艺、新技术，重点开发功能性产品和环保型等高科技产品，获得明显成效。近三年，铜牛集团采用的新型纤维有德绒纤维、茶花油纤维、艾草纤维、木糖醇纤维、含锌纤维等；新工艺技术有物理去毛羽、抗菌整理等。1996年细旦、超细旦丙纶长丝的研究开发与应用项目荣获"中国科学院科学进步奖一等奖"；2004年弗莱特、竹纤维产品荣获中国针织工业协会授予的"中国时尚内衣"称号；2005年弗莱特原料应用及产业化项目荣获"中国纺织工业协会科技进步三等奖"；2006年，分形涤纶与天然纤维多维立体纱项目获得"国家科技部重点新产品计划项目"；2008年一种释放负离子的针织面料荣获"北京市人民政府发明专利奖三等奖"；2012年绿色环保汉麻针织产品的研究与开发项目荣获"北京市人民政府科学技术奖三等奖"；2016年弗莱特保暖针织产品荣获中国针织工业协会授予的"2016中国针织功能（舒适性）产品优秀奖"；2017年美肤暖针织面料荣获"中国针织工业协会年度大奖——最佳市场应用奖"。

铜牛集团目前拥有有效专利35项，其中发明专利13项，实用新型专利2项，外观设计专利20项。自主知识产权使集团效益有了新的增长点，特别是自主开发并产业化的弗莱特产品，填补了国内针织领域空白，已成为铜牛主销产品，受到广大消费者的青睐（图25-3）。

图25-3 铜牛：铜牛内衣系列宣传片

25.3.2 创新品牌运营模式，整合营销渠道

铜牛品牌坚持以销售为龙头、以提升运营质量为核心，持续推动和加强现有渠道建设，进一步整合渠道区域布局。推进优化终端（含代理）精细管理、控费减亏的运营主题，持续对终端进行动态评估，确保不良终端及时退出。积极应对渠道变化，创新思维，通过改变合作模式的办法规避风险，确保运营质量及销售业绩。拓宽思路寻找业务新的增长点，探索体验店、社区店等新的运营模式，加强外埠及本市远郊区百货渠道建设，力争渠道建设有突破。

线上电子商务业务作为铜牛品牌线上发展战略的着力点，从2009年开始在集团领导的关注下起步，逐步发展为运营模式主流化，渠道布局完善化，物流信息现代化，具有一定市场关誉度并拥有一批黏性粉丝的线上运营品牌。在铜牛品牌产品销售中，形成线上线下的多维度互动，利用新媒体，新渠道不断拓展业务，稳步发展（图25-4）。

图 25-4 铜牛：学生装

营销方式上进行全媒体深度整合营销。即同时利用传统媒体与新媒体，线上线下整合营销，以提升品牌价值为导向，运用信息系统移动化，打造全方位渠道的立体营销网络。通过不同平台的协同作用，实现对不同时间与空间受众的全覆盖，最大限度的触达品牌的目标受众，并且对其产生更为多面化的影响。

传统媒体方面，包含广告宣传、公关推广、营业推广。例如，专柜灯箱片、POP、DM 单、内外墙体广告、公交车身广告、楼宇电梯广告、报纸、杂志纸质媒体广告、含软文的策划撰写和发布、视频广告、气象贴片广告、品牌画册等宣传物策划、拍摄、设计、刊印传播、各种展会、订货会、发布会、走秀等策划、组织和宣传；品牌主题营销活动策划执行等。

新媒体方面，包括官方微信平台建设及运营、二维码推广、微博、贴吧、论坛、社群、知名门户网站、热门博主、真人秀、网红、意见领袖推广、品宣直播、O2O体验、线上线下互动等，提供和宣传铜牛品牌最新产品和相关资讯。利用各种宣传手段，包括新媒体平台和线下宣传机会，树立品牌、扩大品牌知名度、提升美誉度，启发顾客购买需求，给客户提供产品购买的理由和刺激，让消费者了解、熟知企业产品。并助力销售部门，提供各种有效市场资源支持，致力提升品牌形象，拉动销售业绩（图25-5）。

图 25-5　铜牛：家居系列产品图

在铜牛品牌知名度和影响力的基础上与时俱进，顺应时代发展，铜牛官微会员数目增长迅速。顾客从官微上获得品牌资讯已经成为一种习惯，实体店铺好多顾客反馈，是官微上的宣传的活动让他们来到店铺，选购商品。未来，铜牛除了官微平台，还将拓展新媒体渠道，在官方微博、百度贴吧、大众点评、品牌活动直播、网红推介、KOL推广等多方面进行新媒体探索，拓展品牌的传播体系，扩大品牌的影响力。巩固35~60岁中年及中老年客群忠诚度的基础上，对未来的客群需求进行拓展和消费提升的满足。

25.3.3　国企担当，志存高远回报社会

★抗震救灾，冲在一线。

2008年5月12日，汶川特大地震给四川人民造成了巨大的精神与物质损失，它震动着全国人民，也牵动着铜牛员工的心。

"一方有难，八方支援"，铜牛人在第一时间向灾区群众伸出了援手，与灾区人民同呼吸、共命运。2008年5月17日，汶川地震的第5天，铜牛股份全体员工在最短的时间内捐出了35963元钱，公司领导随即决定，紧急调运2万件服装连同捐款一起发往灾区。在接下来的日子里，铜牛又大规模的组织捐款，截止至2008年5月31日，累计捐资捐物共达161.8万元。

在向四川受灾人民伸出援手的同时，铜牛人迅速展开了对灾区员工及其家属的救助活动，经调查了解，铜牛共有四川籍受灾员工20余人，各级领导及时组织员工进行捐款，仅用两天时间，捐款10.9625万元，我们把部分捐款及时送到受灾员工及其家人手中，使四川籍员工深受感动。

在得知抗震一线急缺救灾帐篷、需要调派人手抢工赶制之时，铜牛股份又一次在关键时刻放下自身利益，从一线岗位紧急派出15名操作能手、技术骨干进行支援。这15名优秀员工，与其他单位的成员共同生产帐篷15000顶，并在第一时间全部送往灾区。她们的精神和能力受到了市领导的充分肯定，赢得了社会对铜牛人的赞美和尊重。

★加时赶工，力保实效。

在国庆60周年的庆祝活动中，国家领导人既传统又开放兼容的着装；受阅官兵的军服庄重威武、时尚靓丽；群众游行方阵服装的色彩缤纷、个性奔放……西装、马甲、连衣裙、西服裙、大摆、收身、包边……款式多样，风格不一；国旗红、玫红、湖蓝、果绿、深黄、明黄……姹紫嫣红，一片"花"的海洋。

铜牛集团在交期紧迫的情况下，先后承担了14个国庆群众游行方阵服装的打样、6个国庆群众游行方阵的制作工作，制作完成国庆群众游行服装23457套和首都治安志愿者服装455510件。特别是在临近国庆又新增游行方阵的情况下，毅然停下手中的合同，连夜赶制、配送国庆游行服装。铜牛集团以"祖国荣誉高于一切"的爱国精神，以精益求精、勇于创新的精神，为企业争得了荣誉。

在推进实施以"转型升级，创新发展"为核心的"十三五"规划的重要时期，铜牛集团会继续抓好生产经营建设，并在经营活动中讲信誉、讲法制、讲道德、恪守承诺，在发展中注重维护客户和顾客的利益、维护员工的利益，在促进经济效益稳步提高的同时，肩负起应尽的社会责任和义务。在集团公司逐步发展壮大的征途中，铜牛人也深知，公司的发展壮大离不开社会的大力支持，所以，铜牛集团表示将继续致力于社会公益事业，为促进企业和社会的共同发展、和谐繁荣而不断努力。

25.4 综述

国家提出"十三五"规划之后,"供给侧结构改革"成为经济发展重中之重。对于服装企业,核心就是如何做好"供给",对此铜牛人认为,供给侧结构性改革实际是产业结构如何适应市场需求变化的改革调整,在业务发展上就是"有所为有所不为",做好加减法。

对于铜牛而言,未来的发展规划首先是要紧紧结合市场需求和消费群的新体验要求,力求精准定位,在产品策划和设计方面加快提升,提供消费者真心喜欢的产品;同时,专业化制造基础上通过信息技术适应个性化的需求变化,力争向柔性供应链目标迈进,这就是做加法。其次,适应首都功能定位和产能疏解的要求,将制造功能外迁和转移至产业集群地区;同时,适应互联网时代的发展和销售渠道的变革,重新调整渠道布局和产品梳理,这是做减法。

未来,铜牛将更多的重视消费者的需求调查,并将其有效地融入产品设计当中,切实体现其在面料风格、功能需求、款式设计、颜色及设计细节等的要求,提升品牌设计的对应度。并加强个性化定制服务,从面料到成衣的专业研发能力,适应消费者的个性化、多样化需求,推进定制化服务业务,通过突出功能,聚焦产品,加强商业模式创新和柔性供应链管理,培育新的增长点,力争品牌内衣要成为具有高品质声誉、功能特色突出的针织功能内衣市场领先品牌。【资料提供:郭卫红】

26　VICUTU：崛起的男装帝国

26.1　品牌概述

　　VICUTU品牌隶属于北京威克多制衣中心。该企业是一家集高级成衣设计、研发、生产及销售于一体的现代化服装企业，旗下有"VICUTU""GORNIA""VGO"三大男装品牌。VICUTU品牌名称源于英文VICTORY，象征追求胜利和成功，作为西服版型的技术的引领者，经过多年创意，以服装设计为切入点，致力于为中国男士提供崭新的穿衣理念，已经发展成为中国男装品牌的引领者（图26-1）。

图26-1　VICUTU：品牌形象展示宣传片1

　　VICUTU品牌注重细节，每一件西装都经过500多道制作工序，并经由经验丰富的裁剪师手工缝制而成，长期的精益求精，形了西服"轻、薄、透、柔"四大工艺优势。品牌拥有成熟的研发设计团队，能够根据客户品牌风格，结合当前流行趋势，提供从面料开发到成衣款式的设计服务。在面料方面，VICUTU品牌在全球范围内寻找最具表现力、质量最上乘的服装面料，引入澳洲高品质羊毛、精品桑蚕丝、埃及长绒棉以及高级混纺纤维，让每一位顾客选择自己最满意最高档的面料。在工艺技术方面，品牌为每一款产品赋予生命力，让每款产品都拥有独特的个性，激发人民对品质生活的追求，在细节上，时时传递出一种情感、思想，为消费者创造出不同的着装感受（图26-2）。

图 26-2 VICUTU：品牌形象展示宣传片 2

当前，VICUTU品牌拥有4条西服生产线和18条时装生产线，年产量达到了200万件套，全线引进德国杜克普、意大利迈耶、日本卜多宝等尖端生产设备，保证了产品生产过程中的质量控制。随着品牌不断锐意进取，二十多年来取得了骄人的成绩。从2010~2016年期间，共获得各类奖（荣誉）共42项，国家级奖项（荣誉）13项，其中市级奖项（荣誉）18项，区级奖项（荣誉）1项（表26-1）。

表 26-1 VICUTU 品牌部分获奖情况

序号	获奖名称	级别	获奖时间
1	中国式新男装设计展最佳原创设计奖	国家级	2010 年 12 月
2	2010 北京十大时装品牌金奖	市级	2010 年 09 月
3	2009 年度北京十大热销服装品牌	市级	2010 年 02 月

续表

序号	获奖名称	级别	获奖时间
4	北京十大时装品牌金奖	市级	2010 年
5	"华孚杯"2011 色纺时尚设计大赛优秀奖	国家级	2011 年 10 月
6	中国国际经编设计大赛入围奖	国家级	2011 年 05 月
7	北京市知名品牌证书	市级	2011 年 04 月
8	北京市专利试点单位	市级	2011 年 03 月
9	北京知名品牌	市级	2011 年
10	"华孚杯"2011 色纺时尚设计大赛优秀奖	国家级	2011 年 10 月
11	2012 年北京最具文化创意十大时尚品牌	市级	2012 年 09 月
12	ISO 4001 环境管理体系认证证书	国家级	2012 年 06 月
13	ISO 9001 质量管理体系认证证书	国家级	2012 年 06 月
14	"绮丽杯"第 17 届中国时装设计新人奖	国家级	2012 年 04 月
15	2011 年度北京市大兴区科学技术奖技术进步奖（二等奖）	区级	2012 年 03 月
16	北京市著名商标	市级	2012 年
17	2013 年度北京最具文化创意十大时装品牌银奖	市级	2013 年
18	2013 北京最具文化创意十大时装品牌（银奖）	市级	2013 年 09 月
19	2014 年度北京最具文化创意十大时装品牌银奖	市级	2014 年
20	2014 年 APEC 会议领导人服装样衣制作工作并作出突出贡献奖	国家级	2014 年
21	2014 年 APEC 会议领导人服装制作工作并作出突出贡献奖	国家级	2014 年

26.2 品牌发展历程

26.2.1 品牌初创：起步发展阶段

1994 年，VICUTU 品牌创立。在起步阶段，品牌逐渐明晰了自己的发展方向，同时也形成了自己的产品特点。"VICUTU"体现的是欧洲古典文化，其风格为传统的欧式风格。目的是为中国的一线白领提供中高档西装。VICUTU 品牌的西装以"轻薄透柔"四大工艺著称，保证了在同类产品中占有领先地位。为以后的快速成长打下了坚实的基础。期间，1996 年，威克多建成了第一个制衣工厂，极大提高了其产能和工艺水平。第二年，品牌在意大利罗马实地拍摄的广告制作完毕，并在央视播出，使得威克多的知名度大大提高。1998 年销售额突破 7000 万元，同时在天津、郑州、重庆等地设立了分公司。虽然是在起步阶段，VICUTU 品牌以惊人的速度在不断成长。在 1999 年的"中国名牌竞争力调查"活动中，VICUTU 品牌在"知名度""市场占有率"和"质量满意度"等五项指标全国综合排名第一，并获得"中国国际服装博览会"金奖。

26.2.2 品牌成长：极速扩张阶段

2000年，品牌位于北京大兴经济开发区的产业园建设完成。该园区集生产、办公、餐饮、住宿、绿化景观于一体，总建筑面积近10万平方米。从园区的建设中可以看出，威克多经过六年的发展，已经有了相当数量的资本积累。2001年，品牌与中国人民大学工商管理研修中心合作成立了服装界第一家企业商学院，为企业培养和输送了大量的人才，堪称产学研结合的模范。此间北京威克多制衣中心创立了"GORINA"品牌男装，定位于精英阶层和成功人士，在中高端男装市场与VICUTU品牌定位形成理性互补。由于产品品质、售后服务质量和执行力的快速地提升，2003年品牌的销售额突破2亿元。

26.2.3 品牌民族化：生产流程协同化阶段

这一阶段的重要标志是，引进了SAP系统。品牌已经将目光放眼全球，着眼于最先进的生产技术。自此，品牌建立了企业数据化管理平台，实现了生产与供应链，业务与财务的无缝对接。从而既提高了管理效率，也提高了生产效率。这一时期，品牌扩大了产品线。开始了信息化管理阶段，为国内服装企业信息化树立了新的行业标杆。2006年，为了拓宽销售渠道，在北京大兴建立了第一家工厂店。2008年，推出了高级定制服务，并且作为民族品牌的代表，长期为国家领导人出席重要会议提供高级定制服务。

26.2.4 品牌国际化：转移升级阶段

2014年，VICUTU品牌在行业内率先引入客户关系管理系统（CRM）。并与世界顶级软件公司ORACLE合作，为会员管理与服务提供强大数据收集与分析支持，为多品牌集团化发展提供数据化保障，同时为精准化营销提供技术平台。2015年，为响应京津冀产业转移政策，品牌正式入驻河北"衡水格雷服装创意产业园"，该项目总投资15亿元，占地307亩，投产后产量大幅翻倍，可实现销售收入18亿元，利税3.5亿元。新研发中心和生产中心的设备更加先进，布局更加合理，产能大幅提高。品牌抓住了京津冀产业转移的战略机遇，顺势提升发展空间。此后，北京威克多制衣中心作为总部和设计中心，主要承担设计职能。而"衡水格雷服装创意产业园"作为研发和生产中心，与北京的总部职能互补。随着转移的完成，品牌也顺利完成了战略升级。在衡水园区建设过程中，所有硬件设施和技术装备都进行了升级改造，引进了一批意大利、美国、德国具备国际领先水平的高端生产设备。园区的功能区间包括设计研发中心、人才培训中心、时尚传媒中心和商业展示交流中心，以及销售区、时尚服装艺术博物馆区，总建筑面积达28万平方米，是一个集研发、设计、生产和服务于一体的具有国际顶尖水平的高端服装制造基地，为以后的发展奠定了良好的基础，同时，VICUTU发展也进入了一个发展的新时期（图26-3）。

图 26-3　VICUTU：北京威克多制衣中心衡水基地

26.3　营销策略

26.3.1　品牌发展的基础：人才为先

人才是实现梦想的智能媒介，对人力资源的合理开发和有效管理是关系到品牌成败的基础。多年来，VICUTU品牌与国内外教育、科研机构积极合作，不断扩展培养和选拔人才的多元途径，以保持中国服装行业的可持续发展。2001年，同中国人民大学工商管理研修中心共同建立服装界第一家企业商学院。学院培养了大量的人才，为品牌的发展提供了有力的支撑。技术中心创立于2001年，于2009年被评为北京市企业技术中心，技术中心现有研发人员68人，其中博士3人，硕士8人，优秀的研发团队使企业的产品研发和创新能力处于国内领先水平并达到了国际水平。总部拥有上百名高级技术人员，每年都会派赴欧美等地，了解最新时尚资讯和设计理念，学习国际最新西服制作工艺。VICUTU品牌极其珍视人才，坚持从一流服装院校中选拔富有潜力的设计人才，既不失严格标准，又不拘一格，一系列选用、培育人才的措施，让品牌有了更坚实的智力基础，为品牌发展积蓄了强大的力量。

26.3.2　品牌发展的动力：研发创新

为了提升创新能力，VICUTU不惜投入巨大的人力、物力，建设品牌创新体系。同时，品牌注重研发部门的独立发展，坚持自主创意、研发，掌握核心技术，注重创造和保护自己的知识产权和核心技术。几年来，不断加大研发的技术含量和创新力度，在北京市委、北京市工业促进局及大兴工业局等政府机构的大力支持下，技术中心已形成以三大品牌开发部为基础，以技术部、信息部、制作样衣部、设计生产部等相关产品开发领域的研究人员为核心，在研发中心内科技人员组成的设计研发科研队伍。技术中心拥有一个经北京市级认证的检测中心，中心配备了各种先进的研究与开发、测试设备仪器，不仅能满足新产品、新技术、新工艺的研究与开发，同时还能为产品检测、生产等提供检测与试验平台，解决新产品的开发、新技术的超前研发与储备、产品工艺的技术改进、行业先进技术的基础研究、研究与试验发展等关键技术问题。近年来，技术中心参与制定的国家及行业标准6个，取得已授权国家专利45项，取得软件著作权6项。

26.3.3 品牌发展的保障：差异化定位

多年以来，VICUTU坚持自己的设计理念和设计风格，走差异化的品牌道路。创立之初，其定位就是为中国精英阶层的男性提供中高端西装，并且西装的风格全部都是欧洲古典的绅士风格。这种风格一直延续下来，加之不断创新，从而形成了品牌特有的风格。这不仅有利于品牌形象识别，而且其背后隐藏的附加值，为品牌创造了巨大的收益。VICUTU不会模仿任何一个品牌，任何不符合品牌风格的产品都不会在拿到市场上销售。VICUTU品牌获得成功后，北京威克多制衣中心先后创立了GORINA和VGO两个子品牌。在定位方面，"VICUTU""GORINA"定位为中高端男士西装，"VGO"定位为高端商务休闲装。VICUTU品牌的目标客户为23~38岁、有良好教育、收入客观、追求品位的都市男青年，其中其核心层为26~35岁。在产品方面，VICUTU品牌又进一步做了细分——红标和蓝标。红标的风格更加时尚有活力，适合年轻人的风格；而蓝标则是成熟稳重，更加倾向于商务形象。GORNIA的品牌定位为中高端男装。宣扬理性、从容、高贵、优雅的智者形象，彰显绅士的浪漫主义情怀和王者气质。GORNIA的设计风格力求简约而极致，即在服装款式上经典而简约，在选材、裁剪、制作上尽显极致。需要指出的是，GORNIA的定位比VICUTU更加高端，其延展客户层为35~48岁，核心客户层为38~45岁。VGO是威克多最年轻的品牌，其风格更加年轻化、时尚化。其定位的目标客户层也是其所有品牌中最年轻的——20~35岁追求个性和时尚的年轻人，核心客户层为22~28岁。可以看出，品牌将年龄、收入和社会阶层三个维度作为细分市场的因素，使其目标市场更加明确，从而其研发产品的方向也更加明确。

差异化定位是品牌发展和成长的重要步骤，精准的定位让品牌成功地开拓了市场、树立了良好的品牌形象（图26-4）。

26.3.4 品牌发展的方向：国际化战略目标

敏感的国际视野和高度，是由VICUTU的品牌形象和注重创新的品牌意识决定的。在品牌创立之初，就设定了品牌欧洲古典的绅士风格。这种风格的延续，必须要保持对国际上西装的流行趋势和国际时尚前沿的敏感度。这样才能不断地进行研发和创新。可以说，VICUTU品牌一直用国际的标准来要求自己，无论是从服装制造装备的引进、精益的面料取材、再到国外进行人才培训以及前沿的设计风格无不体现着威克多高度敏锐的国际视野。

图 26-4　VICUTU：品牌形象展示宣传片 3

26.4　综述

　　VICUTU 品牌经过二十多年的发展，在国内取得了巨大的成功。与国内西装生产者相比，无论在设计、研发、创新还是硬件上几乎没有短板。再加上严格控制销售渠道和完善的售后服务体系，让 VICUTU 的品牌形象更加深入人心。人才、创新和品质是品牌发展的内生动力，而高度敏锐的国际化视野，让品牌的生产水平、设计水平，和管理水平均同国际先进水平看齐。VICUTU 品牌打造了一个男士西装帝国，其成功为其他品牌企业树立了良好榜样。值得注意的是，互联网和电子商务的发展，以及我国的产业调整，这些均给服装行业带来了新的机遇和挑战。VICUTU 品牌已经抓住机遇、直面挑战，品牌将积聚力量，继续前行。

27 小护士：探寻功能与时尚的和谐美

27.1 品牌简介

1998 年，一个倾注着"能帮助更多的人"这样一个爱心品牌——"小护士"诞生了，开创了"健康内衣"新理念。小护士秉持"健康内衣专家"的品牌理念，推广健康穿衣生活方式，传播国际先进健康穿衣知识，把各种对人体有益的研究成果迅速应用于内衣设计生产。小护士目标消费人群为大众，致力于用高品质产品为消费者带来物超所值的享受，依靠产品的良心品质，赢得市场获取利润（图 27-1）。

图 27-1　小护士：品牌 LOGO

品牌荣誉：2011~2014 年度"北京市著名商标"；2011 年荣获 2011~2014 年度北京知名品牌证书；2013 年荣获 2012 年度北京时尚热销服装品牌营销金奖；2012 年荣获 2011 年度北京时尚热销服装品牌营销金奖；2011 年荣获 2010 年度北京时尚热销服装品牌营销金奖；2013 年荣获由国家质检总局颁发的全国质量检验稳定合格产品证书；2010 年荣获 2010 年度北京十大时装品牌；2009 年获"2009 年度北京十大最具潜力时装品牌"（图 27-2）。

图 27-2　小护士：品牌终端店面 1

27.2 品牌发展历程

1998年诞生的小护士品牌，在创立之初，本着"更多帮助别人，让更多的人穿上有保健功能的内衣"的信念，将广告宣传费用回馈给广大消费者，因为在内衣市场上迅速壮大。2001年，伴随着企业的调整以及服装市场上的变革，众多服装企业表现低迷，但小护士凭借优质的产品和深厚的品牌文化，保持稳中有胜。2004年，小护士加大自主研发投入，提高品牌产品的创新能力和技术能力。2008年，小护士实现销售网络全覆盖，积极建设更宽广的销售渠道，提高精细化管理，荣获2008年度北京时尚之都品牌营销金牌。当前小护士积极顺应消费者需求，寻求产品转型，透过品牌经营，在内衣市场竞争中形成独特的竞争优势。

27.3 营销策略

27.3.1 精准定位目标市场

小护士品牌在进入市场时脚踏实地，将注意力聚焦于中低收入阶层，竭力打造大众品牌，通过向消费者传达企业、产品和品牌的信息，使品牌和产品的差异性清楚地凸显于消费者面前，从而使小护士在消费者心目中形成优于竞争产品的地位，迅速为市场和消费者所接纳。

小护士的品牌文化是从产品中剥离出来的，经过长时间的积淀，在消费者心中形成了难以被其他所替代的文化理念，从而成为小护士可持续发展的关键。

27.3.2 加强产品差异化优势

小护士品牌把产品功能、质量、工艺、作为企业生存发展的生命线，其品牌创新涉及产品直至销售终端的各个环节，以期加强产品的差异化竞争优势。小护士在现有产品基础上，加强特色产品的研发，如首创隐形护膝，现已成为业内争相效仿的对象；缩短研发周期，色彩款式多样化，产品结构完善化；延伸产品类别，丰富组合搭配，小护士独创了"人体薄弱部位重点保护"理论，即根据人体不同部位的不同特点，对大椎穴、腰椎、膝关节、腹部等薄弱部位进行特殊处理，精心呵护人体容易受环境伤害部位，做到科学穿衣；根据市场需求，提升产品结构，坚持大众消费群体的市场定位；除此，小护士注重功能性新原料和新工艺的应用，突破性的将仿生学完美运用于纤维纺织，采用独特的超细旦中空聚热纤维保暖技术，使面料更蓬松，从而更加保暖。小护士内衣具有吸汗速干和抗静电功能，都是利用创新技术经纤维改质生产出的功能性服饰。

27.3.3 开辟品牌发展新渠道

积极探索网络销售新途径，引进专业电商运营的管理模式和运营模式。小护士品牌根据渠道战略阶段规划，在巩固商场渠道的基础上，实施"渠道扩展"，实体与网络齐头并进，深耕市场。品牌相继开发大型全国连锁商超系统，在北京、上海、哈尔滨、沈阳等城市开设旗舰店与专卖店，淘宝天猫也开设小护士天猫旗舰店。小护士在强化商场的优势地位同时，进军电子商务，及时把握先机，重视对网站的投入与开发，把网络销售作为企业营销战略的一部分，借由电子商务可以在空间上的无限延伸的优势，小护士的销售渠道得到了进一步拓展。贯穿线上线下全面发展的品牌优势，使得小护士一改"内衣老品牌"的传统、保守形象，得以与年轻的消费者进行近距离的接触，进而提高品牌的市场占有率（图27-3）。

图27-3 小护士：品牌终端店面2

27.3.4 增强供应链管理

服装行业作为对时尚和流行反应最为迅速的行业，如何对消费者需求能够做出反应，各个环节的高效联通和强大的信息处理能力构建供应链，是品牌重点关注和解决的问题。小护士在与国际知名的纱线公司如日本东洋纺、日本三菱公司、日本旭化成、德国拜耳公司等合作的整个供应链管理中，一方面关注质量，另一方面，小护士品牌通过科技、设计生产、人才等方面的努力来促进企业转型升级，在产品设计开发、标准研制、商业模式等方面形成错位的竞争优势。

27.4 综述

当前功能性内衣零售市场的消费结构和消费趋势变化迅速，小护士灵活机动地调整经营策略，注重品牌运作和品牌传播的强化，提高了消费者的品牌认知度和产品的附加值。小护士品牌历经 19 年的发展，始终秉持"以科技为依托，打造健康内衣第一品牌！"的经营理念，诠释一种健康的文化理念和生活方式。目前，小护士品牌已发展成为集研发、设计、生产、销售于一体的大型综合性内衣企业，产品结构也由季节性功能性内衣全面转型为四季健康内衣；小护士的销售网络覆盖全国，建立起小护士终端 3000 余家，其中专卖店 200 余家。小护士内衣，不仅是健康与时尚的化身，更是一种正直善良、无私奉献、专注专业的精神象征。【资料提供：李灵霞】

28 新思路：永远不做伤害客户的事

28.1 品牌概述

XINSILU（新思路）品牌是由香港新思路国际集团有限公司 2002 年推出的高端女装品牌，隶属于坐落于北京市亦庄经济技术开发区的北京奔彪服装有限公司。

新思路品牌将受众锁定为都市成功女性，她们享受生活、理智练达、引领流行。品牌秉承时尚、现代的文化特点，注重展现感性而唯美的精神领域，突出新一代女性独特的品位与内涵、气质与韵味。新思路品牌奉浪漫、经典和优雅为圭臬。强调"浪漫"是新思路永恒不变的风格；"经典"是时光雕刻的精灵，是岁月沉淀带来的一见倾心；"优雅"是精致于外，随心而来的淡定从容。品牌以清新明朗、现代时尚的休闲风格，让人焕发出青春的活力和优雅时尚的仪态。独特的品位与内涵、气质与韵味使新思路品牌成为都市女性的首选品牌。

商品的构成以中高层主管的商务、出差、周末休闲为主，大衣、风衣、连衣裙、套装、职业装、休闲装、裤子等女装系列。产品廓型丰富，X 型、H 型、O 型、T 型等种类齐全；长款、短款、中长款等，长短不一；天然面料、化纤面料、混纺面料，选择多样；手工绣花、机器绣花、数码印花等，工艺博采；春夏秋冬四季款式，均有大量开发。总之，款式丰富多彩，富于变化，具有较高的品牌竞争力。品牌拥有占地 3 万平方米的生产基地，所有货品由公司自有工厂生产，严格进行质量把控，保证货品充足，按照既定日期及时出厂上市。

旗下品牌全部采用全国店铺直营方式。按店铺区域密集度设立大区，集中直线管理。以一线城市为中心，高端商场服装专柜为销售主力渠道。据统计，截至 2016 年全国共有直营店铺 100 家。每年举办春夏与秋冬两次订货会，全国各地的专柜店长与区域经理全部回到公司，与设计研发团队一起对每一款式进行讲解、试穿、品评，结合自己店铺模拟代理商进行订货，加强店员对产品的理解并提高投单准确率，降低或避免出现滞销款。部分直营店的销售业绩达到 8 万元／平方米。且有自己的物流公司，货品配送及流转速度快。

在价格方面，品牌根据自身品牌定位，针对目标客群的消费能力，制订了极具竞争力、又能促进品牌可持续发展的合理价格。同时，品牌尽力做到线上线下价格统一销售，同款同价，同年同价，保持价格的相对稳定和货品价值的保值甚至增值。重视客户管理与维护，每年对老顾客进行积分回馈，力保品质第一，诚信营销。

近年来，随着网络经济的冲击，众多服装企业纷纷关闭线下实体店以降低成本、减少损失，但在这样的行业背景下，新思路的销售量却不降反升，维持了非常好的销售业绩，2014~2016年三年年均增长在10%左右。

2015年，新思路Xinsilu牌女风衣获得北京纺织服装行业协会推荐被评选为"北京优质产品"。此外，创始人热衷公益，注重品牌的社会责任，先后获得有关机构颁发的"抗洪救灾""抗震救灾"证书和"博爱贡献奖"等多个奖项和感谢信（图28-1）。

图 28-1　XINSILU：品牌标识

28.2　品牌发展历程

28.2.1　从OEM到自创品牌

20世纪80年代，改革开放的春风吹遍神州大地。浙江小伙杨新明从老家来到北京追梦，经过乡亲朋友介绍，辗转从事过多个行业。1984年，凭借着他对时尚的热爱，最终选择投身服装行业。不过，最初他是给服装生意的老乡打工的。老乡在王府井百货大楼、西单商场等北京的老牌百货商场租有柜台，出售品牌服装。而他则凭着几台缝纫机、几位工人为老乡设计生产服装，凭着严谨的态度、过硬的技术和优良的设计，当时在京城服装代工业界享有很高的声誉。随着改革的深化、经济的发展、生活水平的提高，年轻一代对生活品质的追求进入到一个全新的高度。耕耘在服装行业多年的杨新明强烈意识到"品牌化"将成为未来趋势，只有拥有自有品牌才能做大做强。于是带着对服装的热爱，于是在1996年6月4日创立了奔彪服装公司，使原来的简易小作坊升格为集研发设计、生产、销售为一体的品牌服装公司，主营职业女装。但是在那个"女汉子"还没有成为流行语的时代，"奔彪"作为一个女装品牌的名称却并非"淡妆浓抹总相宜"。

28.2.2　"新思路（Xinsilu）"品牌横空出世

回顾改革开放后20年内的职业女性着装，可以说其风格是相对保守与单一的。但是随着时间的积淀，中国职业女性对职业装的需求正在悄然发生改变。随着经济发展，职业女性的消费能力不断提升，消费自主支配权利更大；随着改革开放，职业女性的见识和眼界，越来越高广，文化自信与日俱增；随着21世纪的到来，中国职业女性越来越需要以不同于以往的面貌示人。于是2002年，"新思路"这一面向职场高端女性的品牌横空出世，希望能够为风华正茂的职业女性传递时尚与品质，使她们通过优雅得体的着装更加自信，将时尚与品位融入自己的工作与生活之中。之所以选择"新思路"作为品牌名称，是因为杨新明认为这三个字永远不会落伍。任何行业都需要新的思想，而时尚行业则尤其需要不断保持与时俱进。因为时尚行业每季都要推出新的产品，更新速度特别快，需要新的思路。而时尚产品要想引领人群，也必须要有新的思路。时尚常变，唯新不变，风格永存，创意常新。

28.2.3 从默默无闻到北京优质产品

听到 Xinsilu 这三个音节，人们首先想到的可能是新丝路模特经纪公司。但是在创牌之初，对于作为服装品牌的新思路 Xinsilu 来说，很多人可能闻所未闻。但是，当人们看到"新思路"这三个汉字，又会觉得异常熟悉而倍感亲切。因为改革开放近 40 年，我们一直在强调解放思想，用新的思路来看待社会发展中遇到的各种问题。在创立新思路（Xinsilu）这一服装品牌的 15 年间，北京奔彪服装公司正是使用种种新的思路使得新思路（Xinsilu）这一服装品牌从默默无闻逐渐发展成为"北京优质产品"得主。首先是取了一个易读易记、应时应景的好名字。其次是在产品设计制作上狠下功夫。设计上，应国人之需、取欧美之长、紧跟时代潮流和趋势；用材上，从一线面料厂商那里广征博采、千里挑一、力保品质上等、风格时尚；制作上，所有产品在自有工厂加工制作、不假手他人、品控管理严格到位；销售上，完全自主渠道、快速反应、杜绝窜货假货等。多种因素综合，使得新思路的产品颇受目标消费群欢迎。2015 年 10 月，新思路 Xinsilu 牌女风衣被北京纺织服装行业协会推荐评选为"北京优质产品"。

28.3 营销策略

28.3.1 产品为王：传承经典转型时尚

新思路作为在国内女装界具有较大影响力的品牌，产品风格一直紧跟市场需求和时尚方向变化，从最初的职业时装转变为现在的休闲时装。公司投注大量精力于产品研发，每年公司的设计部人员都会到伦敦、巴黎、米兰等世界时尚之都和日本东京、韩国首尔等亚洲时尚高地采风，将最流行的时尚元素运用到新思路品牌的服装。近年来的服装设计更是让人耳目一新，产品从之前的商务时装转变为更加多元的休闲时装，款式从最初以 X 型为主到现在增加了 H 型、O 型、T 型等更多廓型，从长短均一到现在的长短不一，款式日益丰富多彩，富于变化，大大增强了品牌的竞争力。

在风格转型的同时，新思路的面料采购渠道也更加多元。面料供应商从欧洲、日本、韩国的世界知名企业到国内的一线面料品牌，为新产品的研发提供了充足的物质保障。从成分来看，最初的面料只有化纤和素色面料，而现在则越来越采用更加贴近自然的环保天然面料，形成了既有粗犷与时尚兼具的粗纺羊毛面料、柔软舒适的针织面料，也有肌理触感丰富的棉麻、丝麻混纺面料以及轻薄飘逸的真丝面料等多种面料并存的时尚表达体系，还积极采用数码印花等技术将生动的图案同各种面料质地有机结合，恰到好处地诠释了不同销售季节、不同产品线中流行时尚内涵。

创牌至今，新思路的产品结构也日益丰富。创立之初，春夏的款式只有西服套装和连衣裙，现在春夏款式则有风衣、连衣裙、小衫、裤子和半裙等；秋冬款式原来只有连衣裙和大衣，如今则从内搭到外套应有尽有，连衣裙、小衫、裤子、半裙、毛衫、马甲、大衣和羽绒服等。丰富的产品结构吸引了更多的顾客群体，即使面临严峻的市场环境和激烈的竞争态势，新思路依然稳中有升，阔步前进（图28-2~图28-5）。

28.3.2 渠道哲学：拒绝诱惑稳扎稳打

在众多品牌纷纷在网上开店，进行消化库存、单独推出线上新品或者线上款的同时，新思路则坚持全部采用全国店铺直营方式。按店铺区域密集度设立大区，集中直线管理。比如其代表渠道就有北京汉光百货、南京中央商城、沈阳欧亚联营、盘锦兴隆大家庭、长春欧亚商都等。从2007年的15家店铺到2016年的100家店铺，新思路保持着自己优雅的开店节奏，既不无所作为，也不急躁冒进，稳步扩张，步步为营，而其营业利润率也是一直保持增长的势头。在近几年线下渠道经营惨淡、众多品牌纷纷关店的行业哀歌中，保持着一抹独特的亮色。究其原因，用品牌掌门人杨新明的话来说就是"拒绝诱惑""稳扎稳打"。在加盟开店成为风潮之时，有的品牌追求快速扩张而采用，有的品牌为减少占款而使用，更有品牌则将收取加盟费作为赢利模式之一，面对诱惑，杨新明认真比较加盟开店和直营模式的优缺点以后，果断选择以产品质量和用户利益为上，抵抗住了加盟连锁的诱惑，而是继续坚持直营模式。如果说这是杨新明在渠道方面，面对的第一次诱惑。那么，是否选择开设网络店铺，则是杨新明面临的第二次抉择。不可否认网络销售对于服装行业的冲击是客观存在的。网络店铺相较于传统店铺，具备不受时间空间限制、开店成本相对较低、信息沟通便捷流畅、掌握客户一手信息、销售操作相对简便等优势，但也难逃以价格型消费者为主、店铺推广运营成本较高、线上线下协调难度较大等弊端，而实体店能为顾客提供全方位的服务体验，二者各有客群，可以相互兼容。但无论线上线下，提供过硬的产品与优质的服务都是必不可少的，线上有操作简便的优势。在认真考虑新思路既有销售渠道、目标消费群特征、品牌风格特点之后，杨新明选择继续坚持以线下直营渠道为主的渠道策略，不断探索，与时俱进，同时加强了自有物流的运转效率。

对于一个企业来说，物流的重要性不言而喻，对于服装企业来说则要加一个更字。新思路搭建了高速运转的物流体系，通过运用行业领先的ERP软件，准确掌握了产品企划上市时间、生产下单时间、产品生产周期、产品入库时间、产品上市实际时间、产品销售数据、产品消化周期分析、库存合理性分析等有关于销售和库存的分析数据的整理。在新思路，物流部门就是把握产品流向的部门，每季根据商品及地

图 28-2　XINSILU：品牌 2018 设计片 1

图 28-3　XINSILU：品牌 2018 设计片 2

图 28-4　XINSILU：品牌 2018 设计片 3

图 28-5　XINSILU：品牌 2018 设计片 4

域差异，抓住产品最佳的上市时机。通过销售数据的整理和分析，由物流部门快速的反应畅销品，根据合理有效的补单为一线提供有效的库存，使产品第一时间到店，以最快的速度为企业产生效益。物流部门在掌握店铺类别等级（核心店、提升店、折扣店）、了解货品结构、各地需求偏好的基础上，还需时刻关注渠道所在地的天气预报，把合适的货品配发到适合的店面，做到秋冬北方先上，春夏南方先上。在每季新品上市一周后，针对每一款新品，物流部门都会建立新款信息反馈档案，针对款式、面料、版型、尺码、颜色将顾客的反应及时收集起来，然后逐一检查，具体问题具体分析，迅速解决问题。

28.3.3 价格策略：永远不做伤害客户的事

明确的定位、优质的材料、精湛的工艺、时尚的款型、快速反应的营销渠道，为新思路产品卖出好价钱打下了坚实的基础，也使得新思路可以指定明确的价格策略，使得消费者可以享受承担得起的优雅。新思路各类产品具有明确的价格区间，比如上衣／衬衫控制在每件980~2580元之间，裤装控制在每件880~1680元，裙装控制在每件／套1280~3680之间，针织产品控制在每件980~3580元之间，外套控制在每件1680~3980元之间，大衣控制在每件2880~6280元之间，棉服控制在每件1980~3880元之间，皮衣控制在每件7800~39800元之间，皮草控制在每件12800~88000元之间。这样的价格定位，既使消费者觉得购买的产品物有所值，同时也使公司员工的辛勤劳动和优质产品得到合理的价值转化。

定位明确，风格稳定，不盲从，使得新思路收获了一大批忠实而又有实力的顾客。但如何维系这批顾客呢？用新思路品牌掌门人杨新明的话来说，其核心秘诀就是"永远不做伤害客户的事"！众所周知，打折促销是商家常用的营销手段之一，每逢节假日、周年庆、品牌日等，买赠、积分、折扣等各种手段轮番上阵，令消费者目不暇接，在给消费者带来价值盛宴的同时，也令前期高价购买的消费者黯然神伤，长此以往，必然稀释品牌价值，让忠实的消费者悄然离去。而随着很多品牌布局网络，部分品牌线上线下价格体系差距太大，引起消费者差评。为了避免重蹈同业覆辙，新思路在价格策略上的重要做法就是定价时定出相对合理的价格，同时在产品推出当年、甚至两年内，坚决维护价格体系的稳定，不轻易打折、不随便降价，甚至会根据库存情况，向上微调产品价格，从而使得已经购买产品的消费者不会因为产品降价而受到伤害。通过这种方式，不仅可以减少消费者对品牌的负面评价，而且可以让消费者觉得购买的产品物有所值、甚至是增值，从而在一定程度上维护了消费者对品牌的忠诚度，保持了品牌的高端形象，并使品牌资产增值。

28.4 综述

总之，新思路女装起始于杨新明等奔彪人服务于都市职业女性的美好情怀，蕴涵着不断创新、改革奋进的时代激情，秉承时尚、现代的文化特点，通过传承经典、转型时尚的产品策略，拒绝诱惑、稳扎稳打的渠道哲学和永不伤害客户的价格策略，奉浪漫、经典和优雅为圭臬，以清新明朗、现代时尚的休闲风格，独特的品位与内涵、气质与韵味，成为备受都市女性青睐的首选品牌。【资料提供：杨洁】

29 雪莲：焕新绽放

29.1 品牌概述

2011年，北京雪莲集团旗下的雪莲品牌荣获中华人民共和国商务部认定的中华老字号。雪莲自1965年诞生，时至今日已拥有52年的历史。品牌定位为城市中产和知识精英阶层，主要产品线：羊绒衫、羊绒大衣、服饰配件。作为中国羊绒第一家的"中华老字号"品牌，通过多年的探索发展，雪莲明确了差异化是品牌及企业的核心竞争力的战略决策，因此，雪莲品牌通过坚定不移围绕新的品牌战略，夯实基础，加快技术创新步伐，重点提升产品形象，拓展品牌价值多元化发展等方式已经逐渐成为中国羊绒行业的领军品牌。

老字号作为民族和国家宝贵的财富，它的品牌发展越来越受到社会各界的关注，各级政府也将此项工作提升到了非常重要的层面。习近平总书记曾多次指示，对老字号发展和创新应给予高度关注，让民族品牌大放光彩。李克强总理在国务院常务会议上也明确指示要推动中华老字号传承升级问题。在《2017年政府工作报告》中，明确提出要大力弘扬工匠精神，厚植工匠文化，恪尽职业操守，崇尚精益求精，打造更多享誉世界的"中国品牌"。

近些年来各级政府从体制改革、资金和技术引进等方面，实施了多项振兴老字号的措施，为老字号注入发展活力；一些老字号企业也通过机制革新、重塑品牌形象等方式，实现了向现代品牌的成功转换（图29-1）。

29.2 品牌发展历程

雪莲作为新中国第一件羊绒衫的缔造者，在1964年那个物资匮乏的年代，通过自主研发，生产出新中国的第一件羊绒衫。雪莲品牌的整体发展可以分为以下四个阶段。

图29-1 雪莲：老字号认证资质

29.2.1 第一阶段（2004年之前）

在本阶段，消费者消费诉求更倾向于产品的材质、质量等因素，同行业竞争对手实力相对较弱。由于雪莲羊绒在业界的地位，雪莲品牌主要通过自身产品品质提升辅以适当的产品的设计，在行业内处于领先者地位。

29.2.2 第二阶段（2004~2007年）

在本阶段，随着服装市场的发展，行业竞争逐渐加剧，消费者的消费诉求发生改变，消费者不仅关注产品的材质和质量，还关注产品的款式等因素。很多民营企业（如珍贝等品牌企业）因为机制比较灵活，能快速对市场变化做出反应；而北京雪莲因为体制等原因，没有进行相应的策略调整，原来市场领先地位已经被撼动。

29.2.3 第三阶段（2007~2013年）

在本阶段，中粮集团入资雪莲羊绒品牌。作为控股企业，中粮集团在雪莲产品研发方面与国际设计师合作，对产品线进行延伸，以"莲裳"作为子品牌开拓高端产品线，同时拓展饰品产品线；在营销方面启用知名影视明星李冰冰做品牌形象代言人，通过电视媒体、时尚杂志等渠道进行品牌宣传。在渠道方面也积极投入进行渠道店铺的升级，无论是店铺 SI 形象，还是店铺的位置等方面都进行升级，雪莲品牌的市场知名度有了一定的提升。

29.2.4 第四阶段（2013年至今）

随着中粮集团的撤资，雪莲品牌回归到雪莲集团。本时期，中国服装市场快速发展，面对消费者个性化需求不断增强的趋势，雪莲开始考虑品牌重新定位等问题。

首先，雪莲品牌积极转型，向以羊绒为核心的全品类针织品牌商和服务商转变，向消费者提供经典的针织全品类商务休闲、家居生活产品，成为构建天然、健康、优雅、舒适的生活方式的代表品牌。同时营销策略、渠道策略也配合总体的品牌转变进行相应的调整，目前初步受到部分经销商、入驻商场的好评与肯定，说明调整有一定的成效；其次，雪莲开始开拓线上渠道，现有线上销售渠道包括天猫、京东、淘宝、百度 MALL 等，参加网上特卖的渠道有唯品会、魅力汇等。另外，2015 年 3 月，雪莲启动羊绒流行趋势发布会活动，提升了雪莲品牌在业内的影响力；2017 年雪莲成为北京时装周开幕品牌。

29.3 营销策略

29.3.1 挖掘品牌历史，雕琢产品品质

雪莲羊绒衫最早诞生于 20 世纪 60 年代。当时，北京工业进行调整，市政府决定在北京麻纺织厂上马羊绒生产线。在市长彭真同志关怀下，一批年轻的工程技术人员，在简陋的厂房里，在艰苦的条件下，打破国际垄断，打破技术封锁，研制羊绒

分梳技术，立志生产出中国制造的羊绒衫。在攻克了羊绒衫服用性能方面一系列难题后，1964年北京麻纺织厂试制成中国第一件羊绒衫，并且达到了国际标准（图29-2）。

雪莲品牌作为新中国第一个羊绒品牌，拥有光辉的历史和优良的血统。在公司创立之初，雪莲就积极研究新工艺、新技术，重视产品开发，陆续推出丝绒衫、羊绒和高比例兔毛混纺、雪绒衫等新产品。1977年雪莲品牌羊绒衫获得纺织部优质产品称号。1981年被国家经贸委授予"国家质量金奖"，1988年复评蝉联，是中国羊绒行业两次荣获国家质量金奖的唯一品牌，被誉为"北京工业一颗璀璨的明珠"。

从诞生之日起，雪莲牌羊绒衫作为国宾礼品，多次被国家领导人赠送给古巴主席卡斯特罗、日本国前首相竹下登等国外政要。同时，雪莲牌羊绒制品也成为毛泽东、周恩来、邓小平、江泽民等众多国家领导人的穿着服装，出席重大国事活动。

图 29-2 雪莲：品牌历史照片

至臻以恒·至美传承，雪莲品牌始终坚守以羊绒本质之美为发展方向。在悠久的历史和市场变化之中，雪莲人秉承匠人之心，不断雕琢产品，改善工艺，雪莲制造本行业最优质的、其他同行无法匹敌的卓越产品，这也正是老字号品牌的核心价值。对雪莲历史的梳理，增加了品牌的历史厚重感、资深性和权威性，更加深消费者对品牌的认知，增强品牌的吸引力。

29.3.2 重塑品牌形象，更新品牌认知

在大多数人的记忆里，雪莲羊绒衫是和老式百货商厦、父母辈紧紧联系在一起。这样的品牌认知，对于一个服装品牌来说绝对不是一个好事情。消费者正在加速改变，她们对品质和时尚度的追求都在提升，个性化需求愈加突显，羊绒服装品牌的消费人群正在迭代，"90后"逐步变成了消费的生力军。

雪莲品牌成立五十余年来，在消费者当中拥有良好的口碑和广泛的知名度，但品牌的知晓程度，并不代表顾客对品牌的理解，仅凭知名度是无法增加销售额的。对于一个品牌来说，只有消费者对该品牌的内涵、个性等有较充分的了解，且这种了解带来的情感共鸣是积极的时候才能实现销售的转化，形成品牌忠诚度（图29-3）。

图 29-3 雪莲：品牌形象宣传片1

随着羊绒品牌市场竞争的加剧以及消费趋势的转变，雪莲品牌曾经旧有品牌的形象、产品和营销推广方式已经逐渐不能适应市场的变化。提升品牌形象、改变消费者认知对于雪莲品牌来说势在必行（图29-4）。

近些年来雪莲品牌不断利用创新营销、社群化营销、消费者互动等方式提升品牌形象。在改变品牌固有认知方面，依靠产品创新、渠道升级以及优化营销推广方式等方面三方面取得了一定成果。

精准定位，优化产品机构。依据品牌的重新定位和公司规划，明确了以城市中产

图29-4 雪莲：品牌形象宣传片2

和知识精英为目标消费群，通过分析核心消费群的商务、休闲生活状态和场景，提供符合他们需求的羊绒针织全品类产品，例如：在产品的薄弱环节——夏装方面进行重新计划，加入能够和品牌相融合的高品质夏装，补充现有产品结构。

渠道升级，提升品牌形象。聘请专业机构重新设计店铺VI形象，优化店铺位置，提升店铺面积，逐步改造、撤销旧有店铺，实现了由高楼层针织区向低楼层四季女装区转移；通过与大商等大型商业集团合作，进驻优质商圈。

通过品牌营销活动重振行业内影响力。2015年开始与北京服装学院联合成立"北服—雪莲针织创意研发中心"，每年发布羊绒针织服装流行趋势，利用北京时装周、中国国际时装周等国内平台发布推广每季新品，通过在巴黎发布雪莲高定产品扩大雪莲品牌在国际上的知名度，拉升品牌价值；通过终端店铺营销+社群化营销店铺活动、新媒体软文推广等方式扩大品牌影响力。

品牌认知度作为品牌资产的重要组成部分，是衡量消费者对品牌内涵及价值的认识和理解度的重要标准。雪莲品牌通过一系列的方式，逐渐改变了消费者对品牌的旧有认知。在各家竞争对手提供的产品和服务的品质差别不大的情况下，消费者对雪莲的熟悉程度逐渐成为销售转化的重要因素，雪莲的品牌认知建设逐渐成为品牌的核心竞争力。

29.3.3 拓展品牌价值，共创多元型发展平台

老字号品牌有着巨大的商业价值，可以说，每一个老字号，都是一块闪闪发光的金字招牌，他们具有良好的信誉和广泛的知名度，品牌价值不仅附着于产品的使用价值上，而且其品牌名称本身就是一种无形资产。在逐步发展雪莲品牌的基础上，将雪莲的品牌价值发挥的最大化成为雪莲集团发展的方向。

伴随着雪莲品牌重塑理念的深入开展，"以羊绒为核心材质的生活化全品类"的品牌策略逐步实施。

雪莲集团通过夯实全品类，适时拓展了新的子品牌和产品线。例如：FLAWLESS全成型针织产品品牌，S.L.META雪莲裤装，雪莲高级定制以及"礼品系列"等多个小品类的商品集群，它们既可以与雪莲品牌组合成集合店，又可以独立进行渠道开发和拓展，以满足不同消费者的个性化需求。雪莲把品牌的核心价值扩展到其他产品的过程中，始终考虑初始产品和扩展产品的形象一致性，子品牌也凭借各自的优势特点形成"集群效应"，实现了雪莲品牌价值的最大化利用。

依托历史积淀与园区优势，探索发展非遗技艺传承与现代科技的相结合的民族文化品牌模式，打造共享型平台企业。

北京雪莲的前身是1919年清华校长周诒春和费兴仁集资创立的仁立实业股份有限公司，该公司在反蒋抗日、抗美援朝等时期做出过重要贡献。2017年，雪莲—仁立时尚手工坊试点开业，通过纺织类非遗技艺—展现、14大类民族传统工艺传承者—再现搭建了一个中国传统工艺文创产业服务平台，确立了逐步拓展到展览展示、青少年兴趣培养、文化休闲旅游、文化传媒产业基地／基金等发展方向。雪莲以中国纺织类非遗技艺为核心，由技术的传承、研究，以及后续商业、产业化，构建整体的可持续发展模式，成为传统企业向文化创意产业转型升级的探路者。

依托雪莲集团先进完备的产业园区和优质丰厚的生产技术资源，雪莲集团致力于搭建完整的针织文化创意产业链，通过引进国内外优秀的设计资源，引入中国传统手工技艺，围绕整个园区，建立了国家级现代工艺技术中心设计研发平台。

雪莲集团利用各种有利于品牌价值提升的现有资源（包括企业内外部资源），强强联合，实现了以最小或最经济的成本支出，达到塑造品牌形象提升品牌价值的目的。

29.4 综述

在当今的市场环境下，老字号品牌的发展受到了诸多挑战，充满时尚、科技、特殊文化韵味的现代生活方式，现代品牌、现代科技的多样化和快速更迭都是其不可回避的难题。当然，不少老字号也以此有了发展的新机遇，以雪莲为例的老字号品牌，通过现代科技发展与老字号传统工艺技术成功对接，给老字号经营注入了新的活力，

使老字号能够实现产品和服务的创新,更因其特殊的产品与服务、忠诚的顾客、良好商誉和文化形成了独特的企业文化,在国内外市场享有盛誉。

"尊古不泥古,创新不失宗",品牌发展需要传承与创新相结合,在发展中不断创新,在创新中不断自我完善和发展,这才是保持品牌青春永驻的秘方!【资料提供:张敏】

30 庄子：庄周梦蝶翩翩飞，一抹青山一缕水

30.1 品牌概述

北京庄子工贸有限责任公司创建于 1996 年，是一家集皮革服装的研发、设计、制作、销售为主导，并在此基础上大力研发"庄子"（ZORANZI）品牌系列产品——皮革服装、男女时装和休闲服装为一体的现代化企业。庄子公司建筑面积达 20000 平方米，拥有员工 500 余名，其中包括 40 多位专业服装设计师和技术人员。公司配有一流的生产设备，年生产能力可达 30 余万件。除了北京的四家工厂直营店，庄子公司还在中国北方的 70 多个城市开设了 170 余家专卖店。2001~2016 年，庄子皮革服装连续 16 年荣列同类产品市场综合占有率第一位，已经成为国内皮革服装行业最具竞争力的企业之一。

品牌文化。"不知周之梦为蝴蝶与，蝴蝶之梦为周与？"这是一个两千年的道家传奇，也是一种大自在的生活哲学。庄子公司汲取庄周"道法自然"的思想精华，注入现代化的皮草元素，形成了优雅时尚的独特风格，演绎着个性十足的服饰文化。庄子成衣，或宽大飘逸，宛若魏晋名士的峨冠博带；或合体贴身，达到人衣合一的完美境界。极富中国传统文化气息的文案设计，也是庄子服装显著性的标志。在女装中可以清晰地发现大理石纹、水墨画的印迹，即使正统的商务男装中也可以隐约看到云纹和山水的倒影。秉持"用文化创意演绎品牌，用时尚品位点亮生活"的品牌宣言，庄子设计师执着地坚守着自然、自信、自由、自在的主题，为都市 28~50 岁之间的都市精英人群提供典雅、精致、沉稳、内敛的皮衣服饰。

经营理念。中国服装产业日趋成熟，正在由传统的劳动力成本优势向高层次的开发优势、质量优势、文化优势和品牌优势的道路转化。"创新、务实、品牌、价值"的观念也逐渐成为庄子人的信仰，其中，"创新"是庄子人的立世之本，"务实"是庄子人的做事风格，树立"品牌"是庄子人的经营目标，创造"价值"是庄子人的终极追求。依靠设计和科技的双轮驱动，庄子公司以品牌建设为主线，将时尚、品位和形象注入传统文化的脉络，用新技术、新材料和新工艺改造服装产业的流程，努力提高文化创意和科技创新在企业发展中的贡献率，倾心打造中国的皮衣品牌，脚踏实地地追求着"为顾客创造价值"的终极价值。

经营成就。庄子皮衣在 2002~2016 年，曾经多次获得"中国真皮衣王""北京市

著名商标""北京市名牌产品""北京市和谐劳动关系单位""全国轻工业卓越绩效先进企业特别奖""首都文明单位"等殊荣。自2001年起,"庄子"牌皮革服装市场综合占有率在同类产品中连续11年荣列第一名,连续五年被北京服装纺织行业协会评为"北京十大时装品牌"。2009~2011年更是被评为"北京十大时装品牌金奖",连续七年被评为"北京十大热销服装品牌"。回首过去成绩斐然,展望明天任重道远。庄子皮衣,永远在成长和发展的路上。

30.2 品牌发展历程

30.2.1 从皮衣到男女时装,庄子经历多元化的品牌发展历程

庄子公司在成立伊始就深刻认识到品牌对于企业发展的战略意义。二十多年来公司以"创立品牌"为己任,始终把产品创新放在首位,由当初的皮衣单款一步一步地发展到皮衣系列。面对消费者个性化需求的趋势,公司在2002年又将庄子品牌延伸到男女时装和休闲装领域,进一步扩大了这个品牌在国内市场上的知名度和美誉度。在努力进行着多元化变革的同时,庄子也在开发海外市场和电子商务领域,积极开辟品牌发展的新市场和新渠道。以前,人们更多地把庄子视为一个北京地区的皮衣品牌,未来,庄子希望通过男装、女装、皮衣的产品系列来构筑一个优雅时尚的国际品牌和百年企业。

30.2.2 从作坊到ISO体系,庄子走上现代化的企业成长道路

庄子公司于1998年作为北京皮革行业首家通过ISO 9001国际质量体系认证的企业,从粗放的作坊式管理逐渐走向现代企业管理制度。庄子公司在"诚信当先、质量为本"的企业方针引领下,坚持组织员工学习ISO 9001质量管理体系相关内容,不断完善质量管理体系中的各种工艺流程、工艺标准、工作流程、人事制度、财务制度和行政管理制度。庄子公司董事长庄再强秉持持续改进的原则,创造了公司科学化、标准化、系统化的动态管理,带动了庄子品牌二十年来的稳健发展。

30.3 营销策略

进入21世纪之后,由于国际贸易壁垒和国家产业政策调整等因素的影响,服装市场环境发生了很大变化。庄子的优秀设计师们不停穿梭于米兰、东京、纽约、巴黎等时尚高地,捕捉最新的国际时尚潮流。与此同时,庄子公司为保证每一细节的精工细作,大量采用人工缝制,并且统一品牌形象、市场价位、市场管理和售后服务。庄子产品秉承优雅休闲的一贯风格,坚持走高品质、低价位的道路,充分演绎着与众不同、个性十足的庄子服饰文化。

30.3.1 扶持员工发展,培养设计人才

在庄子公司,企业和员工已经建立起了"同呼吸、共命运"的关系。一方面,服

务于员工是庄子公司一贯秉持的做法，珍视公司里每一位人才，视员工为最宝贵的资源。庄子公司努力创造良好的工作环境，为员工的学习与生活提供便利。想员工之所想，急员工之所急，对员工在生活和工作中遇到的困难主动关心，为员工提供帮助解决难题。另一方面，员工服务于庄子公司不仅仅是简单机械地完成工作任务，而是真正地做到"以公司为家，以自己的职业为事业"，奉献出自己的忠诚和才智，并在企业的发展壮大中实现自身的价值和理想。设计是品牌的灵魂，设计也是服装品牌风格和文化的源泉。1998~2000年期间，公司选送设计人才参加"真皮标志杯"全国皮革服装设计大奖赛，连续三年获得优秀成绩，最终将设计大奖赛的流动金杯永久性地驻留在庄子公司。

30.3.2 运用ERP系统，实现数字管理

庄子公司着眼于服装服饰行业未来发展要求的先进管理理念，于2000年初投资引进先进的ERP管理系统，充分发挥信息化在品牌建设中的支撑作用，构建了一个集物资流、信息流和现金流为一体的完整高效的资源平台。从生产计划到原料采购，从作业计划到车间制造，从成品检验入库到配送发货和终端零售等各个环节，都处于持续的监控和管理过程中。通过对每个单店、每件货品、每份订单的在线跟踪、收集和分析，提高了公司在产品研发、生产、物流上的时效性，实现了总公司、子公司、市场与客户之间信息的互通和分享，密切了与重要客户之间的联系，从而增强了客户的品牌忠诚度，最终形成了庄子品牌在服装市场上的快速反应力和核心竞争力。

30.3.3 发展高级定制，闪烁明星效应

作为汇集品牌设计、生产、营销于一体的国内领先的皮衣品牌，庄子从创立之初即坚持精湛手工与流行元素同步，持续引领皮衣文化。二十多年来积累了大量的经典款式与优秀的制作工艺，为顾客提供高端定制储备了丰富的备选方案。庄子皮衣选择最好的皮料，由具有多年经验的缝制师为顾客量身定做，从量体到打版，从选料到样衣，从试穿到交付，以专业、敬业的流程体验，为顾客打造最满意的产品和服务。一大批有着较高的经济收入和生活情调的一线影视明星，已经成为庄子的稳定顾客。借助这些当红明星的宣传效应，庄子皮衣在高端定制领域已经树立起一面飘扬的旗帜。

30.4 综述

"庄周梦蝶翩翩飞，一抹青山一缕水"。庄子公司将传统的道家文化与现代的流行设计完美地融为一体，打造了属于中国人自己的皮衣品牌。庄子人秉承"创新、务实、品牌、价值"的经营理念，正朝着经营多元化、生产专业化、市场国际化的方向，建立科学化、国际化、人性化的现代服装企业，争取在国际时尚舞台上创立一个具有浓郁的东方风情和文化内涵的高端品牌形象。

荣誉

荣誉篇

31 北京服装品牌企业获得的主要成绩和荣誉

31.1 工业和信息化部、中国纺织工业联合会确定的重点跟踪培育的服装家纺自主品牌企业名单（2016 版北京服装行业）

序号	企业名称
1	北京爱慕内衣有限公司
2	朗姿股份有限公司
3	依文服饰股份有限公司
4	北京威克多制衣中心
5	李宁（中国）体育用品有限公司
6	北京铜牛集团有限公司
7	北京赛斯特服装有限公司
8	北京童创童欣网络科技股份有限公司
9	北京白领时装有限公司
10	北京顺美服装股份有限公司

31.2 工业和信息化部核定的全国工业品牌培育示范企业名单

序号	企业名称
1	雪伦投资（北京）有限公司 （2015 年）

31.3 北京服装纺织行业两化融合管理体系贯标试点企业名单

企业名称	所属区域	认定级别	认定年份
凡客诚品（北京）科技有限公司	开发区	国家级	2014 年
北京威克多制衣中心	大兴区	国家级	2015 年
李宁（中国）体育用品有限公司	通州区	国家级	2016 年
北京中丽制机工程技术有限公司	通州区	市级	2016 年
北京五木服装有限责任公司	通州区	市级	2017 年
北京酷绅服装有限公司	海淀区	市级	2017 年
依文服饰股份有限公司	丰台区	市级	2017 年

31.4 北京市互联网与工业融合创新试点企业名单

企业名称	创新方向	创新内容	发布时间
北京威克多制衣中心	满足个性需求的制造模式创新	基于国旗应用试验系统的服装个性化定制与异地协同制造	2015年

31.5 获北京市级企业技术中心认定的服装纺织行业企业名单

序号	企业名称
1	北京铜牛集团有限公司
2	北京雪莲集团有限公司
3	北京英特莱科技有限公司
4	北京光华纺织集团有限公司
5	北京爱慕内衣有限公司
6	依文服饰股份有限公司
7	北京亿都川服装集团有限公司
8	北京威克多制衣中心
9	朗姿股份有限公司
10	探路者控股集团股份有限公司
11	北京中丽制机工程技术有限公司
12	北京同益中特种纤维技术开发有限公司

31.6 获北京市高新技术企业认定的服装纺织行业企业名单

序号	企业名称
1	雅派朗迪(北京)科技发展有限公司
2	探路者控股集团股份有限公司
3	朗姿股份有限公司
4	北京爱慕内衣有限公司
5	北京威克多制衣中心
6	北京格雷时尚科技有限公司
7	北京心物裂帛电子商务股份有限公司
8	北京古分时装设计股份有限公司
9	优卡(北京)科技股份有限公司
10	北京麻世纪流行面料研发有限公司
11	北京怡莲礼业科技发展有限公司

续表

序号	企业名称
12	北京燕阳新材料技术发展有限公司
13	北京中纺海天染织技术有限公司
14	北京富泰革基布股份有限公司
15	北京子苞米时装有限公司
16	北京保罗盛世服装服饰有限公司
17	北京梦狐宇通竹纤维研究开发中心
18	婷美保健科技股份公司
19	康美婷科技发展（北京）有限公司
20	北京铜牛信息科技股份有限公司
21	北京维富友科技发展有限责任公司
22	北京维拓时代建筑设计股份有限公司
23	北京邦维高科特种纺织品有限责任公司
24	华盛爽朗纺织品（北京）有限公司
25	中国纺织工业设计院
26	北京中丽制机工程技术有限公司
27	北京中丽制机电气有限公司
28	北京中丽制机喷丝板有限公司
29	北京中纺精业机电设备有限公司
30	北京中纺化工股份有限公司
31	北京中纺优丝特种纤维科技有限公司
32	北京同益中特种纤维技术开发有限公司
33	北京经纬纺机新技术有限公司
34	经纬纺织机械股份有限公司

31.7 获认定北京市设计创新中心的服装行业企业名单

序号	企业名称
1	北京爱慕内衣有限公司
2	北京威克多制衣中心
3	北京玫瑰坊时装定制有限责任公司
4	依文服饰股份有限公司
5	朗姿股份有限公司
6	探路者控股集团股份有限公司
7	东尚服装股份有限公司
8	北京格雷时尚科技有限公司

31.8 北京市百家专利试点单位中的服装纺织企业名单

序号	企业名称
1	北京铜牛集团有限公司
2	北京纺织科学研究所
3	北京天彩纺织服装有限公司
4	北京五洲燕阳特种纺织品有限公司

31.9 获市科委认定的北京市级企业科技研究开发机构名单

序号	企业名称
1	中国服装研究设计中心
2	中国纺织科学研究院研究开发中心
3	北京中纺化工股份有限公司研究中心

31.10 北京市小企业创业基地（运营机构）名单（市经信委第4批发布）

序号	企业名称
1	北京北服时尚投资管理中心

31.11 历届中国服装品牌年度大奖的北京获奖品牌（含外埠会员单位品牌）

奖项名称	获奖品牌（获奖年度）	获提名奖品牌（年度）
风格大奖	白领（2003~2004） 思凡（2004~2005）	吉芬（2009）
品质大奖	—	爱慕（2009） 威克多（2009） 顺美（2013）
创新大奖	依文（2003~2004） 派克兰帝（2004~2005） 白领（2006~2007） 凡客诚品（2009）	木真了（2005~2006） 依文（2006~2007）

续表

奖项名称	获奖品牌（获奖年度）	获提名奖品牌（年度）
策划大奖	爱慕（2005~2006）	爱慕（2004~2005）
		依文（2005~2006）（2006~2007）
		李宁（2007~2008）
		爱美丽（2009）
潜力大奖	诺丁山（2007~2008）	诺丁山（2005~2006）
		派克兰帝（2007~2008）
		探路者（2009）
营销大奖	白领（2005~2006）	白领（2003~2004）
	朗姿（2012）	李宁（2005~2006）
		朗姿（2009）（2011）
公众大奖	—	李宁（2005~2006）（2009）
		爱慕（2007~2008）
		探路者（2013）
价值大奖	李宁（2007~2008）	李宁（2005~2006）
	爱慕（2010）	依文（2012）
	依文（2013）	威克多（2013）
成就大奖	爱慕（2011）	白领（2006~2007）
		爱慕（2007~2008）
		李宁（2009）
商业大奖	北京王府井百货（集团）股份有限公司（2012）	
支持大奖	浙江伟星实业发展股份有限公司（2011）	
中国服装大奖（第十一届）	最佳时尚女装品牌	朗姿（2015）
	最佳内衣品牌	爱慕（2015）
	最佳时尚运动品牌	探路者（2015）
	行业支持大奖	北京服装学院服装艺术与工程学院（2015）

31.12 北京服装企业在全国服装行业"产品销售收入""利润总额""销售利润率"百强企业中的排名情况

年度	百强类别	企业名称	百强排名
2001年	产品销售收入	北京顺美服装股份有限公司	53
		北京京工服装集团有限公司	59
		北京铜牛针织集团有限责任公司	70
		北京雪莲羊绒股份有限公司	100
	利润总额	北京雪莲羊绒股份有限公司	98
2002年	产品销售收入	北京雪莲羊绒股份有限公司	54
		北京顺美服装股份有限公司	97
2003年	产品销售收入	北京雪莲毛纺服装集团公司	40
		北京铜牛针织集团有限责任公司	55
		北京京工服装集团有限公司	71
2004年	产品销售收入	北京雪莲毛纺服装集团公司	40
2005年	产品销售收入	北京雪莲毛纺服装集团公司	35
		北京鹏达制衣有限公司	91
2007年	产品销售收入	北京雪莲毛纺服装集团有限公司	35
	利润总额	北京依文服装服饰有限公司	60
	销售利润率	北京依文服装服饰有限公司	16
2008年	产品销售收入	北京雪莲毛纺服装集团有限公司	38
		北京爱慕内衣有限公司	97
	利润总额	北京依文服装服饰有限公司	37
		北京雪莲毛纺服装集团有限公司	64
		北京爱慕内衣有限公司	88
	销售利润率	北京依文服装服饰有限公司	4
		北京爱慕内衣有限公司	72
		北京雪莲毛纺服装集团有限公司	100
2009年	产品销售收入	北京雪莲集团有限公司	34
		北京爱慕内衣有限公司	91
		北京依文服装服饰有限公司	95
	利润总额	北京依文服装服饰有限公司	32
		北京爱慕内衣有限公司	36
	销售利润率	北京依文服装服饰有限公司	7
		北京爱慕内衣有限公司	12

续表

年度	百强类别	企业名称	百强排名
2010年	产品销售收入	北京铜牛集团有限公司	44
		北京雪莲集团有限公司	54
		北京爱慕内衣有限公司	89
	利润总额	北京爱慕内衣有限公司	25
		北京依文服装服饰有限公司	39
	销售利润率	北京爱慕内衣有限公司	3
		北京依文服装服饰有限公司	16
2011年	产品销售收入	北京爱慕内衣有限公司	61
		北京铜牛集团有限公司	83
	利润总额	北京爱慕内衣有限公司	26
		依文服饰股份有限公司	58
		北京威克多制衣中心	69
	销售利润率	依文服饰股份有限公司	1
		北京爱慕内衣有限公司	7
		北京威克多制衣中心	33
2012年	产品销售收入	北京爱慕内衣有限公司	67
		北京铜牛集团有限公司	90
		北京卓文时尚纺织股份有限公司	100
	利润总额	北京爱慕内衣有限公司	23
		依文服饰股份有限公司	65
		北京威克多制衣中心	72
	销售利润率	北京爱慕内衣有限公司	7
		依文服饰股份有限公司	12
		北京威克多制衣中心	29
2013年	产品销售收入	北京爱慕内衣有限公司	55
		北京卓文时尚纺织股份有限公司	92
		北京威克多制衣中心	100
	利润总额	北京爱慕内衣有限公司	27
		北京威克多制衣中心	57
		北京卓文时尚纺织股份有限公司	84
		依文服饰股份有限公司	95
	销售利润率	北京威克多制衣中心	12
		北京爱慕内衣有限公司	14
		依文服饰股份有限公司	30
		北京卓文时尚纺织股份有限公司	68

续表

年度	百强类别	企业名称	百强排名
2014年	产品销售收入	北京爱慕内衣有限公司	51
		朗姿股份有限公司	71
		北京雪莲集团有限公司	79
		北京卓文时尚纺织股份有限公司	81
		北京威克多制衣中心	89
	利润总额	北京爱慕内衣有限公司	24
		北京威克多制衣中心	52
		朗姿股份有限公司	53
		北京卓文时尚纺织股份有限公司	69
	销售利润率	北京爱慕内衣有限公司	10
		北京威克多制衣中心	11
		朗姿股份有限公司	29
		北京卓文时尚纺织股份有限公司	47
		依文服饰股份有限公司	88
2015年	产品销售收入	北京爱慕内衣有限公司	41
		朗姿股份有限公司	70
		北京雪莲集团有限公司	72
		北京卓文时尚纺织股份有限公司	81
		北京威克多制衣中心	88
		依文服饰股份有限公司	94
	利润总额	北京爱慕内衣有限公司	24
		北京威克多制衣中心	56
		北京雪莲集团有限公司	76
		朗姿股份有限公司	78
		依文服饰股份有限公司	82
	销售利润率	北京爱慕内衣有限公司	17
		北京威克多制衣中心	22
		依文服饰股份有限公司	39
		北京雪莲集团有限公司	68
		朗姿股份有限公司	72

续表

年度	百强类别	企业名称	百强排名
2016年	产品销售收入	探路者控股集团股份有限公司	33
		爱慕股份有限公司	44
		北京铜牛集团有限公司	48
		朗姿股份有限公司	66
		北京雪莲集团有限公司	79
		北京卓文时尚纺织股份有限公司	84
		北京威克多制衣中心	95
	利润总额	爱慕股份有限公司	31
		朗姿股份有限公司	40
		探路者控股集团股份有限公司	51
		北京卓文时尚纺织股份有限公司	77
		北京威克多制衣中心	79
		依文服饰股份有限公司	92
		北京格雷时尚科技有限公司	100
	销售利润率	北京格雷时尚科技有限公司	19
		朗姿股份有限公司	23
		爱慕股份有限公司	37
		北京威克多制衣中心	48
		北京卓文时尚纺织股份有限公司	59
		依文服饰股份有限公司	63
		探路者控股集团股份有限公司	93

31.13 中国纺织服装行业品牌价值评价50强北京企业名单

序号	企业名称	评估年度
1	北京顺美服装股份有限公司	2013年
2	北京爱慕内衣有限公司	2014年
3	探路者控股集团股份有限公司	2016年

2016年中国纺织服装自主创新品牌价值评价企业：大连思凡服装服饰有限公司

31.14 企业品牌文化建设

31.14.1 中国纺织十大品牌文化获奖企业名单

序号	中国纺织十大品牌文化企业	授予单位	年度
1	北京铜牛针织集团有限责任公司	中国纺织工业协会	2006
2	北京雪莲羊绒股份有限公司		2006
3	北京爱慕内衣有限公司		2007
4	李宁（中国）体育用品有限公司		2008
5	北京白领时装有限公司		2009
6	北京铜牛集团有限公司	中国纺织工业联合会	2014
7	北京中丽制机工程技术有限公司		2014

31.14.2 企业品牌文化相关奖项

序号	获奖单位及奖项	授予单位	时间
1	北京爱慕内衣有限公司总经理张荣明获"2007中国纺织品牌文化建设杰出人物奖"	中国纺织工业协会、中国纺织企业文化建设协会	2007年11月
2	北京白领时装有限公司获"2008中国纺织品牌文化创新奖"		2008年09月
3	北京天彩纺织服装有限公司获"2009中国纺织品牌文化创新奖"		2009年
4	中土畜雪莲股份有限公司获"2009中国纺织品牌文化传播奖"		2009年
5	北京铜牛集团有限公司、北京雪莲羊绒股份有限公司、北京爱慕内衣有限公司、北京白领时装有限公司获"中国纺织品牌文化50强企业"；北京铜牛集团有限公司董事长林士昌、北京爱慕内衣有限公司董事长张荣明获"中国纺织品牌文化建设领军人物"荣誉称号		2011年10月
6	北京光华纺织集团有限公司获"2012中国纺织品牌文化创新奖"，北京光华纺织集团董事长郭卫东获"2012中国纺织品牌建设杰出人物"称号	中国纺织工业联合会、中国纺织企业文化建设协会	2012年10月
7	大连思凡服装服饰有限公司获"2014中国纺织品牌文化创新奖"，北京京工服装集团有限公司、北京大华衬衫厂获"中国纺织服装老字号品牌文化传承奖"称号		2014年10月
8	威克多：约法三章而诞生的男装品牌被授予"2015纺织服装十佳品牌故事企业"荣誉称号	中国纺织工业联合会、中国纺织服装品牌战略推进委员会	2015年12月
9	依文服饰股份有限公司获"2014年度北京市企业文化建设示范单位"荣誉称号	北京市企业文化建设协会	2013年
10	北京雪莲集团有限公司党委书记、董事长孟泽从"全国纺织优秀文化传承者"荣誉称号	中国纺织职工思想政治工作研究会	2016年11月

续表

序号	获奖单位及奖项	授予单位	时间
11	北京雪莲集团有限公司获"全国纺织行业品牌文化建设创新企业"荣誉称号；北京大华天坛服装有限公司总经理吴桐获"全国纺织企业诚信文化建设带头人"荣誉称号；北京纺织科学研究所（北京市劳模）张津育获"中国纺织大工匠"荣誉称号	中国纺织职工思想政治工作研究会	2017年10月

31.15　全国服装行业年度创新人物（北京）获奖名单

序号	获奖人物	获奖年度
1	北京爱慕内衣有限公司董事长　张荣明	2007年
2	北京服装学院院长　刘元风	2009年
3	贝迪百瑞（北京）有限责任公司设计总监　王玉涛	2011年
4	朗姿股份有限公司董事长　申东日	2011年

31.16　部分服装企业家获得的荣誉奖项

序号	获奖人物	获奖年度
1	李宁荣获"2008年度CCTV中国经济年度人物"称号	2009年01月
2	北京格格旗袍有限公司董事长王金乔、北京蓝图服装服饰有限责任公司总经理方林华、北京奥克斯特服饰有限公司董事长郭爱丽、北京青山百世服装有限公司董事长梁家赫被北京优秀（创业）企业家评审领导小组授予"2011~2012年度北京优秀创业企业家"荣誉称号	2012年04月
3	中国纺织工业联合会授予依文服饰股份有限公司"2015全国纺织行业人才建设先进单位"称号，夏华获"2015全国纺织行业人才建设个人表彰奖"	2015年10月
4	北京吉芬时装设计股份有限公司董事长、总经理谢锋被《纺织服装周刊》评选为中国纺织服装行业2015年度精锐榜"十大年度人物"	

31.17　中国服装协会全国服装行业年度人物评选（2012年开始评选）

序号	获奖人物	时间
1	北京白领时装有限公司店长贺新、北京爱慕内衣有限公司机修工施林川获"2012年中国服装年度人物"	2012年11月
2	北京如风达快递有限公司配送员董满池、北京大豪科技股份有限公司技术部、研发部经理胡文海、北京服装学院服装艺术与工程学院院长郑嵘获"2013年中国服装年度人物"称号	2013年10月
3	依文服饰股份有限公司生产设计总监刘铁轶获"2014年中国服装年度人物"荣誉称号	2014年09月

31.18 荣获"中国十佳时装设计师"称号的北京设计师名单（1997~2016年）

届别	姓名	获奖时就职单位	时任职务
第10届	邹游	北京服装学院	讲师
	沈泽丹	LE DANNEL 高级时装工作室	设计总监
第11届	杨霖	北京多吉时装设计工作室	设计总监
	孙静	北京白领时装有限公司	SHEE'S 设计师
	秦晓霞	北京爱慕内衣有限公司	设计师
第12届	张虹宁	北京爱慕内衣有限公司	设计师
第13届	梁沽	北京白领时装有限公司	首席设计师
	王海玲	北京爱慕内衣有限公司	设计师
第14届	王放	北京白领时装有限公司	K.UU 首席设计师
第15届	黄洁	北京白领时装有限公司	设计师
	潘怡良	北京潘怡良服饰有限公司	设计总监
第17届	杨洁	北京服装学院 YANGJIE DESIGN 品牌	讲师 创始人、设计师
	袁冰	VISCAP 时尚集团	创始人、艺术总监
	楚艳	北京服装学院"楚和听香"品牌	讲师 创始人、设计师
第18届	逄增梅	北京白领时装有限公司	首席设计师
	袁冰	VISCAP 时尚集团	创始人、艺术总监
第19届	楚艳	北京服装学院"楚和听香"品牌	讲师 创始人、设计师
	王燕楠	TANYA Couture 品牌	创始人、设计师
	袁冰	VISCAP 时尚集团	创始人、艺术总监
	彭晶	私人定制品牌深白	首席礼服设计师
	付奎	北京白领时装有限公司	设计艺术总监

31.19 全国服装工艺师、制版师大赛获奖名单

序号	活动名称	获奖情况	时间
1	首届全国"金剪刀"服装工艺大赛决赛	北京赛区谢宗体、深圳赛区袁改改分获男、女装组第一名	2007年10月
2	第二届全国"金剪刀"服装工艺大赛决赛	深圳赛区选手黄国宏获第一名	2008年10月
3	富怡·首届全国十佳服装制版师大赛（决赛地点杭州职业技术学院）	北京金典今服装工作室汪来春获"全国十佳服装制版师"称号；北京服装学院常卫民、北京市工贸技师学院赵华英获"优秀奖"	2013年03月

续表

序号	活动名称	获奖情况	时间
4	富怡·第三届全国十佳服装制版师大赛（决赛地点江西服装学院）	北京服装学院常卫民获"全国十佳服装制版师"称号；北京金典今服装中心王永林获"优秀奖"	2015年06月
5	全国纺织行业"富怡杯"服装制版师职业技能竞赛决赛（地点江西服装学院）	北京帛凯缘科贸发展有限公司郑凤玲获"全国服装行业服装制版操作能手"称号；北京天使星光文化传媒有限公司郭金雨获"全国服装制版师职业技能竞赛优秀奖"称号	2017年09月

31.20 品牌企业科技开发事迹与奖项

序号	事迹与获奖情况	时间
1	李宁公司推出"李宁弓"运动鞋研发科技平台，标志着该公司运动鞋减震科技研发能力跻身世界领先行列	2006年09月
2	北京铜牛集团有限公司获全国纺织产品开发贡献奖；北京天彩纺织服装有限公司产品入围2006/2007秋冬中国流行面料	2006年10月
3	中国流行色协会授予北京派克兰帝有限责任公司"派克兰帝——中国童装色彩研发基地"荣誉称号	2007年03月
4	北京服装学院王丽、李建泽获中国流行面料优秀花样设计奖；北京天彩纺织服装有限公司刘京亭获中国流行面料优秀设计奖；依文企业集团获2007中国纺织工业协会产品开发贡献奖。此外，中国流行色协会授予大红门服装商贸区"中国时尚品牌流行趋势发布基地"称号	2007年10月
5	北京雪莲羊绒股份有限公司"牛奶蛋白纤维研制、生产、应用及市场化一条龙技术开发"项目获中国纺织工业协会科学技术奖二等奖；北京毛纺织科研所有限公司"牛奶蛋白复合纤维应用技术研究"、北京中纺海天染整技术有限公司"氨纶纺丝油剂"、北京服装学院"西装纸样设计系统自动生成智能化研究""北京服装产业发展战略研究"获中国纺织工业协会科学技术奖三等奖；北京铜牛集团有限公司"负离子健康舒适多种功能复合纺织材料及服装"成果获科学技术奖优秀奖	2007年11月
6	李宁（中国）体育用品有限公司设计产品被中国工业设计协会和北京工业设计促进中心授予"2007年中国创新设计红星奖"	2007年
7	北京纺织科学研究所发明专利《水溶性纤维素醚化衍生物止血材料》和北京铜牛集团有限公司发明专利《一种释放负离子的针织面料》获北京市发明专利三等奖；北京铜牛集团有限公司《可循环再生资源（PLA纤维）针织服装的研制》项目获2009年度北京市科学技术奖三等奖	2009年04月
8	北京铜牛集团有限公司《可循环再生资源（PLA纤维）针织服装的研制》项目、北京铜牛股份有限公司和燕山大学等单位共同完成的《释放负离子抗菌多功能纤维织物研究》项目获"纺织之光"2010年度中国纺织工业协会科学技术三等奖	2010年11月
9	北京铜牛集团有限公司"绿色环保汉麻针织产品的研究与开发"项目获2011年度北京市科学技术奖三等奖	2011年

续表

序号	事迹与获奖情况	时间
10	北京雪莲羊绒股份有限公司保障天然茶色素染羊绒制品质量稳定性QC小组、染厂QC小组分获"2011年全国纺织行业优秀质量管理小组"称号	2011年05月
11	北京铜牛集团有限公司"绿色环保汉麻针织产品的研究与开发"项目获2011年度北京市科学技术奖二等奖	2012年04月
12	北京服装学院(北服)爱慕人体工学研究所和航天员中心共同研制的具有较高科技含量、鞋袜一体独特设计的第二代航天员舱内用鞋搭载"神舟九号"发射升天,实现了美与功能最大化结合,受到航天员的认可与好评	2012年06月
13	北京铜牛集团有限公司、北京华兴海慈生物科技有限公司获"中国针织优秀品牌行业大奖"称号	2012年10月
14	北京雪莲集团有限公司技术中心、北京雪莲时尚纺织有限公司"物理变性聚酯等新型纤维在毛针织领域的产业化应用研究"项目获"纺织之光"2012年度中国纺织工业联合会科学技术奖三等奖	2012年
15	北京铜牛股份有限公司"清洁型消色雕印印花工艺开发与应用"项目获"2012年度中国纺织工业联合会针织内衣创新贡献奖"	2012年
16	北京纺织控股有限责任公司获"2012年度中国纺织工业联合会产品开发贡献奖"称号	2012年
17	"神舟十号"飞船升入太空。北京铜牛集团承接为航天员度身定做内衣项目,从"神五"到"神十",铜牛企业以航天员生理信号背心、保暖内衣、连体内衣等产品的科技研发成果助力中国航天事业的发展	2013年06月
18	由国家知识产权局、北京市知识产权局、市质监局、市国资委、市经信委联合向首批通过《企业知识产权管理规范》(GB/T 29490—2013)国家标准的62家单位颁发国标管理规范牌,北京光华纺织集团是北京服装纺织行业唯一一家通过《企业知识产权管理规范》的企业	2013年08月
19	市旅游委、市经信委联合主办的第十届"北京礼物"旅游商品大赛都市工业旅游商品分赛评审结果揭晓。北京服装纺织行业协会组织16家企业 26个系列84件作品参赛,其中10套作品获得"北京礼物"称号,爱慕公司设计作品获金奖,木真了时装公司设计作品获铜奖	2013年09月
20	市旅游委第十一届"北京礼物"旅游商品大赛评审结果,爱慕公司《青春的碰撞、行走中的北京》设计作品获银奖,木真了时装公司《旅通州》桌旗套装礼盒、《庇佑北京》抱枕被2项、红都公司《中华礼服》、雪莲羊绒公司《特色羊绒围巾、披肩、手套》、北京纺织科研所《环保旅行包》、《出行应急包》2项分获优秀奖	2014年09月
21	探路者控股集团股份有限公司被授予"中国纺织工业联合会针织内衣创新贡献奖"荣誉称号	2015年11月
22	中国国际针织博览会授予"铜牛"品牌"最具市场影响力"和"2016针织功能(舒适性)产品优秀奖"称号	2016年10月
23	中国针织工业协会授予北京铜牛集团有限公司、探路者控股集团股份有限公司"中国针织行业优秀科技研发企业"称号,授予探路者控股集团股份有限公司陈百顺"中国针织行业优秀总工程师"荣誉称号	2017年04月

31.21 品牌企业市场开拓相关奖项

序号	企业获奖情况	时间
1	"铜牛"品牌荣获中国针织工业协会、中国商业信息中心授予"2006年度中国针织服装（内衣）二十强"称号	2006年
2	北京顺美服装股份有限公司获"2009中国纺织品牌市场开拓奖"	2009年10月
3	北京铜牛集团有限公司、北京派克兰帝有限责任公司获"2010中国纺织品牌市场开拓优势企业"称号	2010年10月
4	北京蓝鼎世纪管理咨询有限公司韩永生的"蓝鼎4T拉式补货供应链解决方案"获"2010中国服装高新技术成果交流推广贡献奖"	2010年
5	北京嘉曼服饰有限公司"水孩儿"品牌、北京派克兰帝有限责任公司"派克兰帝"品牌获"中国十大童装品牌"称号	2012年12月
6	中国纺织工业联合会授予北京天雅女装大厦"2014~2017年度中国服装品牌孵化基地"称号	
7	北京铜牛进出口有限公司被商务部、国际商报社评选为"最具竞争力出口企业50强"，是所有获奖企业中唯一入选的纺织服装行业企业	2013年02月
8	凡客诚品（北京）科技有限公司、北京心物裂帛电子商务股份有限公司获（首届）"中国最佳电商服装品牌"称号	2014年03月
9	北京大华天坛服装有限公司、北京酷绅服装有限公司被中国服装协会授予"中国职业装50强企业"称号	2014年09月
10	北京爱慕内衣有限公司被中国纺织工业联合会授予"中国纺织行业国际布局示范企业"称号	2015年10月
11	中国纺织工业联合会流通分会授予北京鑫福海工贸集团董事长陈重才"专业市场建设卓越贡献奖"；授予北京三利商城房地产开发有限公司总经理程文龙"创新经营领军人物奖"称号	2015年10月
12	北京铜牛集团有限公司获2008~2009年度、2010~2011年度、2012~2013年度中国针织行业竞争力十强企业称号	2009~2013年
13	北京雪莲时尚纺织有限公司荣获2010~2011年度中国毛纺、毛针织行业竞争力十强企业称号	2011年
14	北京雪莲毛纺服装集团公司位列2008年中国纺织服装行业出口企业100强第61位	2008年
15	北京雪莲集团有限公司、北京铜牛集团有限公司分列2009年中国纺织服装行业出口企业100强第45、90位	2009年
16	北京卓文时尚纺织股份有限公司、北京铜牛集团有限公司分列2012年度中国纺织服装行业出口企业100强第49、99位	2012年
17	北京卓文时尚纺织股份有限公司2011年、2012年连续两年出口创汇额突破1亿美元	2011年 2012年
18	中国纺织服装创意产业园联盟在2015年纺织行业品牌年度工作会议上宣布成立。北服BIFT-PARK中关村时尚产业创新园等8家产业创新园成为联盟首批成员	2015年

31.22 企业荣获质量管理奖项情况

序号	事迹与获奖情况	时间
1	北京派克兰帝有限责任公司获"2009年北京质量管理贡献奖优秀企业"荣誉称号	2009年12月
2	中国服装协会授予恺王科技（北京）有限公司、北京顺美服装股份有限公司"中国服装行业质量管理先进单位"荣誉称号；授予依文、五木、顺美、亿都川、恺＋男西服套装"2010年全国西服、裤子行业质量检测优等品"荣誉称号	2010年11月
3	北京铜牛股份有限公司质检部试验室、铜牛股份公司织造车间保全班分获"2011年全国纺织行业质量信得过班组"荣誉称号；北京铜牛股份有限公司获"2011年全国纺织行业质量管理活动优秀企业"称号	2011年05月
4	北京甘家口大厦有限责任公司董事长周平获"2011年北京杰出质量人奖"荣誉称号	2012年03月
5	北京大华天坛服装有限公司蒸汽尾气回收QC小组获2012年度"全国纺织行业优秀质量管理小组"称号；北京铜牛股份有限公司织造车间保全班、染印车间印花班组，北京光华纺织集团有限公司科技发展部试化验室、北京光华纺织集团五洲燕阳特种纺织品有限公司质检部荣获"全国纺织行业质量信得过班组"称号	
6	北京质量协会质量审定委员会授予朗姿股份有限公司"2012第七届北京质量奖"称号	2013年03月
7	北京探路者控股集团股份有限公司、北京爱慕内衣有限公司、北京麻世纪流行面料研发有限公司分别荣获"2015年全国纺织行业质量管理示范单位"荣誉称号	

31.23 其他荣誉称号

序号	事迹与获奖情况	时间
1	北京铜牛集团有限公司分别被授予2009年度、2010年度"全国纺织行业实施卓越绩效模式先进企业"称号；2009年10月获"2009全国纺织劳动关系和谐企业"称号	
2	北京市大华衬衫厂2012年9月获"2012全国纺织劳动关系和谐企业"称号	
3	北京雪莲集团有限公司、北京京工服装集团有限公司、北京铜牛集团有限公司2010年11月获第二批"中国纺织行业信用评价AAA企业"称号	
4	北京燕莎友谊商城有限公司"以CRM系统为支撑的顾客关系管理体系的构建与实施"项目、北京甘家口大厦"创建亲朋式服务理念，打造社区百货企业服务管理模式"项目获第25届北京市企业管理现代化创新成果一等奖	2010年12月
5	北京市工贸技师学院学生陈碧华参加在巴西圣保罗市举行的第43届世界技能大赛决赛，荣获时装设计项目铜牌	2015年08月
6	北京市工贸技师学院轻工分院学生胡萍、北京市新媒体技师学院（世赛基地）选手郑宗林在阿联酋阿布扎比参加第44届世界技能大赛决赛，分获时装技术项目金牌、3D数字游戏艺术项目铜牌	2017年10月

31.24　北京服装行业持有的中国驰名商标（25件）

雪莲	顺美	纤丝鸟	瑞蚨祥	绅士
内联升	爱慕	探路者	婷美	铜牛
杰奥	威克多	依文	李宁	五木
赛斯特	博依格	怡莲	秀水	奥克斯特
思诺芙德	红都	恺王	朗姿	雅派朗迪

31.25　北京服装纺织行业持有的北京市著名商标（有效期内48件）

雪莲	红都	蓝天	巴比龙	奥克斯特	铜牛	绿典	WUMU	
天坛	造寸	靓诺	婷美	赛斯特	德士风	方仕	GORNIA	
顺美	雷蒙	宗洋	木真了	佳泰	ZORANZI	UqpER		
博依格	格格	秀水	亿都川	罗马世家	JINGGUAN	FOUNSEE		
盛锡福	奥豹	圣释	龙庆峡	百花及图	WHITE COLLAR	LANCY FROM 25		
同升和	内联升	宝石	步瀛斋	思诺芙德	瑞蚨祥	紫房子	LVDIAN	

31.26　商务部第一批认定的"中华老字号"品牌（2006年11月）

企业名称	老字号品牌
北京同升和鞋店	同升和
北京盛锡福帽业有限责任公司	盛锡福
北京内联升鞋业有限公司	内联升
北京步瀛斋鞋帽有限责任公司	步瀛斋
北京瑞蚨祥绸布店有限责任公司	瑞蚨祥

31.27 商务部、中国商业联合会认定的第二批保护与促进的"中华老字号"品牌（2011年11月）

企业名称	老字号品牌
北京雪莲羊绒股份有限公司	雪莲
北京红都集团公司	红都
北京红都集团公司	蓝天
北京东华服装有限责任公司建华皮货服装分公司	雪花
北京光华宝石鞋业有限公司	宝石
北京步瀛斋鞋帽有限责任公司	马聚源
北京造寸服装服饰有限公司	造寸
北京华女内衣有限责任公司	华女
北京市紫房子婚庆有限公司	紫房子

31.28 北京十大时装品牌名单（2006~2010年度）

奖项名称	获奖品牌
北京十大时装品牌金奖	李宁、威克多、爱慕、庄子、雪莲、纤丝鸟、绅士、杰奥、铜牛、天坛、依文、水孩儿、白领、五木、顺美、赛斯特、派克兰帝
北京十大时装品牌	雷蒙、木真了、诺丁山、朗姿、玫而美、小护士、探路者、绿典、红都、蓝地、罗马世家
北京最具潜力十大时装品牌	雅派朗迪、思诺芙德、宇洋、恺王、雪伦、巴比龙、坐媛、格格、亿都川、奥豹、靓诺、奥克斯特

31.29 北京最具文化创意时装品牌名单（2012~2014年度）

奖项名称	获奖品牌
北京最具文化创意十大时装品牌金奖	爱慕、朗姿、探路者、李宁、铜牛、威克多、依文、白领
北京最具文化创意十大时装品牌	杰奥、赛斯特、雪莲、水孩儿、顺美、庄子、凡客诚品、五木、靓诺、红都
北京最具文化创意优秀时装品牌	绅士、木真了、恺王、天坛、玫而美、格格、罗马世家、思诺芙德、蓝地、雷蒙、五色风马、纤丝鸟、诺丁山、VISCAP

31.30　北京时装之都建设贡献奖名单

奖项名称	获奖企业	获奖时间
时装之都建设育人贡献奖	北京服装学院	2007 年
时装之都建设出口创汇贡献奖	北京鹏达制衣有限公司	2007 年
知名特色时装品牌	木真了	2007 年
著名高级成衣定制品牌	红都	2007 年
时装之都建设设计创新奖	格格	2008 年
时装之都建设设计创新奖	靓诺	2008 年
北京 2008 特别贡献奖	北京服装学院	2008 年
北京 2008 特别贡献奖	李宁（中国）体育用品有限公司	2008 年
时装之都市场建设奖	北京鑫福海工贸集团	2008 年
百年中山装制作技艺特别贡献奖	红都	2008 年
时装之都建设贡献奖	北京吉芬时装设计有限公司	2009 年
时装之都建设贡献奖	北京玫瑰坊时装定制有限责任公司	2009 年
时装之都建设贡献奖	北京电视台生活频道《时尚装苑》栏目	2009 年
时装之都建设贡献奖	北京翠微大厦股份有限公司	2009 年
时装之都建设媒体传播贡献奖	《时尚北京》杂志	2010 年
时装之都建设品牌推广贡献奖	金源燕莎 MALL	2010 年
时装之都建设营销创新品牌贡献奖	凡客诚品（北京）科技有限公司	2010 年
时装之都建设国际营销品牌贡献奖	京珠盛世服饰有限公司	2010 年
时装之都建设市场销售贡献奖	北京五木服装有限责任公司	2012 年
时装之都建设讲诚信、重质量贡献奖	北京杰奥制衣有限公司	2012 年
时装之都建设品牌推广贡献奖	北京甘家口大厦有限责任公司	2012 年
时装之都建设品牌服务贡献奖	北京市毛麻丝织品质量监督检验站	2012 年
时装之都建设特别贡献奖	北京爱慕内衣有限公司	2013 年
时装之都建设行业服务贡献奖	北京商业信息咨询中心	2013 年
时装之都建设策展贡献奖	中央美术学院设计学院时装设计工作室	2013 年
北京最具文化创意十大时装品牌市场创意奖	北京方仕工贸有限公司	2013 年

31.31　北京知名品牌名单

（北京质量协会北京知名品牌评选活动组委会公布）

2010年度　服装纺织行业28个（2011年3月发布）			
天坛衬衫	绅士衬衫	探路者户外服装	朗姿女装
白领女装	赛斯特女装	蓝地女装	玫而美女装
木真了民族服饰	恺王男装	红都男装	罗马世家男装
VICUTU男装	依文男装	诺丁山男装	五木男装
庄子皮衣	派克兰帝童装	水孩儿童装	奥克斯特男装
雪莲羊绒衫	杰奥羽绒服	李宁运动服装	铜牛针织内衣
纤丝鸟针织内衣	小护士针织内衣	雷蒙男装、大衣	绿典彩棉系列产品
2011年度　服装纺织行业增补2个（2012年3月发布）			
雪伦羽绒服	雅派朗迪男装		
2013年度　服装纺织行业15个（2014年3月发布）			
天坛衬衫	探路者户外服装	朗姿女装、裙类	白领高级女装
红都男装	罗马世家男装	依文男装	庄子皮衣
派克兰帝童装	水孩儿童装	杰奥羽绒服	VISCAP时装
李宁运动服装	雷蒙男装、大衣	奥克斯特西服西裤	
2014年度　服装纺织行业2个（2015年3月发布）			
雪伦羽绒服	雅派朗迪男装		
2015年度　服装纺织行业7个（2016年3月发布）			
天坛衬衫	红都男装	朗姿女装	庄子皮衣
杰奥羽绒服	雷蒙男装、大衣	奥克斯特西服套装、衬衫	
2016年度　服装纺织行业2个（2017年3月发布）			
雪伦羽绒服	雅派朗迪男装		

附录：推进时装之都建设北京服装行业大事记

2001年

3月29日，北京市政府专家顾问团、市经委及行业协会联合召开北京服装行业发展战略研究专题会议。

8月1日，刘海燕副市长、市经委金生官主任到北京顺美服装公司考察调研。

8月24日至9月7日，北京服装纺织行业协会组织部分企业经理赴美国拉斯维加斯参观国际轻纺服装博览会，并考察当地服装市场。

9月7日，行业协会组织近60家服装企业参加ISO 9000：2000质量认证专题讲座，加快推进服装行业质量管理体系建设。

9月中旬，协会组织部分会员企业赴浙江地区开展市场考察与行业交流活动。

9月25日，副市长林文漪考察北京巴比龙时装公司、滕氏企业集团，要求市科委、科技协作中心等部门积极促进本市科研单位与服装企业、院校的产学研合作，推动北京服装产业不断创新发展，提升设计水平。

12月10~22日，行业协会一行10人团组赴台湾、香港进行贸易项目与市场考察，拜访台湾纺拓会，双方建立起友好合作关系。

12月27日，行业协会与首科集团、北京服装学院联合举办服装纺织企业纺织新材料、新工艺、新技术信息发布会，促进行业与科研单位的产学研项目合作。

2001年，在北京市经委倡导下，北京服装纺织行业协会全力配合市政府组织各方面专家开展建设北京时装名城的相关调研与走访工作，开始形成了"时装之都"建设的总体思路。

2002年

1月，行业专家参与，分组开展建设北京国际服装名城战略研讨会。

2月25日和3月1日，中韩邦交10周年服装展示周开幕式、中韩服装产业发展学术研讨会先后在北京服装学院举行。

3月2~15日，北京市政府服装行业考察团一行赴意大利米兰、法国巴黎、德国法兰克福等地实地考察，学习国际服装名城的建设、发展经验。

3月25日，副市长林文漪及市科委、市经委等部门领导听取行业协会新女装设计大奖赛筹备工作汇报，同时考察了服装行业新面料的开发应用情况。

4月22日，"首科杯"新女装设计大奖赛决赛在北京国际饭店二层多功能厅举行。

5月9日，协会与中科院计算技术研究所二部（中科辅龙）联合举办"服装企业信息化与CAD技术应用"研讨会，向会员企业重点介绍了国内外服装企业信息化、服装CAD/CAM系列软件应用介绍和技术发展方向。

5月29至31日，由北京服装纺织行业协会与轻工业展览中心共同主办的"2002中国制衣、面料及家用纺织品展览会，"在全国农展馆1号馆举行。

7月下旬，台湾纺拓会一行10余人到顺美服装公司、北京衬衫厂和爱慕内衣公司参观访问。

9月3日，由市经委、市商委、市规委、市经贸委、北京市贸促会和协会共同主办的"建设北京国际服装名城研讨会"在凯富大厦举行。副市长刘海燕、中国纺织工业协会会长杜钰洲、中国服装设计师协会主席王庆、北京市贸促会会长陈刚、北京服装学院副院长刘元风等领导和专家出席研讨会并发表演讲，平谷区、大兴区、通州区、顺义区等区县领导和十余家服装企业负责人参与研讨，为建设北京国际服装名城献计献策。

9月10日，行业协会举办入世后的首次"国家服装纺织新标准宣贯培训班"，对绿色环保、生态服装纺织品知识和未来时尚发展的消费流行趋势，对国家强制性纺织产品安全技术标准（GB 18401）进行重点宣贯。

10月11日，上半年接见过北京市政府赴意访问团的意大利普拉托省政府副省长、欧共体计划政务局局长强卡罗·玛菲意先生以及普拉托省工业、手工业、农业商会主席路卡·林佛莱斯基先生、普拉托省工、农、商及手工业管理协会总秘书长耐罗·杜奥托博士等一行5人专程来京访问，与市经委、纺织控股公司和协会主要领导、服装产业园区和品牌集团企业老总共同研讨北京建设国际服装名城相关议题。

11月11~25日，行业协会组织部分服装纺织企业赴法国巴黎参观国际时装博览会，并考察欧洲服装市场。

11月21~30日，协会组织北京服装纺织企业一行10人赴我国台湾进行贸易洽谈和市场考察活动。

11月21日，由中国服装设计师协会、中国服装协会和北京服装纺织行业协会联合主办的"2002中国国际时装周"在北京饭店大宴会厅开幕，副市长林文漪及有关委办领导出席。北京白领时装公司获"2002年度最具时尚品牌奖"、北京木真了时装公司、北京璞玉制衣公司、北京炬兆商贸有限公司分获"2002年度最佳女装设计奖"；邢燕、王晓琳分获"第八届中国十佳时装设计师奖"。

12月4日，为纪念中日邦交正常化30周年，在人民大会堂三层小礼堂举办中日学生装展示研讨会，有小学、初、高中生服装100套（其中日本60套）参加展演，中日双方代表讲行了中小学校学生装的推广以及学生着装讲座。

12月10日，林文漪副市长在市政府接见了2002'中国国际时装周获奖的白领时装、木真了时装、璞玉制衣等北京品牌企业经理和服装设计师。

2003年

2月14日，阳吴副市长到京棉集团调研，察看企业生产情况，听取集团公司领导的汇报，对加快企业改革与发展提出了具体要求。

3月27日，建设北京国际服装名城通州、大兴、平谷区项目信息发布会暨签约仪式在亚洲大酒店亚洲会堂举行。

3月28日，首届中国国际服装买手财富峰会（CHIC主题论坛）在亮马河大厦宴会厅举行，由依文企业集团承办。

7月3日，市经委主持召开北京服装品牌企业经营发展研讨会。

9月26日，首届北京大红门服装商务节开幕式在大红门服装商贸城举办。

10月20~21日，日本石川县纤维面料展示商谈会在中纺大厦举办，由中国纺织品进出口商会和北京服装纺织行业协会共同主办。

10月24日，北京服装纺织行业协会推介香港TPC服装顾问公司服装三维创样技术发展介绍说明会在北京服装学院化工楼报告厅举行。

12月，北京服装纺织行业协会组织对19家北京服装企业作"守信企业"现场考评。

2004年

1月13日，在京科研院所科技研发项目与北京服装纺织行业企业信息交流对接会在北京服装学院科技报告厅举行。

3月下旬，由北京市政府主办，中国纺织工业协会、中国服装协会、中国服装设计师协会、中国妇女儿童活动中心、北京市工业促进局为支持单位，北京服装纺织行业协会承办的"2004时尚北京博览会"系列活动陆续举办，体现了四个"新"：主题新、目标新、内容新、机制新。

3月25日晚世纪剧院举行时尚北京博览会"开幕式"专场文艺晚会。

3月24~26日，首届"奥运风采"礼仪之星大赛暨新材料、新工艺、新款式展示活动在中央民族乐团音乐厅举办，共有23家科研机构和行业企业精心筛选45项科研成果从不同侧面向社会各界展示了服装行业最新技术成果。

3月31日~4月2日，以"贸易带动投资，投资促进贸易"为主题的时尚北京博览会"中外服装纺织企业投资贸易洽谈会"在好苑建国商务酒店举行。

4月2日，在北京饭店举办的2004年国际服装品牌论坛，吸引来自美国、日本、意大利、新加坡等国内外知名企业、著名专家学者、品牌企业及商场代表围绕品牌与时尚，结合国际服装业的发展趋势，就品牌、设计等主题展开研讨交流。

4月6日，丰台区政府、大红门服装协会与北京鑫福海集团在鑫福海公园共同举办"中、日、韩知名服装品牌交流会——大红门之日"专题活动。

4月7~9日，行业协会与北京市学生装管理服务中心在中国人民革命军事博物馆举办迎奥运"第二届校苑杯学生装设计展评会"；4月10日，第二届"校苑杯"北京中小学学生装新款式展评总决赛在青蓝大厦多功能厅举行。

5月10日，全国纺织教育学会、北京服装纺织行业协会联合主办的"北京国际院校师生服装设计作品大赛"（决赛）在北京国际会议中心举行。

3月中旬~5月初，市商务局、商业联合会在本市各大商场举办富有时尚特点的"2004北京名品、名店时尚春装品牌展卖活动"。

5月，市委、市政府主要领导与中国纺织工业协会领导就北京服装产业发展和时装之都建设之事达成共识，市政府认为要抓住时机，制订方案措施加以推动。

5月28日，北京服装纺织行业协会在中旅大厦为会员企业举办丝绸之路服装CAD技术交流推介活动。

6月15日，市委书记刘淇等同志到北京服装学院考察学院工作，并听取有关北京服装纺织行业发展和北京时装之都建设进展情况的汇报，对北京服装行业发展作出指示。

6月下旬，行业协会及会员企业代表组团赴乌鲁木齐开展行业展示交流活动。

9月4日，行业协会组织部分品牌企业、质检站参加在翠微大厦南广场举办的"质量月"产品质量咨询服务宣传日活动。

9月24~28日，市工业促进局、北京工经联及相关行业协会共同组织的北京名牌产品展示展销会在大都市街国际酒店举办。服装行业10家名牌产品企业参加展会宣传和产品展销。

10月25日，"北京服装纺织行业协会成立20周年座谈会"在中国人民对外友好协会大会议室召开。吴仪副总理发来贺信，一大批长期关心行业协会发展的老领导分别题写贺信、贺词。徐和谊会长发表致辞，李昭老会长发表热情洋溢的讲话。原纺织工业部部长吴文英、副市长陆昊、名誉会长/原副市长张彭、中华全国工商联纺织服装商会副主席谭安、北京企业联合会会长刘克信、北京服装学院刘元风院长等领导同志先后发表讲话，共同期待北京时装之都建设加快向前推进，共祝北京服装纺织行业取得更大的发展。

11月19日，北京饭店多功能厅举行盛大新闻发布会，北京市人民政府和中国纺织工业协会联合发布《促进北京时装产业发展建设"时装之都"规划纲要》。"规划纲要"指出：要把北京建设成为引导中国服装业发展的设计研发中心、信息发布中心、流行时尚展示中心、精品名品商贸中心、特色产业集群和产业链集成中心。陆昊副市长、杜钰洲会长出席发布会并回答记者提问。市工业促进局局长程连元就北京时装之都共建活动向新闻媒体作信息发布。时装之都规划纲要的发布为推动行业发展、产业结构调整、品牌企业转型升级提供了难得的发展机遇。

12月6日，北京服装纺织行业协会第七届理事会（换届会议）召开。经大会选举，常青接替徐和谊担任北京服装纺织行业协会会长。

2005年

1月28日，国家信息中心信息资源开发部、北京商业信息咨询中心、北京服装纺织行业协会在国家信息中心联合主办首届《2004年度北京十大热销服装品牌发布颁奖典礼》。

1月，李宁体育用品公司与NBA签约，成为NBA官方市场合作伙伴。

2月26日，北京服装纺织行业协会在北京展览馆中国婚博会暨首届北京结婚展现场承办日本著名婚纱设计师桂由美婚纱巴黎秀7景品牌专场展演。

2月，"WHITE COLLAR"白领极品裘皮时装以48万元人民币在北京燕莎店售出，成为时尚产业界的新闻。

3月24日，"时尚北京博览会"系列活动《爱慕·北京2005时装之都晚会》在中国大饭店大都厅举行。

3月25日，共建时装之都、中国国际时装周开幕式在北京饭店大宴会厅隆重举行，时任北京市市长王岐山、中国纺织工业协会会长杜钰洲出席开幕式并发表致辞。王岐山市长致辞时说，现在北京作出建设"时装之都"的重要决策，只是一个起步，万事开头难，北京已经迈出了可喜的一步。

3月26日，在中央民族乐团音乐厅，北京市科委、北京服装纺织行业协会主办2005"奥运风采"礼仪之星大赛暨"英超杯"礼仪服饰品牌展示（新技术、新材料、新设计展示会）颁奖晚会。

3月27日，全国纺织教育学会、北京服装纺织行业协会在北京国际会议中心联合主办"北京·2005中国国际服装院校师生设计作品大赛"（单项决赛）。

2月28日，中国服装协会、2005时尚北京组委会、北京顺美服装股份有限公司联合主办的"顺美·中国男装文化国际研讨会"在中旅大厦举行；北京市商务局、市工促局、北京服装纺织行业协会、北京纺织控股公司在好苑建国商务酒店联合主办"2005服装纺织国际经贸洽谈会"。

4月1日，由美中时尚协会、北京服装纺织行业协会联合主办的"2005年时尚岛OUTLETS·国际国内知名品牌研讨会"在北京饭店举办。

4月2日，2005时尚北京组委会与北京服装纺织行业协会主办的《"蓝地"北京·中国服装设计金龙奖发布暨颁奖典礼》在人民大会堂新闻发布厅举办。北京市人大常委会原主任张健民、纺织工业部原部长吴文英、市人大副主任、北京奥科委主席林文漪等领导出席并为优秀设计师颁奖。

为时一周的"时尚北京博览会"系列活动以"融合国际、创新时尚"为宗旨，促进国际交流、引领时尚消费、加大招商引资力度，推动北京时装之都建设加快向前发展。

5月14日，中日时尚新生活文化交流北京20周年纪念活动——日本时装设计师小筱顺子时装展演在北京饭店宴会厅举行。

6月2日，北京服装纺织行业协会组织部分会员企业到著名品牌企业北京白领时装公司参观学习。

6月27日，北京服装纺织行业协会在新北纬饭店组织召开服装行业品牌营销渠道建设研讨会。

7月12日，市委书记刘淇、副书记强卫、副市长吉林等领导同志调研丰台区大红门服装市场集散地发展情况。

8月5~6日，北京服装纺织行业协会举办2005年国家服装纺织品质量标准宣贯培训班，参加培训人数74人。

11月18日，副市长陆昊在王府井吴裕泰茶庄会见法国高级时装公会主席迪迪埃尔·戈巴克及其随行人员，双方就世界时尚产业发展和北京时装之都建设进行友好交流。

11月25~26日，北京服装纺织行业协会与市工业促进局、北京服装学院联合举办首期《2005北京服装纺织企业品牌创新与现代管理总经理培训班》。这是在北京市工业促进局支持下启动的"北京时装之都人才培训平台建设"项目，依托高校、协会和其他相关部门陆续开展多层次、多类型的营销、设计、管理等方面的培训。

11月，北京市工业促进局与北京服装学院签约，共同建设"服装产业人才培养平台""科技研发和成果转化平台"和"产业信息与咨询服务平台"，为北京服装产业发展提供服务。

12月19日,北京服装纺织行业协会会长常青与日本日中新世纪会理事长吉村善和先生进行友好会见和交流。

2005年,"雪莲"牌羊绒衫及"李宁"牌旅游鞋被国家质监总局第二次授予"中国名牌产品"称号。

2006年

1月14~20日,北京服装纺织行业协会会长常青率北京学生装企业16人代表团赴日参观访问日本中小学校及学生装企业,对日本中小学生校服穿着情况及学生装市场进行考察调研。

1月16日,《2005年度北京十大热销服装品牌发布颁奖典礼》在中华世纪坛举行,"商业通路论坛商企对话"同场举办。北京十大热销服装品牌发布活动细分服装品类,对指导消费有很强的针对性,这项活动对北京时装之都品牌建设、繁荣商业、服务消费者、培育销售精英与优秀管理者具有积极意义。

2月17日,北京服装纺织行业协会组织16家著名品牌企业家在依文公司召开服装品牌营销研讨会,陆昊副市长到会与服装企业家共同研讨品牌营销。

3月4日,北京服装纺织行业协会协办的日本著名设计师桂由美婚纱礼服品牌展演在北京展览馆举行。

3月14日,市商务局对外贸易管理处召开北京服装纺织出口企业联谊会,并委托召集人北京华阳服装厂厂长见立荣主持。商务部贸管局、中国纺织品进出口商会、市商务局贸管处、市国税局、外汇管理局、信用保险公司等部门有关领导到会介绍情况,并同服装出口企业家们互动交流。

3月16日,北京服装纺织行业职业装设计研发中心在依文企业大厦揭牌成立。

3月24日,《时装之都·2006时尚晚会》在钓鱼台国宾馆芳菲苑举行,6家北京知名品牌企业进行了品牌联演。

3月29日,由行业协会主办,向兴集团防寒服面料发布会、派克兰帝品牌发布会在京广中心多功能厅举行。

3月,北京市工业促进局和绍兴县人民政府签订"时装之都"建设合作意向书,绍兴县作为北京"时装之都"建设面料辅料基地,将在产品设计、技术研发和品牌展示等方面与北京开展多方位合作。

3月30日~6月1日,北京服装纺织行业经理人培训班系列讲座(共六期)在北京服装学院举办。培训班特邀著名服装企业家、大型商企领导、政府领导、知名教授及国外著名品牌经理人共同研讨品牌经营与创新主题,副市长陆昊与服装企业家们共同研讨品牌营销战略专题,就时装之都建设与北京服装产业发展作专题报告。

4月3日,由行业协会主办,木真了时装公司品牌发布会、滕氏工贸公司品牌新款发布会在京广中心多功能厅举行。

4月22日,北京市新款中小学生装展示会在青蓝大厦举行,由市教委学生统一着装管理服务中心、北京服装纺织行业协会学生装专业委员会共同主办。

4月26日,副市长陆昊在爱慕大厦与北京品牌企业经理人共同探讨品牌营销战略课题，并就北京"时装之都"建设与服装产业发展战略作专题报告。

5月11日，全国服装标准委员会秘书处北京工作站成立暨授牌仪式在京纺大厦二楼会议室举行。北京工作站设在北京市毛麻丝绸品质量监督检验站。

5月，市工业促进局及中国服装设计师协会与北京正东电子动力集团达成协议，决定利用该公司北区老厂房改造创建"北京时尚设计广场"。

6月9日，北京格格旗袍有限公司品牌发布会在前门建国饭店梨园剧场举行。

6月13日，副市长陆昊在亚洲时尚联合会中国大会发表演讲，深刻分析文化、时尚创意对经济发展的影响，提出发展首都创意产业的规划目标，将服装设计研发、展览展示发布等高端产业视为北京文化创意产业发展的重要组成部分，展示中华文明，强化创新意识，进一步拉动消费，提升首都文化创意设计水平。

同日，作为亚洲时尚大会活动之一，白领"境界"原生态实景时装发布会在北京密云的FASHIONHOUSE上演，来自韩国、日本、印度、新加坡等亚洲国家时装及时尚创意产业300多位时装设计师、视觉艺术家、品牌专家及行业代表都惊叹于中国的时装品牌居然将时尚、生态结合在一起，将品牌时尚演绎的如此别出心裁和淋漓尽致。

8月21日，服装品牌"名品进名店"工商联手推进自主品牌建设座谈会在西苑饭店鸿运厅召开，中心议题：工业商业联手，发展民族品牌，座谈会由国家发改委、中国商业联合会联合主办，由中商联王耀主任主持。国家发改委经济运行局张莉巡视员作主旨发言。时任国家发改委欧新黔副主任到会讲话，鼓励服装企业加强品牌文化建设，做好市场营销和售后服务，不断扩大市场知名度。依文、派克兰帝、靓诺、马氏吉龙制衣公司以及广州例外、湖南益鑫泰、江苏波司登、浙江雅戈尔等品牌企业老总，赛特购物中心、燕莎友谊商城、金源新燕莎MALL等商场老总分别在座谈会上发言。北京服协张培华及中纺协孙瑞哲、中服协王茁、清华大学奥美公共品牌研究室领导到会参与研讨。

9月2日，行业协会组织部分品牌企业、质检站在城乡贸易中心广场参加由北京质量协会牵头举办的"质量月"产品质量咨询服务宣传日活动。

9月17日，作为2006年中国科协年会首都发展论坛分论坛的"建设时装之都——北京服装纺织产业技术创新专题论坛"在华润饭店举行。

9月22日，《2006年北京国际服装品牌推广周》在亚洲大酒店举办，同时设大红门分会场展示，加强专业市场与品牌之间的沟通交流。日本时装设计师水上滋特色补绣服装、著名服装设计师陈富美[国色天香]婚礼服饰举行了专场展演。

在市工业促进局、中国服装协会、市商务局、市质监局及相关部门专家配合下，北京服装纺织行业协会将连续开展北京十大时装品牌年度评选活动。9月23日，《2006北京十大时装品牌》在北京亚洲大酒店隆重揭晓，并举行颁奖典礼。

10月11日，北京服装纺织行业协会设计师分会在地坛公园乙十六号宣布成立。同日举办的第一期"时尚沙龙"，搭建起成长型设计师同行间思想碰撞、体会交流和理论探讨的专业服务平台。副市长陆昊参加了设计师分会成立大会和首期"时尚沙龙"活动。

10月，北京雪莲羊绒股份有限公司"工业企业信息化建设项目ERP和CRM"通过北京市企业信息化工作领导小组专家组验收。

11月15日，市工业促进局、中国服装设计师协会和《中国服饰报》联合举办北京国际时尚论坛主题峰会。

11月16日，作为第十届京港洽谈会分场活动之一，北京市工业促进局、北京服装纺织行业协会和香港贸易发展局在香港丽嘉酒店联合主办京港时尚论坛，主题为"京港携手、共创时装之都"。常青会长、张培华常务副会长携依文、白领、李宁、赛斯特、大华天坛等10多家北京知名品牌企业老总汇聚香港，就时装设计、品牌营销等话题，与香港时装界同仁进行探讨和交流，并参观了中国香港理工大学服装制版系和研发中心。

12月6日，全国纺织工业劳动模范、先进集体表彰大会在人民大会堂小礼堂隆重举行。北京铜牛集团公司染印车间磅料班班长单增雨、北京光华时代纺织进出口公司业务主管郑宝林、北京爱慕内衣有限公司董事长兼总经理张荣明等9人被评为全纺劳动模范，北京雪莲羊绒股份有限公司、北京光华五洲纺织集团公司被评为全纺先进集体。

12月22日，市政府研究室研究员到访行业协会，就本市服装纺织产业及品牌企业发展相关问题进行专题调研。

12月29日，"中国首届陈列设计师节"时尚庆典在北京798国际艺术区举行。

12月，北京798艺术区被列入北京市第一批文化创意产业集聚区。

2006年，"雪莲""瑞蚨祥""纤丝鸟"注册商标被国家工商总局商标局认定为中国驰名商标；"顺美服装"商标被北京第二中级人民法院判决认定为中国驰名商标。

同年，"同升和""盛锡福""内联升""步瀛斋""瑞蚨祥"5个商业品牌被国家商务部列入第一批认定的中华老字号名录。

从2006年开始，北京市工业促进局、北京服装纺织行业协会和北京服装学院每年定期编制"北京服装产业发展白皮书"，适应北京服装产业提升发展的需要。

2007年

1月，北京市质量技术监督局召开北京名牌产品表彰大会，顺美、依文、五木、雷蒙、天坛、滕氏、白领、蓝地、派克兰帝、爱慕、绿典、李宁（运动服装）、庄子等13个服装品牌被授予"2006北京名牌产品"称号。此外，行业中铜牛、雪莲、绅士、李宁（旅游鞋）品牌已被评为中国名牌产品。

同月，北京庄子工贸有限责任公司"庄子"品牌被商务部列入2006年度国内服饰类最具市场竞争力品牌。

2月8日，《2006年度北京十大热销服装品牌颁奖典礼》在中华世纪坛演播大厅举行。获本届时装之都营销金牌品牌是：李宁、观奇洋服、白领、依文、派克兰帝、水孩儿、爱慕、皮尔·卡丹、绅士、波司登、珍贝、雪莲、帕罗、铜牛品牌。

3月16日，《2007时尚北京"北京现代之夜"晚会》在钓鱼台国宾馆芳菲苑盛大举行。

3月17日，中国流行色协会、北京派克兰帝有限责任公司战略合作暨"派克兰帝——中国童装色彩研发基地"揭牌仪式在首都图书馆报告厅举行。

3月18日，北京时尚设计广场揭牌仪式暨时装创意设计论坛（第二期"时尚沙龙"）在朝阳区酒仙桥798艺术区举行。副市长陆昊参加揭牌仪式和时尚创意设计论坛。

3月20日，副市长陆昊主持召开市政府专题会议，研究推进北京时尚设计广场建设发展和借助奥运展示中国服装文化等工作。

3月，市委书记刘淇在北京时尚设计广场考察调研时强调："要把传统文化融入现代时尚设计,把具有鲜明中国文化特色的现代时装展示作为奥运文化活动的重要内容,以此弘扬传统文化,进一步推动中国时装走向世界。"

4月19日,市商务局对外贸易管理处领导到北京服装纺织协会进行工作调研。

4月28日,北京服装纺织行业协会主办的"奥运风采"礼仪之星大赛总决赛暨颁奖典礼在中央民族乐团举行。

5月20日,通过对有关品牌企业调研,收集有关资料,组织分析论证,北京服装纺织行业协会起草制定了《男式西服上装、马甲加工贸易单耗标准》(会审稿)上报中国纺织工业协会产业部,进一步加强加工贸易单耗的核准与管理。

5月29日,北京铜牛股份有限公司"企业制造执行(MES)系统"通过北京市科委专家组验收。专家组认为"铜牛集团企业制造执行系统示范工程"达到考核指标,实施成果和经验对同行业有示范和借鉴作用。

6月29日,北京木真了时装公司品牌发布会在通州区星湖园举行。

7月12日,《百荣·时尚北京职业服装设计大赛决赛暨颁奖典礼》在D·PARK北京时尚设计广场举行。北京市副市长陆昊、中国纺织工业协会副会长陈树津等领导观看了职业装设计大赛决赛。

7月20日,行业协会专家联名致信市委刘淇书记,呼吁并提出相关建议,进一步加大本市中小学学生制式装的推广力度。

8月31日~9月2日,《迎奥运北京工业品牌展览会》在北京展览馆举办。协会与纺织控股公司联合布展时装之都品牌馆。展会期间,时任北京市市长王岐山、副市长陆昊及有关部门领导亲临品牌馆参观,并对北京品牌的发展作了重要指示。木真了、靓诺、水孩儿、璞玉、庄子等9家知名品牌举办了专场发布会。

9月1~3日,著名内衣品牌"爱慕"亮相全球规模最大、最为驰名的专业内衣展会——法国里昂内衣展。

9月8日,行业协会组织部分品牌企业、质检站参加在翠微大厦南广场举办的"质量月"产品质量咨询服务宣传日活动。

9月11日,顺美服装公司在北京时尚设计广场举行品牌发布会。

9月17~21日,中国纺织品服装贸易展览会在法国巴黎成功举办。派克兰帝、依文、顺美、雪莲等品牌企业参展,白领女装举行了品牌专场展演活动,新丝路的模特们在现场演绎来自中国的时尚风采。

9月22日,北京服装纺织行业协会《2007北京十大时装品牌》、《2007北京最具潜力时装品牌》评选活动颁奖典礼在北京电视台演播大厅举行。

9月30日,吉芬时装2008'春夏发布会在法国卢浮宫举行。这是该品牌第三次走进卢浮宫作专场发布。

9月,北京服装纺织行业协会设计师分会、韩国时装文化协会、韩国服饰学会共同主办的中韩Fashion Art交流展在北京韩国文化院举行,共展出60件时装艺术作品。该展还吸纳了中国纺织工业协会的"时尚创意空间"展,在上海进行专题展示。

10月8日,东尚服装股份公司SNOW IMAGE品牌发布会、VLASTA品牌发布会在北京时尚设计广场发布厅举行。

10月15日,第三期"时尚沙龙"在驻华韩国文化院举行。副市长陆昊出席并作主旨演讲，指出时装艺术应具有创造思想性、广义艺术性和超前性。时尚沙龙活动增进了北京服装设计界与其他国家设计同行之间的交流。

10月25日，北京大红门国际服装节在大红门国际会展中心盛大开幕。"中国时尚创意论坛"邀请法国色彩协会主席奥利维先生等专家就品牌创新与价值再造进行研讨。同期举行首届《金剪刀服装工艺设计大赛决赛》。

10月27日，北京大红门—韩国东大门战略合作峰会暨中韩服饰流行趋势发布会在北京大红门会展中心举行。

11月2日，《"李宁杯"体育国际青年设计大赛》在李宁体育用品公司举行，有28名青年设计师带作品参加决赛。副市长陆昊到场观看决赛，与李宁一同为获奖选手颁奖。

同日，北京爱慕内衣公司爱慕品牌"梦幻"主题发布会在北京时尚设计广场发布厅举行。

11月3日，由中国服装设计师协会、北京市工业促进局和《服装时报》社联合主办的《第四届北京国际时尚论坛》在北京饭店举行。

同日，以"奥运礼仪服饰更应体现民族化还是追求国际化"为主题的"第四届北京时尚论坛"CANSO"杯大学生辩论赛"总决赛在北京饭店举行，活动是由中国服装设计师协会、《中国服饰报》社和服装设计师杂志社联合主办。此前，分别在杭州、北京举行了两场辩论赛预赛。北京服装学院最终荣获辩论赛决赛优胜奖，北京服装学院代表队（正方三辩）金玉玺获最佳辩手奖。

11月7日，《"人文奥运"中国概念时尚成衣设计大赛》在798时尚设计广场举行，有50位时装设计师的成衣作品入围决赛。副市长陆昊亲临现场观看大赛。

11月10日，恺王科技有限公司FF.MILANO品牌发布会在中国大饭店多功能厅举行。

11月11日，"时装之都与文化创意产业发展论坛"在保利大厦举办。

11月16日~12月8日，北京市工业促进局、北京服装纺织行业协会组织52位北京服装纺织企业老总在北大光华管理学院举办为期四周的《北京纺织服装企业经理人培训班》，就时尚文化创意、美学、品牌、人力资源管理、企业文化塑造、资本运作融资、企业核心竞争力、供应链管理、信息化工程等多学科进行系统学习。其间11月20日，副市长陆昊到培训班作专题讲座，与服装纺织企业经理人就品牌发展、品牌营销等方面问题共同探讨交流。

11月29日，《2007台北魅力时尚品牌发布活动》在恒基燕莎中心开幕。中国台湾纺拓会率台湾众多品牌设计师来京进行同业展示交流。

11月，"北京服装纺织"网站改版升级，并更名为"时装之都"网。

12月19日，《"科技·时尚·迎奥运"新技术、新材料、新设计、新生活展演会》在北京展览馆举办。中国台湾民主自治同盟中央主席、市人大副主任林文漪等领导参观展会。

2007年，"绅士""内联升""探路者"注册商标被工商总局商标局认定为中国驰名商标；"爱慕"商标亦经法院判决认定为中国驰名商标。

同年，"铜牛"牌针织内衣被国家质检总局第三次授予"中国名牌产品"称号，"绅士"牌衬衫被国家质检总局第二次授予"中国名牌产品"称号。

2008 年

1月22日,《2007年度北京时装之都热销品牌商业大奖荣耀典礼》在中华世纪坛演播大厅举办,共推出55个热销服装品牌,其中北京32个品牌名列本市亿元商场零售前十名。对连续三年荣获热销品牌的企业授予"服装营销金牌大奖"及"十大热销服装品牌营销经理人大奖"称号。

3月17日,为期四周的《2008'北京品牌设计师培训班》在北京服装学院开班,副市长陆昊作开班讲座,对北京市如何为设计师的发展创造条件提出明确要求。培训班请知名专家教授围绕当代艺术与设计、当代设计的美术观察、流行音乐与时尚、城市·色彩·环境、中西方建筑艺术、艺术·设计·生活等艺术时尚主题授课,为服装设计人员及时传递国际、国内最新资讯。

3月26日,第四期"时尚沙龙"在北京饭店A座多功能厅举行,主题为"中国概念与流行趋势"。副市长陆昊发表主旨演讲,北京奥组委文化活动部部长赵东鸣、中国服装设计师协会主席王庆分别就"人文奥运"理念与视觉创意、"人文奥运"与流行趋势主题发表演讲。

同日,"诺丁山"时装品牌发布会在北京饭店金色大厅举行。

3月28日,"雪莲"品牌战略发布会形象代言人签约仪式在华贸中心万豪国际酒店举行。

3月,北京时尚设计广场、惠通时代广场、大红门服装服饰文化创意产业聚集区被列入北京市第二批文化创意产业聚集区。

4月10日,受奥运村运行团队委托,北京服装纺织行业协会职业装专业委员会对奥运村运行团队十二个岗位组织开展服装设计及制作招标,在北京500余家服装企业中筛选出部分优秀企业参与招投标产品标的物的设计与制作工作。依文、铜牛、赛斯特等企业为奥运村运行团队及志愿者制作了职业服装。

4月,经北京市新闻出版局批准,《北京服装纺织》杂志更名为《时尚北京》,获正式出版刊号。

5月12日汶川大地震发生后,协会动员会员企业以送温暖、献爱心的行动支援抗震救灾,据不完全统计,行业百家企业和职工累计捐赠现金及物资折合人民币1.3亿元。协会和纺织控股公司迅即组织五洲佳泰、赛斯特、英超工贸、杰奥制衣、顺美服装、铜牛集团、大华天坛服装、北京衬衫厂、乐伯乐工贸公司等企业四百多名员工参加赶制生产帐篷的团队,加班加点,以最快的速度、最好的质量,在一个月内为四川地震灾区赶制了1.5万顶救灾帐篷,表现出行业职工无私的奉献精神和高度的社会责任感。

5月,北京服装纺织行业协会通过多渠道向北京奥组委郑重推荐李宁担任北京第29届奥运会开幕式主会场主火炬手点燃奥运圣火,使作为中国第一体育品牌的曝光度得到最大的体现。

6月18日,《中国印记·2008'时尚北京之夜》晚会在李宁创意研发中心举行。时任工信部副部长欧新黔出席晚会并致辞。

6月19日,《"人文奥运"中国概念时尚成衣设计作品发布会》在北京时尚设计广场(D·PARK)A座中央大厅举办;《"迎奥运·盛世中华"格格民族服装服饰展演活动》在北京时尚设计广场举行。

同日第五期"时尚沙龙"在北京时尚设计广场正东集团多功能厅举行，主题为："应大力推进企业品牌还是设计师品牌"。

8月6日，北京服装纺织行业协会及部分重点品牌企业参加了国家发改委经济运行局召开的品牌建设座谈会。

8月29日，工业和信息化部消费品工业司主办、协会与北京商业联合会承办的《工商联手推进服装自主品牌建设座谈会》在北京甘家口大厦举行，有20家品牌服装企业和20家大型百货商场老总参加座谈会。

9月23日，《2008′北京十大时装品牌》评选活动颁奖典礼在21世纪剧院举行，李宁、爱慕、雪莲、依文、铜牛、白领、顺美、派克兰帝、绅士品牌荣获"2008′北京十大时装品牌金奖"。

10月14日，中国乐龄时尚文化俱乐部服装展演活动在中国人民对外友好协会礼堂举行。

10月14~24日，北京服装纺织行业协会会长常青率行业六家重点企业一行15人赴台湾参加台北纺织服装展，并考察了多家服装及面料企业。

10月16日，2008北京大红门国际服装节在大红门国际会展中心开幕。中国服装协会、北京服装纺织行业协会、北京大红门服装协会联合主办的第二届"金剪刀"服装工艺大赛决赛同期举行。

10月21~27日，协会职业装专业委员会组织顺美、赛斯特、铜牛、罗马世家等品牌企业赴宁波服装服饰博览会和嵊州领带生产基地参观考察。

10月25日，北京雅宝路国际服装节开幕晚会在日坛国际贸易中心举行，26日举办了雅宝路服装发展论坛。

11月8日，第六期"时尚沙龙"在北京时尚设计广场正东集团举行，主题为："时装艺术与生活"，有来自不同国家的艺术家与设计师开展了交流探讨。

11月8~23日，第二届Fashion Art展"从哪里来——2008′时装艺术国际展"在国贸商城和798艺术区北京时尚设计广场同期展出，汇集了美、法、德、英、韩、波兰、奥地利、以色列及中国香港等国家和地区艺术家87件作品参展。

11月12日，"雪莲"羊绒服装流行趋势发布会在北京富丽万丽酒店举办。

12月10日，北京服装纺织行业协会与《时尚北京》杂志在北京爱慕公司联合召开行业发展形势报告会，并组织参观了爱慕公司爱慕时尚空间、爱仁美术馆、时尚生活馆。

12月18日，台湾纺拓会在北京东方君悦大酒店举办台湾时装品牌发布会。

12月26日，行业协会联系外交部妇女工作委员会部分专家、代表50余人参观了木真了时装公司设在北京时尚设计广场内的798木真了艺术馆。

2008年，"婷美"注册商标被国家工商总局商标局认定为中国驰名商标；"LINING"注册商标被国家工商总局商标局在商标异议案件中认定为中国驰名商标；"铜牛""杰奥""VICUTU"注册商标被国家工商总局商标评审委员会认定为中国驰名商标；"依文"商标亦经法院判决认定为中国驰名商标。

同年，李宁体育用品有限公司以重点采用批发经营的模式，通过销售商大规模开店实现销售网络扩张，拥有超过5000家门店，全年实现产品销售收入66.9亿元，在我国运动装上市企业中排名第一位，成为中国服装行业的领军品牌。

2009年

3月10日，《2008年度北京十大热销服装品牌发布颁奖典礼》在中华世纪坛演播大厅举行。

3月24日，《2009时尚北京·雪莲之夜》晚会在嘉里中心举行。

3月26~29日，由北京服装纺织行业协会策划的"北京时装之都主题展"首次亮相2009中国国际服装服饰博览会，"北京十大时装金奖品牌"及北京地区重点品牌共16家企业品牌参展。在时装之都主题展130多平方米展位上，北京时装之都建设情况汇报展以图片和文字的形式介绍了北京时装之都建设的主要成果。

3月27日，主题为"设计师品牌"的第七期"时尚沙龙"在大红门国际会展中心举行。

3月29日，以韩国首都首尔命名的"首尔时尚服饰馆"正式落户北京新世纪服装商贸城，首届韩国服装品牌发布会同时举办。

4月，根据中国服装协会对2008年度全国服装行业百强企业的排名，北京雪莲毛纺服装集团公司和北京爱慕内衣有限公司成为北京服装行业率先进入全国服装行业产品销售收入、利润总额与销售利润率"三个百强"企业行列。

5月15日，北京市经济和信息化委员会与北京服装纺织行业协会召集30余家服装企业在威克多制衣中心召开"北京服装纺织行业贯彻落实产业振兴规划现场交流座谈会"。市经信委主任朱炎、服装纺织协会会长常青、常务副会长张培华与服装纺织企业家共同交流研讨。

6月11日，北京红都集团公司"红都"品牌发布会在华都饭店举行。

7月12日，应对新形势，配合市经信委、商务委的部署，协会组织10余家会员企业参加通州贵友大厦"外贸大集"。

7月16日，主题为"品牌与设计师"的第八期"时尚沙龙"在东城区图书馆举行。

7月30日，中国纺织文化建设协会秘书长刘慧兰等领导专程考察北京白领时装公司、北京雪莲羊绒股份公司的企业品牌文化建设情况。

9月23日，《2009'北京十大时装品牌颁奖典礼暨庆祝建国60周年"新世纪"晚会》在北京之夜剧场举行。

10月13日，派克兰帝公司"派克兰帝"品牌发布会在北京时尚设计广场751中央大厅举行。

10月14日，协会和北京纺织控股公司共同主办的《2009'北京国际时装品牌推广周特别活动——"与祖国同庆"国庆60周年盛典》在北京时尚设计广场A座中央大厅举行，副市长程红及有关方面领导出席活动。木真了、红都、思诺芙德、天坛、铜牛等品牌分别举行了品牌发布会专场，为时装之都和国庆庆典增添了亮丽的色彩。

2009年，受国庆群众游行总指挥部委托，北京服装纺织行业协会、北京纺织控股有限责任公司精心组织行业内品牌企业参与了国庆群众游行队伍、天安门广场背景方阵着装及游行用大型旗帜的制作工作。行业15家品牌企业共设计制作了460多件（套）样衣，14

家企业承担群众游行服装制作任务。历时四个月，北京服装纺织行业全力以赴，高质、高效地完成了国庆 37 个游行方阵的 11.4 万件（套）服装、广场背景组字的 8.8 万件（套）服装以及首都治安志愿者的 45.6 万件服装。国庆盛典为北京品牌企业提供了展现空间和创造平台，北京品牌企业奉献给祖国一片精彩。

10 月 15~19 日，在市经信委大力支持下，协会组织赛斯特、朗利来、亿都川、雅派朗迪、威克多、顺美、奥豹等品牌企业参加了 2009 年首届中国西部（银川）服装服饰艺术节展览会（静态展和动态走秀时装发布会）。中国服装协会会长杜钰洲等行业领导亲临北京展团参观。

10 月 30 日~11 月 1 日，协会组织"北京品牌哈尔滨之行"活动，携雪莲、铜牛、派克兰帝、天坛、绿典、红都、思诺芙德、格格、宗洋等北京知名服装品牌赴哈尔滨市进行北京品牌专场展示，开拓东北服装市场。

11 月 2 日，北京大彩纺织服装有限公司接收"昱璐"童装品牌新闻发布会在北京拉斐特城堡酒店举行。

11 月 9 日，北京服装学院"中山装概念"创意时装发布会在北京 798 D·PARK 时尚广场举行。

11 月 18 日，第二届北京方仕国际轻纺城市场与纺织服装产业对接论坛在金海国际酒店举行，中国纺织工业联合会杨东辉、夏令敏、孙淮滨等领导同志出席。

同日，主题为"中国风·意大利情"的第九期"时尚沙龙"在铜牛大厦多功能厅举行。

11 月 30 日，"因为有你——北京服装纺织行业企业家杰出人物"颁奖仪式在北京规划展览馆举行。协会编印发放《因为有你——庆祝建国 60 周年北京服装纺织行业发展历程纪念画册》，表彰企业家们对行业发展做出的贡献。

11 月，爱慕品牌、白领品牌分别举行北京中国国际时装周开、闭幕式专场发布会。著名时装设计师郭培获 2009 年中国时尚大奖"最佳女装设计师"称号。

2009 年，李宁公司品牌门店数量 7249 家，全年实现销售收入 83.87 亿元，继续保持国内运动装企业营销第一名的优势。

2010 年

1 月 18~20 日，常青会长、副会长兼职业装专业委员会主任委员、依文企业总裁夏华率职业装企业赴香港会展中心参加"两岸三地职业装交流研讨会"。

1 月 29 日，行业协会在铜牛大厦多功能厅举办国家服装纺织品质标准宣贯班。工信部消费品司纺织处曹庭瑞、市经信委张兰青、张铭等领导出席并讲话。

2 月 8 日，《2009 年度北京十大热销服装品牌发布颁奖典礼》在中华世纪坛多媒体报告厅举行。

3 月 19 日，北京服装纺织行业信息化建设培训会在北京白领时装公司报告厅举行。淘宝网、维富友、古星等公司专家到会为企业家作精彩演讲。

3 月 24 日，北京服装纺织行业协会设计师分会举办以"环保态度"为主题的第三届 2010 后尚时装艺术展，汇聚了 10 个国家 55 位艺术家和设计师的作品。

3 月 28~31 日，"2010 北京时装之都主题展"在中国国际展览中心 CHIC 展会展出，展场面积比上届扩大一倍,包括"北京十大时装品牌金奖"在内的近20个优秀品牌亮相主题展会。

5月18日,凡客诚品旗下网站V+正式发布。

5月20日,主题为"零距离·快行线——电子商务"的第十期"时尚沙龙"在清华大学美术学院B区哥本哈根皮草工艺试验室举行。

6月12日,以"时尚·绿色·和谐"为主题的《时尚北京·白领2010′》晚会在北海公园五龙亭举行。全国政协副主席林文漪、时任市政协主席阳安江、市人大副主任赵凤山、工信部总工程师朱宏任等贵宾共同点亮晚会的绚丽华灯。时尚的剪影在五龙亭中穿梭,光与影交错的意境引发人们对时尚北京的无限遐想。

6月15日,北京杰奥制衣有限公司"芬吉尼奥"羽绒服品牌发布会在北京拉斐特城堡酒店举行。

6月30日,协会组织行业品牌企业在维根制衣公司召开凡客诚品V+电子商务对接会。

7月28日,《时尚北京》杂志融资企业签约仪式在北京爱慕内衣有限公司举行,为该杂志下一步的发展奠定坚实的基础。

8月25日,常青会长、刘梦华秘书长在北京宗洋制衣集团召集部分重点品牌服装企业调研交流座谈会。

8月26日~9月3日,北京纺织控股公司与协会联合组团一行19人参加在中国台北市南港展览馆举办的台北魅力展。并赴台北、台中、高雄等城市中心商场参观考察和商务交流,爱慕企业对将在台中开设的店面作实地考察和信息采集。

9月3~7日,常青会长率团参加第二届中国西部(银川)服装服饰艺术节。中国纺织工业协会杜钰洲会长参观了北京展区。北京展团170平方米特装展区,顺美、绿典、朗利夫、派克兰帝、格格、雅派朗迪、奥豹等品牌进行了展示及联演走秀。北京品牌企业还与银川新华百货、国芳百货负责人举行商业对接会。

9月14~17日,北京服装纺织行业协会与纺织控股公司在铜牛集团多功能厅举办"2010纺织服装企业高级营销研修班"。

9月17日,《"多彩之夜"2010北京十大时装品牌颁奖典礼暨数码创意设计成果展示晚会》在民族文化宫大剧院举办。全国政协副主席林文漪、中国纺织工业协会会长杜钰洲等领导出席晚会,并为获奖品牌颁奖。连续三届获得北京十大时装品牌称号的17个品牌荣获"北京十大时装品牌金奖"。

10月15日,北京世纪经典服饰有限公司CITY CLASS品牌发布会在日坛国际酒店举行。

11月9日,主题为"中国商业语境下的服务设计"的第十一期"时尚沙龙"在中友百货九层天幕大厅举行。

11月29日,北京雪莲羊绒股份有限公司总工程师苗晓光研制的耐高温相变材料微胶囊、高储热量储热调温纤维及其制备技术项目荣获国务院授予的国家技术发明奖二等奖。

12月9~11日,北京服装纺织行业协会联合中国服装协会主办的《燕京·中国式新男装设计作品展》在数字北京大厦举行,全国50多家著名男装品牌企业和知名设计师的300多套创意作品充分体现了传承与创新,12日晚隆重举行颁奖晚会。副市长苟仲文、市委宣传部副部长张淼、工信部消费品工业司副司长王伟、中国服装协会常务副会长陈大鹏等领导出席晚会并为获奖作品颁奖。

12月20日，北京服装纺织行业协会名誉会长、北京服装协会创始人李昭同志纪念画册出版。编委会将李昭同志不同时期工作、生活的图片编辑成册进行宣传，并作为珍贵的寿礼，贺李昭同志九十寿辰，表达协会同仁对她的崇高敬意。

12月26日，北京国际职业学校承办的第十届中国职业模特选拔赛北京赛区决赛在798中央大厅举行。

2010年，"五木"注册商标被国家工商总局商标局在商标管理案件中认定为中国驰名商标；"赛斯特"注册商标被国家工商总局商标局在商标异议案件中认定为中国驰名商标。

同年，按照商务部关于实施振兴老字号工程和继续开展中华老字号认定工作部署，经申报和审批公示，北京服装行业的"雪莲""红都""蓝天""造寸""华女""雪花""宝石""马聚源""紫房子"品牌被列入第二批保护与促进的中华老字号名录。

2011年

1月5日，市民政局发布"北京市2010年市级社会组织评估结果公示"，北京服装纺织行业协会被评为首批北京市4A级社团组织。

1月8日，2010年度全国纺织工业劳动模范、先进集体表彰大会在人民大会堂小礼堂隆重举行。北京衬衫厂生产调度员吴宝柱、北京五洲燕阳特种纺织品有限公司副总工程师陈恩祥、北京玫瑰坊时装定制有限责任公司总经理郭培、北京白领时装有限公司董事长苗鸿冰等10人被评为2010年度全纺劳动模范，北京新媒体技师学院院长梁军被评为全国纺织工业先进工作者，北京方恒置业股份有限公司、北京铜牛集团有限公司技术中心被评为全纺先进集体。

1月13日，北京服装纺织行业协会在李宁公司组织召开北京服装企业信息化及两化融合经验交流会，雅派朗迪、朗姿、李宁公司等单位分别介绍发展经验。

3月26日，北京红都集团公司在北京饭店大宴会厅盛大举行红都企业迁京55周年品牌展示活动。

3月28日，北京杰奥制衣公司"杰奥"品牌发布秀在顺义北京国际展览中心新馆CHIC展会大厅举行。

3月28日晚，"杰克——第七届中国服装品牌年度大奖颁奖晚会"在北京21世纪剧院举行。北京爱慕内衣有限公司"AIMER"品牌获"第七届中国服装品牌价值大奖"称号。

4月8日，在首都大酒店举行的"北京知名品牌"表彰大会上，北京服装行业27个企业的28个服装品牌获"北京知名品牌"称号。

4月11日，协会召开"云计算下的信息化平台建设座谈会"，并到九合尚品科技公司、京东商城、靓诺、爱慕等企业现场调研。

同月，北京市委宣传部、市经济和信息化委员会、市科学技术委员会联合授予北京朗迪服装有限公司"2010信息化行业应用典范奖"某誉称号。

5月17~22日，北京服装纺织行业协会会长常青率顺美、白领、爱慕、蓝地、雪莲、铜牛、大华天坛等北京服装品牌企业家一行赴新加坡观摩亚洲时装展和时装秀，访问当地相关政府部门和行业组织，考察了当地市场和已在新加坡落地的国内品牌企业。目前蓝地品牌企业已在新加坡成功开店。

7月4~6日，北京服装纺织行业协会组织三家会员企业参加"第八届中俄蒙满洲里科技展暨高新技术产品交易会"，以北京企业整体形象亮相展会。

7月27~28日，北京服装纺织行业协会在铜牛大厦多功能厅举办2011年国家服装纺织品质量标准宣贯培训班。

8月23日，北京服装纺织行业协会与京东商城合作，组织品牌服装企业就进一步开展电子商务进行业务培训。

9月8日，北京红都集团公司主办的红都中山装展示发布与论坛在北京国际饭店举行。

9月14~16日，北京服装纺织行业协会和纺织控股公司联合主办《2013年北京服装纺织行业营销高级研修班》，解读企业"走出去"的相关政策和拓展海外市场营销应注意的问题，知名品牌企业介绍走出国门的营销创业经验。

9月22日，"跨界·创享"北京时装之都建设论坛在首都图书馆报告厅举行，协会设计师分会第十四期"时尚沙龙"同期举行。

9月26日，《时尚北京·依文中国》晚会在首都博物馆隆重举行。全国政协副主席林文漪、工业和信息化部总工程师朱宏任、市人大副主任李昭玲、市政协副主席沈宝昌等领导出席晚会。

10月16~23日，北京服装纺织行业协会组织选送玫瑰坊、薄涛制衣、东北虎三家时装品牌企业参加在意大利罗马举办的中国文化年魅力北京活动。

10月21~28日，北京服装纺织行业协会组织六家会员企业参观在台北市南港展览馆举办的"2011年台北魅力服装品牌展"，并考察了台湾当地服装及面料市场。

11月10~13日，玫瑰坊时装、薄涛制衣和东北虎三品牌企业亮相第六届中国北京（国际）文化创意产业博览会。

11月11日，北京服装纺织行业协会会长常青在中纺联第三届理事大会上当选中国纺织工业联合会特邀副会长。

11月21日，北京服装纺织行业协会被北京市知识产权局认定为首批知识产权纠纷司法委托调解组织。

12月13日，北京服装纺织行业协会与《时尚北京》杂志理事单位报告会在莱锦创意产业园新丝路公司内举行，北京文化创意产业促进中心主任梅松、中华商业信息中心主任王耀分别就品牌建设与产业发展的主题作演讲。

12月19日，第十五期"时尚沙龙"在莱锦创意产业园新丝路公司举行，请有关部门就"设计师职称相关问题"进行解读。

12月24日，"铜牛杯"学生装设计作品邀请赛（决赛）在北京时尚设计广场A座中央大厅举行。

2011年，"博依格""怡莲""秀水"注册商标被国家工商总局商标局在商标管理案件中认定为中国驰名商标。

2011年，中国服装协会根据"会员参与、自愿申报"原则，在2010年全国服装行业百强活动基础上，以企业上报的财务数据为主要依据，进行综合判定，对2010年全国男装、女装、童装、羽绒服装企业进行分专业排序。本市有关企业的排序结果如下：①男装企业100强排序，依文服装公司列47位、威克多制衣中心列66位、绅士服装公司列70

位、恺王科技公司列75位、京工服装集团公司列84位、大华天坛服装公司列89位；②女装企业60强排序，爱慕内衣公司列11位、白领时装公司列31位、格格旗袍公司列47位、大连思凡服装服饰公司列49位、木真了时装公司列59位；③童装企业35强排序，嘉曼服饰公司列20位、派克兰帝服装公司列21位；④羽绒服装企业40强排序，杰奥制衣公司列第8位、北京蒙利莎制衣公司列29位、雪伦时装公司列33位、北京法迪时装有限公司列35位。

2012年

2月24日，第十六期"时尚沙龙"——王春燕"编制中的时尚"编织作品展演发布会在铜牛大厦二楼多功能厅举行。

2月，"EVE CINA首登伦敦时装周"入选2012年2月17日中国品牌大事记。

3月25日，在"杰克——第八届中国服装品牌年度大奖颁奖晚会"上，北京爱慕内衣有限公司"AIMER"品牌获"第八届中国服装品牌成就大奖"称号。此外，朗姿股份有限公司"朗姿"品牌获第八届中国服装品牌营销大奖提名奖。

3月，中国针织工业协会决定将中国针织服装设计研发中心设在北京服装学院，重点开发针织服装趋势研究、设计分类、资源库建立、设计人才培养及研究成果的展示推广相关工作。

同月，"凡客诚品"品牌企业入选《商界》传媒评选的"中国时尚品牌100强"。

4月14~15日，协会组织雪莲、杰奥等品牌企业参加北京工经联在丰台花园举办的北京工业产品质量宣传进社区公益咨询活动。

4月24日，北京服装纺织行业协会、北京商业信息咨询中心主办的2011北京热销服装品牌发布活动在北京恒基商城大厅举行。

5月11日，北京服装纺织行业协会在光华集团会议中心举办环境激素知识讲座，北京中纺海天技术公司房莉为品牌企业讲授相关专业知识。

5月18日，北京纺织工程学会在莱锦创意产业园举办题为"文化与科技融合发展促进企业转型升级"专家讲堂。

5月24~25日，经服装纺织行业协会推荐，北京雅派朗迪服装有限公司"3D智能扫描定制与个性化设计平台"项目在北京会议中心"信息化与工业化融合展"上展示。工业和信息化部部长苗圩、北京市市长郭金龙、副市长苟仲文等领导考察了朗迪公司展位现场演示过程，对企业信息化建设工作给予高度评价。

6月5日，北京派克兰帝有限责任公司与中国动向Kappa Kids品牌合作发布会在北京国际饭店国际厅举行。

6月11日，"红都"中国定制主题发布会在北京饭店E座多功能厅举行。

6月21~30日，北京服装纺织行业协会会长常青及白领、爱慕、赛斯特、顺美、五木、大华天坛、靓诺、蓝地等企业负责人20人赴欧洲，参观意大利佛罗伦萨PITTIUOMO男装博览会和法国巴黎WHO'SNEXT时装及配饰展，观看品牌发布会，考察国际品牌公司、博物馆，在巴黎高等时尚管理学院MOD'SPE参加为期五天的专业培训课。

7月19日，北京服装企业与纺织面辅料企业上下游产业链对接会在东城区图书馆展厅举行。

8月2日，由中国纺织工业联合会主办、北京服装纺织行业协会协办的行业自主品牌建设座谈会在北京蓝地服装公司生态园召开。

8月29日，《派克兰帝"梦时尚·享未来"2012时尚北京晚会》在北京桥艺术中心隆重举行。副市长苟仲文、中国纺织工业联合会副会长陈树津、张莉等领导出席晚会。

9月27日~10月7日，搭建时尚设计产业展示和交流平台，举办首届"北京时装设计周"五大系列活动——"蓝蓝的天"三所艺术院校（北京服装学院、清华美院、中央美术学院）毕业生优秀设计作品联演、以"游戏·家园"为主题的"2012北京时装艺术国际展——第四届Fashion Art（时尚艺术）展""时尚设计·北京24论坛""2012北京最具文化创意十大时装品牌"评选活动颁奖盛典、"可穿戴式技术（Wearable Technology）"展示等。

10月25~26日，北京服装纺织行业协会举办2012年国家服装质量标准宣贯培训班。

10月，北京服装学院时尚产业创新园（BIFTPARK），又名中关村时尚产业创新园，在北京服装学院校园内崭新落成，正式投入运营。

11月18~21日，北京服装纺织行业协会秘书处一行由常青会长带队，对南京市六合区横梁、雄州、程桥街道重点服装企业进行考察和对接座谈；赴杭州萧山中国纺织采购博览城浙江轻纺面料企业考察对接，并拜访了杭州市服装协会会长、秘书长，一同进行工作交流。

11月27日，以"服饰美学的辩证思考"为主题的第十七期"时尚沙龙"在北京服装学院服饰时尚设计产业创新园举行。

12月20日，北京服装企业生产加工能力对接会在北服时尚产业创新园举行。

2012年，"奥克斯特""思诺芙德""红都"注册商标被国家工商总局商标评审委员会在商标复审异议案件中认定为中国驰名商标。

同年，凡客诚品是国内服装垂直电商的代表企业，随着国内电商快速发展，市场趋于饱和，凡客注重回归商业本质，提升产品质量，打造快时尚服装品牌，通过快时尚柔性供应链，实现对产品结构的精细化管理，并率先进入越南市场。据中国电子商务研究中心监测数据显示，2012年全年，凡客诚品企业销售收入达65.4亿元，实现较快增长。

2013年

1月，裂帛品牌企业收购天使之城。此次收购，是淘品牌大型整合的第一家。

3月3日，《第九届园博会职业装设计大赛总决赛》在北京服装学院时尚产业创新园举行。

3月15~17日，协会推荐设计师选手组团赴杭州职业技术学院，参加2013《富怡·首届全国十佳服装制版师大赛决赛》。北京金典今服装工作室汪来春获得"十佳服装制版师"称号。北京服装学院常卫民、北京市工贸技师学院赵华英获得优秀奖称号。

3月26日，在"杰克——第九届中国服装品牌年度大奖颁奖晚会"上，朗姿股份有限公司"朗姿"品牌获"第九届中国服装品牌营销大奖"。此外，依文服饰公司"依文"品牌获第九届中国服装品牌价值大奖提名奖。

4月17日，主题为"虚拟化的立体剪裁技术"的第十八期"时尚沙龙"在中央美术学院7号楼红椅子报告厅举办。

5月28日，2013年服装行业新材料、新技术推广应用信息发布会在北京服装学院产业创新园报告厅举办。

6月20日，以北京服装学院服饰时尚设计产业创新园为依托单位的北京市服装产业数字化工程技术研究中心被北京市科委认定为2012年度北京市工程技术研究中心。

5月30~31日，北京服装纺织行业协会在京棉集团公司培训室举办北京服装行业企业电子商务高级研修班。

7月10日，行业协会组织红都集团、顺美服装、大华天坛、爱慕内衣、亿都川服装、靓诺派时装、威克多制衣、赛斯特服装、五色风马服装、派克兰帝、北京制帽厂、建华皮货服装公司、甘家口大厦等合员企业参加2013北京诚信企业论坛。会上，红都集团公司尚子旭代表参会企业宣读企业诚信经营承诺书，大华天坛服装公司孔海燕代表服装企业作"诚信—基业长青的资本"主题演讲。

7月17日，河北衡水经济开发区管委会招商合作局袁建军局长、尹海军副局长拜访北京服装纺织行业协会领导，双方进行友好洽谈与交流。

7月北京服装纺织行业协会授予京工服装集团、大华天坛服装公司、顺美服装股份、雅派朗迪服装公司、赛斯特服装公司等11家企业"北京信得过职业装企业"称号。

9月，常青会长率雅派朗迪、格格旗袍、圣媛、恺王、东尚股份、斯普瑞斯商城等企业共11人组团赴美考察，借鉴学习纽约时尚产业及品牌企业的发展经验。

9月23日~10月9日，协会举办"爱慕"2013北京时装设计周系列活动——"蓝蓝的天"青年设计师优秀作品联演、2013北京时装艺术国际展—第五届Fashion Art（时尚艺术）展、2013年北京最具文化创意十大时装品牌颁奖典礼、2013时尚设计北京24论坛（主题："设计的觉醒与抉择"）。

10月16日，北京白领时装有限公司董事长苗鸿冰、北京爱慕内衣有限公司董事长张荣明、朗姿股份有限公司董事长申东日、依文服饰股份有限公司董事长夏华当选中国服装协会第六届理事会副会长。

10月15日，伦敦市长鲍里斯·约翰逊北京一日游，体验北京的风土人情，随后到访依文企业，依文集团董事长夏华热情接待了鲍里斯，并让市长先生亲自体验了依文的时尚管家服务。

10月23日，"敦煌服饰暨中国古代服饰文化学术论坛"（暨第十九期"时尚沙龙"）在北京服装学院举办。

12月5~6日，行业协会主办的2013国家服装质量标准宣贯培训班在北京铜牛大厦二楼多功能厅举行。

12月6日，北京服装纺织行业协会组织20家北京服装品牌企业到威克多制衣中心参观学习，与威克多企业蔡昌贤董事长交流座谈。

12月19日，北京市服装纺织产品质量提升工作会议在北京会议中心九号楼召开。市质监局、市工商局、市经信委、市商务委及行业协会领导出席大会并讲话。会议印发京质监产发[2013]181号文"关于印发北京市服装纺织产品质量提升工作方案的通知"。

2014 年

1月8日，北京服装企业品牌建设公开课在北京服装学院商学院举办。中国纺织工业联合会副会长张莉作"实施品牌发展战略，助推服装产业升级"主题报告，中纺联品牌建设办公室领导宣讲"纺织行业品牌培育管理体系通用要求"。

2月27日，北京服装纺织行业协会在薄涛会馆举办北京时装之都建设十周年《北京时尚之都时尚经典艺术展》策展研讨活动，薄涛、郭培、劳伦斯·许、刘薇、吕越、王玉涛等设计师参加研讨。

3月12日，时任北京市市长王安顺、外交部副部长李保东、市委常委、副市长李士祥、市政府秘书长李伟等领导到北京服装学院视察工作。

3月，协会组织红都、大华天坛、京工服装集团等北京服装品牌企业参展"中国国际服装服饰博览会"（2014' CHIC展）。

4月11日，北京市投资促进局等单位主办的黑龙江—北京时尚产业项目对接会在中国职工之家三楼报告厅举行，北京服装行业协会10家企业老总出席会议。

4月22日，北京服装纺织行业协会第九届理事会（换届大会）在北京国际饭店会议中心召开。龙云泽同志当选行业协会会长，宁俊为秘书长。

5月13日，北京天彩纺织服装有限公司以"环保、绿色、生态、健康"而著称的"绿典"彩棉品牌系列产品亮相北京国际科技产业博览会。

5月15日，北京鑫福海工贸集团发展战略专家研讨会在大红门国际会展中心举行。

5月28~29日，北京服装纺织行业协会组织举办"网络营销理论与实战"企业经理研修班，其间组织研修班学员参观考察了京东商城运营中心。

7月1日，北京格格旗袍有限公司格格时尚创意产业基地奠基仪式在顺义区北务镇北方印刷产业基地内举行。

7月29日，衡水工业新区管委会刘玉华书记、王建旭副主任、袁建军局长等领导由中国纺织工业企业管理协会杨峻、谢立仁陪同与龙云泽会长就京冀地区产业协同发展进行座谈交流。

8月6日，中国服装设计师协会张庆辉、张延、黄萍等领导到北京服装纺织行业协会与协会领导洽谈合作。

9月2日，北京市外联办、市贸促会举办的地市级驻京机构沟通会在北京会议中心召开。市委改革办专职副主任胡雪峰介绍相关情况。北京汽车行业协会、北京服装纺织行业协会、北京通信信息行业协会分别介绍各自行业协会工作情况。

9月27~28日，市经信委与协会联合组织奥豹皮衣等十余家企业赴河北辛集参观第22届中国辛集国际皮革博览会，两地企业进行产业对接交流，协会与辛集皮革城制衣工业区管委会签署战略合作协议。

11月1日，《北京时装之都10周年·"爱慕之夜"时尚晚会》在爱慕时尚工厂隆重举行。中国纺织工业协会原会长杜钰洲、市委宣传部副部长张淼、市经信委主任张伯旭等领导出席晚会。以承载着幸福与吉祥的"中国红"为主题，整场秀以现代时尚的方式精美演绎了中国的传统艺术文化。

11月，部分服装品牌企业参加北京市第九届文博会，玫瑰坊时装公司分获工美杯创新设计大赛一等奖和二等奖。

12月1日,《北京时装之都建设10周年大型座谈会》在首都大酒店锦云厅隆重举行。北京市副市长张工、中国纺织工业联合会会长王天凯、市经信委主任张伯旭出席会议并讲话。河北省、天津市、青岛市行业协会领导应邀出席。本市科研院校代表、金奖品牌企业代表、设计师代表、京津冀联盟代表、行业代表、专家代表分别发言,回顾北京时装之都建设十年取得的成效,展望时装之都建设的未来发展。

12月2日,由中纺企业协会牵头组织的北京、天津、衡水工业开发区、福建北京商会行业企业接洽会在来锦创意产业园召开。龙云泽会长出席座谈会。

12月,北京服装纺织行业协会、北京服装学院、中国纺织工业联合会组成编委会,通过走访调研和资料收集撰写的《时裳纪——北京"时装之都"建设10年历程》一书交由中国人民大学出版社出版发行。

2014年,"朗姿""雅派朗迪""恺王"注册商标被国家工商总局商标评审委员会认定为中国驰名商标。

2015年

1月8日,北京大红门地区服装产业园发展调研会在丰台区南苑乡政府会议室召开。

1月15日,宁俊秘书长带领五木、顺美、运通泰制衣、方仕工贸公司等10余家服装企业负责人赴衡水市参加全国纺织产业转移工作座谈会暨百家纺织服装企业进衡水推介会,并到衡水工业园区企业进行考察。

3月16日,为期三个月的新疆和田地区服装企业专业人才培训班开班典礼在北京服装学院报告厅举行,本次为和田地区服装企业开设服装工艺设计、市场营销两专业课程培训。龙云泽会长、刘元风院长出席开班典礼。

4月13日,协会正式申请开通微信公众号。微信平台坚持每日推送行业信息和会员单位信息,使对会员单位的信息沟通更加及时、便捷、顺畅,进一步加强了行业信息交流。

4月22日,北京服装纺织行业协会九届二次会员代表大会暨九届二次理事会会议召开,龙云泽辞去会长职务。经理事会议选举,吴立接任北京服装纺织行业协会会长。

5月28日~6月1日,北京服装纺织行业协会与《时尚北京》杂志社组织京工服装集团、五木服装、蓝地服装、奔彪服装、东尚服装股份、三利国际服装六家品牌企业及北京服装学院中关村时尚产业创新园共19人作为市经贸代表团成员赴意大利米兰市,参加北京—米兰合作商机推介洽谈会,出席世博园中国馆北京活动周开幕式,参观2015米兰世博会。编印中英意三种文字企业宣传册300册在米兰活动现场发放宣传。北服中关村时尚产业创新园作项目推介,东尚服装股份公司与意大利企业进行合作项目签约,共促时尚产业融合发展。

6月7日,行业协会带队推荐5位服装设计师参加在江西服装学院举行的《富怡,第二届全国十佳服装制版师大赛(决赛)》。经过服装制版、立裁裁剪、样衣制作、工艺技术文件编制等项目的比赛,奥菲欧(北京)制衣有限公司尚祖会、北京服装学院常卫民获"全国十佳服装制版师"称号,北京金典今服装中心王永林获"全国十佳服装制版师大赛优秀奖"称号。

6月13日，新疆和田地区服装企业专业人才培训班结业仪式在北京服装学院举行，北京服装纺织行业协会会长吴立出席。本期学习班对43名和田地区服装企业设计、营销管理人员进行了专业课程培训。其间，组织和田学员到滕氏、威克多、格格、爱慕、木真了时装公司及通州宋庄小堡文化创意产业园区参观。

6月25日，北京服装纺织行业协会会长吴立、副会长王文生在京纺大厦与中纺企业管理协会杨峻执行副会长、上海市纺织协会席时平会长、封亚培等行业领导进行座谈交流，共同探讨行业发展与合作。

8月12日，2015北京市中小学学生装设计作品征集活动新闻发布会在铜牛大厦多动能厅举行。该活动由市教委学校后勤事务中心、北京服装纺织行业协会、北京铜牛集团和全国中小学学生装（校服）研究中心联合举办。

9月19日，"京津冀纺织服装产业协同创新高校联盟"在白洋淀（容城）国际服装文化节暨纺织服装产业项目对接会上揭牌成立，包括北京服装学院、清华大学美术学院、中央美术学院等11家院校参与了该项活动。

9月20~21日，北京服装纺织行业协会与衡水工业新区管委会在衡水市联合主办2015年衡水工业新区承接京津产业转移项目推介会，王文生副会长率30余家北京服装企业、院校、媒体代表近70人参加了推介互动和园区考察活动。威克多企业董事长蔡昌贤作企业调整与发展主题演讲，衡水工业新区管委会主任姚幸福作衡水纺织服装园区推介。

9月24日，市科委牵头组建的京津冀设计产业联盟在京宣布成立，北京服装纺织行业协会入选该联盟首批60家团体会员单位之一。

10月22~23日，市经信委副巡视员张兰青、服装协会副会长王文生及有关方面负责人、相关行业企业家赴河北辛集市、新乐市、保定高阳县开展京津冀协同发展对接活动，其中有9家服装企业参加，参观考察了辛集市思维制衣公司、洋帆制衣公司、辛集国际皮革城及河北美术学院等单位。

11月12~13日，北京服装纺织行业协会举办的2015年国家服装质量标准宣贯培训班在北京服装学院科技报告厅举行。

11月13日，北京服装纺织行业协会和《时尚北京》杂志在方恒假日酒店联合主办服装企业实体店与电子商务"开放融合、商业共生"主题研讨会。

11月20日，由工信部、北京市、天津市、河北省政府共同主办的以"协同、创新、绿色"为发展主题的2015京津冀产业转移系列对接活动开幕式在石家庄市举行。包括北京威克多制衣中心河北格雷服装创意产业园落户衡水经济开发区在内的51个重点合作项目签约。分会场举行了轻纺食品企业对接会。北京服装纺织协会副会长王义生率人华时尚科技公司、罗马世家文化发展公司、派克兰帝公司、威克多制衣中心、顺美服装股份公司等企业家出席开幕式及对接活动。

12月24日，"北京市中小学校服研发中心"成立揭牌仪式在北京服装学院举行。该中心由北京市教委决定在北京服装学院设立，聚集专业院校优势资源和设计力量，针对首都中小学生特点，开展学生体型调查，建立相关数据库，开展学生装面料、款式和工艺标准等方面研究。

2016年

3月8日,北京服装纺织行业协会和时尚北京杂志社共同组织行业部分女企业家在大连思凡服装服饰公司北京总部举办"庆三八联谊活动"。

3月,派克兰帝、水孩儿品牌被中国服装协会评为第四届"中国十大童装品牌"。同月,中国商业联合会、中华全国商业信息中心根据全国大型零售企业商品销售调查统计显示:"雪伦"牌羽绒服连续十九年(1997~2015)荣列同类产品市场综合占有率前十位。

4月11日,由北京市政府外办主办的中埃文化艺术交流周活动在北京汉语学院正式拉开帷幕,北京格格旗袍有限公司格格品牌作为中国自主品牌服饰代表受邀参加此次文化交流活动,展示了中国旗袍艺术魅力与中国悠久的服饰文化。

4月21日,市安监局在京纺大厦组织召开北京市地方标准《安全生产等级评定技术规范第八部分、第九部分(纺织企业、服装企业)》专家预审会。

4月28日,中国新中装产业联盟成立筹备会议在首都大酒店锦云厅召开。

4月北京服装纺织行业协会、首都服饰文化与服装产业研究基地编撰,并由中国纺织出版社出版《北京服装产业发展研究报告》(2005~2014)。研究报告包括国内外服装产业发展的回顾、总结与评价、北京服装行业发展状况、产业发展重点亮点和产业发展趋势和典型品牌案例等五部分内容。书中典型的品牌案例及翔实的十年发展成果统计列表及大事记,图文并茂地展示了北京服装产业近十年来的发展成就。

5月27日,北京服装纺织行业协会在京纺大厦培训室举行北京服装企业职业装招投标业务培训班。

6月,经北京市国资委及北京市人民政府批准,北京纺织控股有限责任公司正式更名为北京时尚控股有限责任公司。北京时尚控股公司将在新的起点上,秉承开放合作、共享共赢的理念,努力构建以"时尚、科技、服务为内涵特征,以服务纺织、文化创意和信息科技为产业支撑"的时尚产业集团。

6月28日,2015年度全国纺织工业劳动模范、先进集体表彰大会在人民大会堂小礼堂隆重举行。北京爱慕内衣公司设计师秦晓霞、北京威克多制衣中心蔡昌弓、北京京工服装集团公司董事长李耀东、北京红都集团公司蔡金昌等8名个人被评为全纺劳动模范,北京铜牛信息科技股份公司网维中心被评为全纺先进集体。中国纺织工业联合会授予北京靓诺派时装公司设计总监陈宸"全国纺织行业优秀个人"荣誉称号。

7月16日,北京服装学院中国时尚研究院举办成立仪式。研究院由北京服装学院、广州例外服饰有限公司、中国社会科学院财经战略研究院、爱慕集团、龙信数据(北京)有限公司、中关村智慧环境产业联盟、《艺术与设计》杂志社、北京荣邦天翼文化创意投资有限公司等八家创世成员联合创办,致力于建设中国时尚智库,以助推产业发展,引领时代风尚为使命,培养中国时尚领域高层次人才,开展时尚领域科学研究和政策咨询。

7月20~21日,北京服装纺织行业协会组织会员单位赴沧州国际会议中心,参加北京-青县-韩国首尔卫城经济体项目发布会及签约仪式。

7月26~29日,北京服装纺织行业协会副会长王文生率行业代表团一行5人赴韩国首尔市参加行业会议,并进行产业考察。

7月28日,北京童创童欣网络科技股份有限公司新三板挂牌敲钟仪式在全国中小企业股份转让系统中心举行。派克兰帝企业将借力资本的支持，在已有品牌优势基础上，大力发展电商业务，积极拓展万亿级儿童产业的增量市场空间，努力发展成为全渠道、全品类、多品牌、多平台的儿童产品品牌集团。

9月23日，首届2016北京时装周开幕式暨蓝地品牌发布会在莱锦创意产业园隆重举行。北京时装周品牌发布活动将持续到9月29日。

9月25日晚，2016北京国际设计周开幕式在中华世纪坛举行，"桐人唐"时装品牌发布秀同场举行。

9月29日，雪莲品牌发布会暨2016北京时装周闭幕式在莱锦创意产业园盛大举行。

10月12~14日，北京时尚控股公司组织系统内五家产业用纺织品企业参加2016中国国际产业用纺织品及非织造布展览会，集中展示产业用纺织品在应急救援领域勇于创新、开拓发展取得的科技成果，在150平方米的展位上，展示的燕阳新材料技术公司地埋输送软管系统和压裂供水系统、佳泰新材料公司柔性可移动保温篷房、气承式野战及救灾帐篷、新疆京和纺织科技公司节能保温膜结构日光大棚；以及泰科斯曼止血纱布、应急救援包、中纺海天高性能纺织助剂及碳纤维上浆剂等，都以科技含量高、产品特色明显、商业价值大，引起广泛关注。

10月27日，雪莲高级定制工坊在京成立。中国第一个羊绒服饰品牌——雪莲品牌作为本市最具知名度的老字号品牌之一，充分发挥企业在产业、技艺、品牌等方面的优势推出高级定制工坊，从本土优秀历史文化和传统手工艺中汲取灵感，成为推进产品创新、文化提升和品牌升级的重要创新之举。

10月27~30日，由北京时尚控股有限责任公司、北京服装纺织行业协会、时尚北京杂志社共同主办，北京方喜文化创意公司承办的"时尚北京"主题展览亮相第十一届中国北京国际文化创意产业博览会。展览以"时尚、创意、科技、文化"为主要内容，重点展示北京时尚控股品牌建设与时尚产业发展的成果。

10月30日，作为中国国际时装周压轴大秀，雪莲羊绒针织大秀在北京饭店金色大厅华丽上演，展示了雪莲首个高定4大系列40套华服，吸引了国内外400余名嘉宾观赏，标志着雪莲品牌借势高定业务迈向国际时尚舞台。

10月，北京市经信委会同北京服装学院、北京木真了时装有限公司等6家北京企事业单位在新疆和田进行产业援疆项目考察调研活动，并与当地相关部门企业签订"一对一"帮扶协议。

11月7日，市委副书记、代市长蔡奇调研朝阳区文化创意产业及国家文化产业创新实验区发展情况，视察京棉集团莱锦文化创意产业园，深入企业听取情况。

11月24日，北京服装纺织行业协会召集部分会员企业（用人单位）与2017届高校专业毕业生大型校园双选会在北京服装学院体育馆举行。

同月，副市长程红到北京莱锦创意产业园区调研。

2017年

1月，中国纺织服装品牌年度工作会议召开，中纺联品牌建设办公室授予探路者控股集团股份有限公司"2016年中国纺织服装品牌价值评价50强企业"称号。

3月8日，北京服装纺织行业协会和时尚北京杂志社共同组织行业部分女企业家在酒仙桥798艺术区北京时尚设计广场举办"庆三八联谊活动"。

4月12日，阿曼苏丹国驻华大使阿卜杜拉·萨阿迪携家人到北京亿都川服装集团有限公司参观访问。

5月，北京服装学院——中关村时尚产业创新园被《纺织服装周刊》、中国纺织工业联合会产业转移工作办公室、中国纺织规划研究会授予"2016年度中国纺织服装行业十大产业园区"称号。

6月7日，由北京服装学院、中国社会科学院考古研究所、历史研究所、民族学与人类学研究所主办，文化部恭王府管理中心承办的"中华服饰文化研究工程"项目在北京恭王府正式启动。

6月19日，位于雄安新区容城县的北京服装学院容城时尚产业园正式开园。将依托北京服装学院和中关村北服时尚产业园的优质资源和行业影响力，把园区建设成为设计服务、技术转化、展示销售、时尚推广等功能于一体的开放共享式平台，开启了容城服装产业加快转型升级的步伐。

6月30日，根据中国服装协会2016年度全国服装行业百强企业的排名，本市9家企业分别进入2016年全国服装行业"产品销售收入"、"利润总额"和"销售利润率"百强企业行列——探路者控股集团股份有限公司、爱慕股份有限公司、北京铜牛集团有限公司、朗姿股份有限公司、北京雪莲集团有限公司、北京卓文时尚纺织股份有限公司、北京威克多制衣中心、依文服饰股份有限公司、北京格雷时尚科技有限公司。

7月20日，2019北京世园会首批特许生产商授牌仪式暨首批特许商品展示活动在京举行。北京天彩纺织服装有限公司再度获得国家级项目授权，成为2019北京世园会首批10家特许生产商之一。